ミドルクライシス®マネジメント Vol.❺

内部通報窓口「超」実践 ハンドブック 改訂版

株式会社エス・ピー・ネットワーク

清文社

改訂にあたって

　本書の初版を刊行して、およそ5年が経過しました。

　たった5年ではありますが、内部通報制度をとりまく状況は、法改正があり、ガイドラインが改廃されるなど大きく様変わりしました。

　当社の提供する内部通報の第三者窓口サービス「リスクホットライン®」の運営も2022年で20年目となります。グループ会社を含めると1,000社以上から通報を受け付けるようになり、通報受付件数も1万件規模にまで拡大しました。

　内部通報制度は文字通り、「あって当たり前」の時代を迎え、その実効性をどう高めていくのかということに課題がシフトしました。各企業のご担当者の皆様も、日々新たな悩みが生まれ、葛藤し、落としどころを探し続けているのではないでしょうか。

　企業危機管理専門のコンサルティング会社である当社も同様に、常に見解のアップデートが求められています。本書では、法改正に至るまでの議論も含めて、考え方を紹介しています。また、新型コロナウイルスの感染拡大を受け、通報対応において起きた変化も一部事例を用いて加筆しています。

　本書が日々内部通報案件に対応しているご担当者の皆様にとって、少しでも参考になるものであることを願います。

2022年1月

株式会社エス・ピー・ネットワーク　総合研究部

まえがき

　2016年で公益通報者保護法の施行から10年が経過しました。同法の施行前から内部通報窓口を設置してきた企業や、同法の施行前後あるいは一定期間経過後に窓口を設置した企業、または最近導入の検討を始めた企業など、内部通報制度への取組み状況は様々です。ご承知のように、最近では不正会計問題やデータ改ざん問題など企業不祥事に関わる報道が相次いだことや、コーポレートガバナンス・コードの要請などもあり、内部通報窓口への注目度はますます高まっています。消費者庁においても「公益通報者保護制度の実効性の向上に関する検討会」(以下、「公益通報者保護制度検討会」)が設置され、2015年6月16日の第1回を皮切りに議論が交わされています。また、本検討会の下に法律的・専門的な観点からさらなる検討を加えるべく、「公益通報者保護制度の実効性の向上に関する検討会ワーキング・グループ」(以下「公益通報者保護制度WG」)においても検討が進められています。

　2016年7月5日の第11回公益通報者保護制度検討会において公表された「公益通報者保護法を踏まえた内部通報制度の整備・運用に関する民間事業者向けガイドライン(素案)」は、2005年に公表されたガイドラインに比べ、格段に厚みを増し、細部への言及がなされているという点で、内部通報制度を運営するうえで大いに参考になるものと思います。しかしながら、公益通報者保護制度の議論では、その「制度論」が中心になっているように見受けられ、本ガイドラインをはじめ、内部通報制度のあり方が取り上げられる際にも同様の傾向があるように思われます。

　当然、こうした議論は非常に重要であり、内部通報制度の適切な運営の根幹を検討するうえでも、重要な意味を持ってきます。公益通報者保護法の狙いと内部通報制度の議論は、同一には論じられないものの、その類似性を無視することもできません。公益通報者保護法に関する制度論は、内部通報制度の場合、「内部通報制度の意義・目的」に該当します。企業ごとに内部通報窓口の設置目的は異なるものと思われますが、根底にあるのは「リスクの早

期発見・早期対応」あるいは「組織の自浄作用の維持・強化」だと思われます。それは、職制のラインを通じて解決が図れない場合の手段(従業員のガス抜き効果を含む)のひとつ、あるいは外部へのリーク(内部告発／外部通報)の未然防止、または、その一歩手前での社内解決のための手段とも言えます。

　一方で、組織の自浄作用を働かせるためには、本来的には制度論と相まって、運用実務に関する議論も欠かすことはできません。しかし、多くの場合、「実務」と言えば、通報を受け付ける際のヒアリング技術がクローズアップされているように感じられます。すなわち、いかにして様々なタイプの通報者から多様な情報(年齢層、雇用形態、職種、通報に至った経緯や通報のトリガーとなった事象など)を、通報者の感情の起伏などに配慮しながら聞き出すのか、そうした部分に内部通報制度の運用面での主眼があるように思えてなりません。このような通報の「受付」は、内部通報による自浄作用発揮の入り口として非常に重要であることは疑いがありません。内部通報の「受付」部分が疎かになってしまうと、そもそも本質論に辿り着く前に、内部通報窓口の信頼性・通報背景の再現性そのものが損なわれてしまいます。内部通報窓口への信頼性がなければ、仮に内部通報をしたとしても、通報者は窓口に詳細を語ろうとしないため、通報背景の把握や理解が乏しくなることから、内部通報制度の問題解決機能を発揮できなくなってしまいます。しかしながら、通報の「受付」は、あくまでも内部通報の第一段階であり、その後の「対応」も「受付」と同様に重要であり、特に通報者の特定(いわゆる犯人探し)や不利益取扱い(通報に対する報復行為)など、内部通報制度の根幹に関わる問題が生じるのも、「受付」以後のプロセスにおいてであることを忘れてはなりません。

　このように通報に対する「調査」、「是正措置」を含む通報のフローにおける「対応」の実務が内部通報制度の有効性を左右しかねない状況であるにもかかわらず、内部通報制度に関する「実務」論において、調査・是正措置等の「対応」のあり方についてまで言及されることはまだまだ少ない印象があります。それは、通報内容自体が千差万別であり、「対応」を体系化することが難しいことや、内部通報という性質上、(マターの軽重を問わず)守秘義務の観点から社内の特定部署以外において共有される機会が少ないこと、あるいは同様に

守秘義務の観点から同業他社の事例や、同程度の従業員規模(あるいは男女比や正規雇用と非正規雇用の割合など)の企業との横比較や情報交換ができないことなどが影響しているものと思われます。

本来、内部通報制度の「実務」には、受付のみならず対応まで含める必要があり、さらには、"一定の知識・能力"と"社風"や"経営方針"とのマッチングがどうあるべきかなども含め、今後より深い議論が望まれます。

当社では、2003年から内部通報窓口(「リスクホットライン®」)のサービスを提供しており、これまでに3,000件を超える内部通報が寄せられています。それらを通じて、内部通報の「受付」、「調査」・「是正措置」そしてその後の「フォローアップ(モニタリング)」、「窓口の周知活動」の段階まで、幅広く関与・助言をしてきています。

今回当社の危機管理ノウハウを広く書籍の形で皆様に還元させていただくことを目的とした『内部通報窓口「超」実践ハンドブック』の刊行にあたり、上記のような内部通報制度の「実務」に関する議論の状況を踏まえると、これまでの当社の経験・知見を活かして内部通報窓口の運用「実務」についての情報を提供させていただくことが有益であると考えました。そのため、「ミドルクライシス®マネジメント」シリーズの5冊目の書籍として、内部通報制度に関する書籍を上梓させていただくことにしました。『内部通報窓口「超」実践ハンドブック』というタイトルにも当社のこのような思いが込められています。

ミドルクライシス®と内部通報制度

私たち株式会社エス・ピー・ネットワークは、警視庁・道府県警の出身者をはじめ、企業危機管理に伴う法務・労務・財務・広報等の専門家で構成されるクライシス・リスクマネジメント専門企業として、創業以来企業危機管理の分野で研鑽を積んでまいりました。反社会的勢力への実務対応から企業不祥事等に伴う緊急対策支援に至る「直面する危機(クライシス)」対策に数多くの実績を有し、実践から導かれた理論に基づき「潜在する危機(リスク)」の発現を未然防止するためのコンサルティングと人的支援を展開しております。

vii

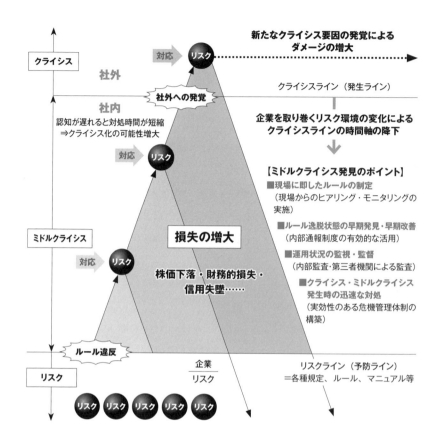

　その中から生まれた概念である「ミドルクライシス®」について、これまでの書籍でもすでに説明してきましたが、改めてここで簡単にご紹介したいと思います。「ミドルクライシス®」とは、回避不可能なクライシスではない「（すでに顕在化している、もしくは今まさに顕在化しつつある）若干の危機の発生」を見過ごすことなく、対応（ミドルクライシス®マネジメントまたはクライシスマネジメント）し、併せて「過去に発生した危機のうち、自然消滅した事象」を含めて再度検証し、その危機が発現しないための回避行動（リスクマネジメント）を含む概念で、「若干の危機の発生」にあたり、その危機を真摯に受け止め誠心誠意対応することで、危機は長居することを諦め、元の状態

に戻るということを表しています。

　私たちが考える「ミドルクライシス®」の概念および「ミドルクライシス®に着目したリスク管理・危機管理のあり方」について、以下、さらに説明してみます。

　企業を取り巻く重要な利害関係者(ステークホルダー)としての「従業員」、「顧客」あるいは「取引先」との関係は時代とともに変化し、その関係性を見誤ることが企業の成長や存続に多大なる影響を及ぼすことに鑑み、企業としては常に社会の要請(社会の目)を意識し、その変化に柔軟に対応することを通じて、自らの健全性や持続可能な成長が可能になることを自覚しなければなりません。

　企業を取り巻くリスク環境が大きく変化している背景には様々な要因があると思われますが、とりわけ企業のステークホルダーである株主、消費者、取引先、従業員、および司法、行政、メディア等の企業に対する意識(認識)の変化と、それによって企業のステークホルダーに対する透明性やアカウンタビリティー(説明責任)が強く求められる社会的風潮が醸成されてきたことが挙げられます。同時にこれらのステークホルダーは、インターネット等の急速な普及により、今まで知り得なかった企業の情報等をいち早く知ることができるようになりました。結果として、社内に巣食うリスクがわずかに社内的に顕在化した状態(=ミドルクライシス®)の社内的な発見(認知)が遅れたり、あるいは発見(認知)していても対策を講じていなければ、それが対外的に知れ渡ったりしてしまう(意図的な内部告発／外部通報を含む)時代になったと言えます。これらがここ数年、企業不祥事の多発と言われている一因のひとつであり、その意味では、「多発」というよりは、これまで対外的に知られることのなかった事態が「発覚」することが多くなっただけと言えるでしょう。

　なお、ミドルクライシス®とは、企業が内包する(企業に内在する)様々な「リスク」が、対外的に顕在化し、「クライシス」に発展する前の姿(日々、業務上発生している種々のトラブル、問題事象であって、いわゆる「今そこにある危機」)であり、例えれば、リスクが氷山の一角として海面より頭を出し

ている姿、といったイメージです。

　企業は、設立したその瞬間からステークホルダーとの関係が発生し、様々なリスクを背負うことになります。そして、そのステークホルダーに対する責任を果たすべく、リスクを水際で予防するための各種規程、ルール等を定めます。しかし、その規程やルールが形骸化し、またそれらでは対処しきれない種々の事象に対応する（あるいは、対応していかざるを得ない）ため、現状（実態）とそれらルール等とが乖離し、ルール違反等が発生、常態化することによって、社内のリスクライン（予防ライン）を超えて、「リスク」が「ミドルクライシス®」として社内的に顕在化してきます。ミドルクライシス®は1回限りの事象ではなく、多くの場合は多発するようになりますが、それらを社内で放置すると「クライシス」（危機、問題発生）へと発展し、対外的にその事態が発覚することになります。そして、最近では、SNS等での（意図的か無意識かを問わない）情報発信、あるいは内部告発／外部通報などによって社内の情報が従来よりも容易に社外に流出してしまう傾向にあり、言い換えれば、対外的な発覚時点であるクライシスライン（問題発生ライン）が急激に低下していることで、ミドルクライシス®が対外的に顕在化するまでの猶予（社内でミドルクライシス®に対処できる時間）が短縮される傾向にあることに注意が必要です。「ヒヤリ・ハット法則」とも称される「ハインリッヒの法則」は「1つの重大事故の裏には、29の小事故があり、その裏には300の異常がある」というものですが、ミドルクライシス®は、まさにこの「29」の小事故に相当すると考えていただくとわかりやすいのではないでしょうか。「29」の部分に相当するミドルクライシス®に着目して適切な対処を行うことで、「1」の部分に相当する大事故（＝クライシス）の発生を予防するとともに、そのミドルクライシス®を発生させた諸要因（「300の異常」）を抽出・特定・分析して、今後のミドルクライシス®そのものの発生を低減・予防していこうというのが、ミドルクライシス®マネジメントの発想の原点です。

　私たちは、このミドルクライシス®の発想を具体的に展開するものとして、内部通報窓口の受託サービスを提供しています。ミドルクライシス®マネジメントの観点から企業の危機管理を推進するにあたっては、「機能する内部

通報制度」が大きな役割を果たすものと考えています[1]。

　内部通報制度をミドルクライシス®の視点から捉えてみると、現場における何らかの事案の発生（コミュニケーション不足による労務トラブル等）は、「300の異常」に相当し、その中の「29」の小事故が、まさに内部通報に至った事象と捉えられます。すると、内部通報の個別事案へ適切に対応することは、内部告発／外部通報等のクライシスを未然防止するという意味で重要な役割を果たすと考えることができます。

　当社が「リスクホットライン®」サービスの提供を始めた2003年7月は、公益通報者保護法成立の前年、施行の3年前になります。前述のように、約13年の間で3,000件を超える通報が寄せられています。私たちは、一つひとつの通報が、ミドルクライシス®であると捉え、日々通報を受け付け、企業に対応をアドバイスすること等を通して、通報者と企業のパイプ役、企業の危機管理の適切な実践を支援する役割を果たしています。

2016年12月

株式会社エス・ピー・ネットワーク　総合研究部

---

1)　渡部洋介「ミドルクライシス®マネジメント──内部統制を活用した企業危機管理　Vol.1　反社会的勢力からの隔絶」株式会社エス・ピー・ネットワーク、2012年、pp.3-8

本書における語句の定義

　公益通報者保護法、あるいは内部通報制度において使用される語句（言葉）は、現時点で様々なものが使われています。そのため、本書における語句は、先に紹介した消費者庁の公益通報者保護制度検討会や同WGで使用されているものを参考にしております。読者の皆様におかれましては馴染みのない表現があるかもしれませんが、所属組織の実情に合わせて、適宜、置き換えながら読み進めていただきたいと思います。

- **内部通報**：企業内部における通報を指します。また、企業が指定した外部窓口（弁護士事務所・外部の専門事業者等）に対するものを含みます。

- **内部告発／外部通報**：行政機関やマスコミなど企業外部への通報を指します。

- **通報内容**：公益通報者保護法第2条第3項に定める「通報対象事実」に限定せず、企業ごとに内部通報制度（内部通報規程等）において内部通報として取り扱うことが定められている内容を指します。

- **通報者**：内部通報や公益通報をした者を指します（他に「相談者」、「申立者」、「申告者」あるいは「提起者」などの表現が見受けられますが、本書においては「通報者」に統一します）。

- **通報窓口の利用者**：内部通報制度を利用して通報内容に関する調査・是正措置を訴えることができると内部通報規程等により定められる人的範囲を指します。

- **被通報者**：その者が法令違反等を行った、行っている、または行おうとしていると通報された者を指します（他に「対象者」、「被申立者」、「被申告者」、あるいは「被提起者」などの表現が見受けられますが、本書においては「被通報者」に統一します）。

- **内部通報窓口**：社内外を問わず、内部通報を受け付ける窓口の総称を指します。社内窓口と外部窓口の両方を指します。

- **社内窓口**：内部通報窓口のうち、企業内に設置されている窓口を指します。

- **外部窓口**：内部通報窓口のうち、法律事務所や専門機関など企業の外部に設置されている窓口を指します。
- **RHL（リスクホットライン®）**：当社が運営する内部通報の外部窓口を指します。
- **受付担当者**：社内外を問わず、内部通報を受け付ける担当者を指します。
- **内部通報担当者**：通報案件に対して、主に調査・是正措置を行う社内の担当者を指します(社内窓口を設置している企業の多くは受付担当者と同一の部署と推察され、その場合にはまとめて内部通報担当者と表記)。
- **内部通報担当部署**：独立した部署か他部署との兼任かを問わず、内部通報制度を所管する部署を指します(内部監査室、コンプライアンス室など)。
- **調査協力者**：通報内容に対する調査や是正措置を検討するにあたり、内部通報担当者がヒアリング(面談や電話等)や勤怠記録等のデータを確認するために協力を要請した者を指します。
- **平成17年版ガイドライン**：平成17（2005)年、内閣府国民生活局「公益通報者保護法に関する民間事業者向けガイドライン」を指します。
- **平成28年版ガイドライン**：平成28（2016)年、消費者庁「公益通報者保護法を踏まえた内部通報制度の整備・運用に関する民間事業者向けガイドライン」を指します。
- **令和3年版指針**：令和3（2021)年、消費者庁「公益通報者保護法第11条第1項及び第2項の規定に基づき事業者がとるべき措置に関して、その適切かつ有効な実施を図るために必要な指針」を指します。
- **指針の解説**：令和3（2021)年、消費者庁「公益通報者保護法に基づく指針(令和3年内閣府告示第118号)の解説」を指します。

＊本書の内容は、令和4（2022)年1月1日現在の法令等に依っています。

内部通報窓口
「超」実践ハンドブック 改訂版

ミドルクライシスマネジメント vol.❸
株式会社エスピーネットワーク

Contents

目次

改訂にあたって iii

まえがき v

本書における語句の定義 xii

第 1 章 内部通報制度の成立ちと考え方 *1*

1. はじめに *1*

(1) コーポレートガバナンス・コードが求める内部通報制度の強化 *1*

(2) コーポレートガバナンス・コードの改訂 *6*

(3) 内部通報制度認証（WCMS）の動き *9*

2. 当社が運営する第三者内部通報窓口（リスクホットライン®）の基本スキームと特長 *12*

■リスクホットライン®の基本スキーム *12*

3. 内部通報をめぐる法律の制定の背景・改正 *14*

(1) 公益通報者保護法制定の経緯 *14*

(2) 公益通報者保護法と内部通報制度の関係 *16*

(3) 公益通報者保護法の労働法的性格の根拠 *16*

(4) 近年の不祥事 *20*

(5) 公益通報者保護法改正の内容 *23*

(6) 合意制度（いわゆる日本版司法取引）と内部通報の関係 *37*

xv

Contents

(7)ハラスメント関連の法改正 *40*

第2章 通報事例 *43*

1. 本章の構成 *43*

2. 直接是正型 *56*

通報事例 1　人事異動に関する手続き【電話通報】 *57*

通報事例 2　マタニティハラスメント【電話通報】 *63*

通報事例 3　経営陣の身内を被通報者とする通報【メール通報】 *70*

通報事例 4　不正行為【メール通報】 *75*

通報事例 5　会社側回答に納得しない通報者【電話通報】 *83*

通報事例 6　職制を通じて解決しない場合の通報【電話通報】 *92*

通報事例 7　取引先からの通報【電話通報】 *99*

通報事例 8　退職者からの通報【メール通報】 *104*

通報事例 9　指導とパワハラの違い【メール通報】 *108*

通報事例 10　セクシャルハラスメント【メール通報】 *118*

通報事例 11　メンタル不調【電話通報】 *122*

3. 間接是正型 *127*

通報事例 12　幹部社員から寄せられた取締役を被通報者とする通報
　　　　　　【電話通報】 *127*

通報事例 13　被通報者からの通報【メール通報】 *131*

通報事例 14　利益相反関係の排除【電話通報】 *138*

通報事例 15　通報者の特定を前提とした是正措置【電話通報】 *144*

通報事例 16　店長への不満【メール通報】 *151*

通報事例 17　マタニティハラスメント【電話通報】 *159*

通報事例 18　懲戒処分対象事実の告白【メール通報】 *163*

通報事例 19　障害者雇用【電話通報】 *166*

通報事例 20　ブラックバイト【メール通報】 *170*

通報事例 21　勤務日数(シフト)削減【電話通報】 *173*

通報事例 22　家族からの通報【メール通報】 *182*

4. 本章のまとめ *186*

xvi

第3章 内部通報制度の現状 189

1．回答者の属性 189

2．内部通報制度の利用状況 191

3．内部通報制度の導入年数と担当者の経験 195

4．窓口の設置・経営陣からの独立ルート 198

5．通報の受付手段 203

6．受付後の調査 204

7．窓口担当者が社外窓口に求めること 206

8．通報窓口設置による効果 209

9．トップメッセージの発信・社内周知 211

10．通報の受付方法 214

11．内部通報制度に関する課題 218

12．設問一覧 223

巻末資料 231

1．公益通報者保護法第 11 条第 1 項及び第 2 項の規定に基づき事業者がとるべき措置に関して、その適切かつ有効な実施を図るために必要な指針（令和 3 年 8 月 20 日 内閣府告示第 118 号） 231

2．公益通報者保護法に基づく指針（令和 3 年内閣府告示第 118 号）の解説（令和 3 年 10 月 消費者庁） 236

あとがき 269

xvii

Contents

参考文献 *271*

第1章　内部通報制度の成立ちと考え方

1．はじめに

　2016年、企業危機管理の実務をベースとした「ミドルクライシス®マネジメント」シリーズの5冊目として、内部通報窓口における通報対応に関する書籍を発刊しました。

　本書は、同書の改訂版と位置づけ、最新の内容にアップデートしながら大幅に加筆・修正を施したものです。約5年のあいだには、2018年に刑事訴訟法が改正され協議・合意制度（通称：日本版司法取引制度）が導入されたことや、2020年に改正労働者施策総合推進法（通称：パワハラ防止法）が施行されたことなど、法制度だけでもさまざまな変化がありました。2022年6月には公益通報者保護法の初の大幅改正・施行も控えています。また、2016年当時は発表されたばかりだったコーポレートガバナンス・コードも既に二度の改訂が行われています。内部通報制度認証も「自己適合宣言登録制度（WCMS）」の運用が2019年4月から始まり、2021年4月時点で登録事業者が100社を超えました。

　企業の内部通報制度は大きな転換期を迎えていることが分かります。

（1）コーポレートガバナンス・コードが求める内部通報制度の強化

　主に上場企業における企業統治の強化を目的とし、消費者庁と東京証券取

引所が主体となり策定されている「コーポレートガバナンス・コード〜会社の持続的な成長と中長期的な企業価値の向上のために〜」があります。そのなかで、内部通報に関しても、第2章「株主以外のステークホルダーとの適切な協働」の「原則2-5」および「補充原則2-5①」で言及されています。原則2-5、補充原則2-5①のいずれも2016年から大きな修正はなく、現在に至るまで継続して求められている事項です。

【原則2-5. 内部通報】

　上場会社は、その従業員等が、不利益を被る危険を懸念することなく、違法または不適切な行為・情報開示に関する情報や真摯な疑念を伝えることができるよう、また、伝えられた情報や疑念が客観的に検証され適切に活用されるよう、内部通報に係る適切な体制整備を行うべきである。取締役会は、こうした体制整備を実現する責務を負うとともに、その運用状況を監督すべきである。

---

①内部通報窓口に関する恒常的改善・強化

　内容としては、「内部通報に係る適切な体制整備」と「取締役会による運用状況の監督」という2つの要請を明記しています。とりわけ、取締役会に対して、適切な内部通報制度の整備のみならず、運用状況の監督にまで踏み込んでいる点に注目しなければなりません。

　上場企業では、内部通報窓口の設置だけではなく、実際の利用・運用状況を監督し、それを踏まえて「適切な体制整備」を行うことが求められています。言い換えれば、上場企業の市場における責務として、PDCAサイクルに基づく内部通報窓口についての恒常的改善・体制強化が期待されているということです。そして、「取締役会は、こうした（＝適切な）体制整備を実現する責務を負う」と責任の所在が明確にされていることからも、内部通報に関する課題を経営マターとして捉えることなしには「企業の持続的な成長と中長期的な企業価値の向上」という同コードの目標を達成できないとみなされてい

ることが分かります。この要請に応えるように、IR情報の一環として公式ホームページや株主総会報告において、年間の通報件数や通報カテゴリーなど、内部通報制度の実効性に関する情報を公表する企業が増えていきました。

　内部通報が一定程度上がっていること自体から、少なくとも制度の周知がなされていること、また制度が実際に利用されていることは分かります。その意味で、通報内容のカテゴリーと件数をIR情報として発表することは、プライバシーに配慮しつつ運用状況を外部に伝える一手段といえるでしょう。

　また、通報があった際にどのようなルートをたどり報告・共有されているのか、フロー図を公表している企業もあります。これは、フロー図に経営陣（コンプライアンス委員会等を含む）を組み込むことで、会社全体の問題として対応していることを示すことにつながります。

②内部通報に関する「適切な体制整備」とは

　（内部通報に関する）「適切な体制整備」に関しては、

●「不利益を被る危険を懸念することなく、違法または不適切な行為・情報開示に関する情報や真摯な疑念を伝えることができる」こと

●「伝えられた情報や疑念が客観的に検証され適切に活用される」こと

が例示されています。

　何よりも「不利益を被る危険を懸念することなく」通報できる窓口であることを前提として、「違法または不適切な行為・情報開示に関する情報や真摯な疑念を伝えることができる」窓口を整備・監督することが求められています。これは、後述するように通報をしたことに対する報復的な人事が行われる事例がなかなか根絶しないことを踏まえると、今後も引き続き重要視される事項と言えます。

　この点の実効性を向上させるためには、窓口担当者において被通報者や通報者の上司等による犯人探しや不利益取扱いがなされないように常に留意しながら対応にあたるよう、必要に応じ取締役会から適切に指示をすることが重要です。それとともに、対応終了後にも必要に応じて他部門とも連携し、

不利益取扱いがなされていないかどうかを確認することも検討すべきです。このような対応を継続実施することを通じて、本当の意味で誰もが「不利益を被る危険を懸念することなく」内部通報ができる窓口を整備する必要があります。

さらに、「違法または不適切な行為」だけではなく、「情報開示に関する情報」や「真摯な疑念」を伝えられる窓口とすることが要請されている点に留意しなければなりません。通報内容を法令違反に限定せず、「真摯な疑念」も含めて幅広く通報を受け付ける体制を整備していくことが求められています。

内部通報制度は本来、企業の自浄作用を働かせるためのリスク情報を吸い上げるための制度ですので、本来の制度趣旨に基づいた制度・運用の見直しが今後更に重要になることを認識しておく必要があります。

後述する通り、いわゆる日本版司法取引制度が導入されたことを踏まえると、法令違反に至る前にリスク情報を吸い上げられる内部通報制度としておくこと、言い換えれば、法令違反発見型の内部通報制度から、法令違反予防型の内部通報制度に進展させていくことを念頭に置いた見直しが求められます。

補充原則2-5①でも2つの内容が要請されています。

【補充原則2-5①】
　上場会社は、内部通報に係る体制整備の一環として、経営陣から独立した窓口の設置（例えば、社外取締役と監査役による合議体を窓口とする等）を行うべきであり、また、情報提供者の秘匿と不利益取扱の禁止に関する規律を整備すべきである。

　1つ目は、「経営陣から独立した窓口の設置（例えば、社外取締役と監査役による合議体を窓口とする等）」です。通常の内部通報窓口は、各部門や現場におけるコンプライアンス上の懸念事項等を吸い上げ、経営陣がその改善・是正を行うことで組織としての自浄作用を働かせ、コンプライアンスを実現

していくことを基本的なスキームとしています。内部統制システムの「情報と伝達」に関する要素のひとつとして内部通報窓口の設置が提唱されているのも、業務ラインにおけるコンプライアンスないしリスク管理上の懸念事項を可視化してその脆弱性を低減させていくことにより、内部統制システムの充実・強化につなげていくことを狙ったものです。このスキームは、経営陣が現場の懸念事項を収集するための従来型の内部通報窓口ということができます。

しかしながら、「内部統制システムの限界は人」と言われるように、このような「内部統制モデル」型の内部通報窓口は、経営陣自らが主導・関与する不正にはほとんど無力です。経営陣が不正に関与している場合、現場からそれに関する内部通報が寄せられても不正の予防や状況の改善につながらないケースが依然として少なくありません。なぜなら、通報窓口ないし関係部門・幹部で握りつぶされたり、忖度がはたらいて放置されてしまったりすることがあるためです。後述するスルガ銀行での不祥事も、まさにこの典型例だったと言えます。

このような現状を踏まえて、「コーポレートガバナンス・コード」では善管注意義務を負う社外取締役や監査役などを内部通報窓口とすることで、経営者主導・関与型の不正についても一定の牽制効果を発揮することが求められています。

なお、ただ「経営陣から独立した内部通報窓口」を設置しても、それだけで機能するはずもありません。社外取締役や監査役等は、ガバナンスに詳しい方が置かれることが多くありますが、必ずしも内部通報対応の実務に精通しているわけではありません。また、企業の社風や文化などを肌で感じる機会もそう多くないことが通常で、通報窓口の担当者との交流はほぼないという例もよく聞きます。実際に社外取締役や監査役が通報を受けた場合に調査を行うことができるよう、また、必要に応じて対応部門と連携できるように、マニュアル等を整備することが重要です。場合によっては、ロールプレイングを含む講習や訓練を受けておくことも必要になります。

（2）コーポレートガバナンス・コードの改訂

　さて、同コードは前述の通り二度改訂されています（2018年、2021年）。
　前掲の内部通報そのものに関する原則2-5には現時点で変更はありませんが、原則2-5を含む第2章「株主以外のステークホルダーとの適切な協働」の「考え方」の部分について、2021年の改訂で大きな変更がありました。

【基本原則2　考え方（変更前）】
…また、近時のグローバルな社会・環境問題等に対する関心の高まりを踏まえれば、いわゆるＥＳＧ（環境、社会、統治）問題への積極的・能動的な対応をこれらに含めることも考えられる。

【基本原則2　考え方（変更後）】
…また、「持続可能な開発目標」（ＳＤＧｓ）が国連サミットで採択され、気候関連財務情報開示タスクフォース（ＴＣＦＤ）への賛同機関数が増加するなど、中長期的な企業価値の向上に向け、サステナビリティ（ＥＳＧ要素を含む中長期的な持続可能性）が重要な経営課題であるとの意識が高まっている。こうした中、我が国企業においては、**サステナビリティ課題への積極的・能動的な対応を一層進めていくことが重要である。**

※太字部分は編者による。以下同じ。

　この改訂がどのように内部通報に関連するのか疑問に思われる方もいるかもしれませんので、少し補足します。まず、基本原則2でサステナビリティ課題に対する捉え方が明らかに積極的になっていることが分かるかと思います。ここで、基本原則の考え方はその名の通り、第2章に共通する基本的な考え方を示している部分であり、それに続く原則2-5も同様の理念があるという読み方をするのが自然でしょう。そうすると、内部通報制度についても、「積極的・能動的」にアプローチし、企業の持続可能性を高めるために、内部通報制度の実効性向上により一層注力することを上場企業に求めていると解

釈することができます。

　内部通報制度を通じ企業が自社内で課題を早期把握し解決し続けることで、企業風土の改善や働きやすさ、離職率の低下などにも繋がり、人材の定着や人材育成を通じで企業が発展していくことを考えると、内部通報制度は事業の持続可能性（サステナビリティ）に資する重要な制度と位置づけられていることが理解しやすいかもしれません。

　なお、補充原則2-3①についても変更がありました。

【補充原則2-3①（変更前）】

　取締役会は、サステナビリティー（持続可能性）を巡る課題への対応は、**重要なリスク管理の一部であると認識し**、中長期的な企業価値の向上の観点から、適確に対処するとともに、近時、こうした課題に対する要請・関心が大きく高まりつつあることを勘案し、これらの課題に積極的・能動的に取り組むよう検討をすべきである。

【補充原則2-3①（変更後）】

　取締役会は、**気候変動などの地球環境問題への配慮**、**人権の尊重**、従業員の健康・労働環境への配慮や公正・適切な処遇、取引先との公正・適正な取引、自然災害等への危機管理など、サステナビリティを巡る課題への対応は、**リスクの減少のみならず収益機会にもつながる重要な経営課題である**と認識し、**中長期的な企業価値の向上の観点から**、これらの課題に積極的・能動的に取り組むよう**検討を深めるべきである**。

　ここでは、「人権」が明記されたことが大きな話題となりました。近年、とみにビジネスと人権が様々な場面で注目されるようになっています。

　例えば、Facebook（現Meta）社が年少者への悪影響や犯罪行為の温床となっている側面を認識しながらも放置したとして、同社の元従業員が内部告発を

した件が大きな注目を集めました。

　日本の企業では、強制労働が疑われる地域の綿を使用していると批判されたシャツがアメリカで輸入を差し止められるなど、サプライチェーンを含め人権侵害をしていないか、管理をすることが強く求められています。

　「人権」というと壮大で日常業務から遠い問題のように思われるかもしれませんが、すべての人間に生まれながらにして認められている基本的な権利ですので、本来的にはとても身近な概念です。「従業員の健康・労働環境への配慮や公正・適切な処遇、取引先との公正・適正な取引」という記載を見ても分かる通り、内部通報窓口に比較的多く寄せられる労働環境に関する相談にも真摯に向き合うことが求められています。

　つまりは、「誰もが働きやすい環境をつくる」という課題へ、今までよりも高いレベルで、広い範囲に対応していくことが推奨されているということが言えます。

　また、こういったサステナビリティについての組織のオピニオンを明確に発信するということが、企業価値の向上＝収益機会につながり得ます。ただ世間に求められていることに応えるだけではなく、自らの思想やそれに基づいた企業活動内容を積極的に発信していくことは、今日では「コンプライアンス」の意義に含まれています。

　内部通報制度についても同様に、制度の設計・運用に関する運用実態やオピニオンを対外的に発信することが重要です。原則2-5の解説部分でも紹介した通り、社内への発信はもちろん、株主や消費者、取引先などのステークホルダーにも見える形で制度を重視する姿勢を見せることを検討すべきでしょう。

　なお、コーポレートガバナンス・コードの附属文書として位置づけられる「投資家と企業の対話ガイドライン」も2021年6月11日に改訂され、新たに内部通報制度に関する言及が追加されています。

> **【監査役の選任・機能発揮及び監査の信頼性の確保・実効性のあるリスク管理の在り方】**
>
> 3−12. 内部通報制度の運用の実効性を確保するため、内部通報に係る体制・運用実績について開示・説明する際には、分かりやすいものとなっているか。

※下線は編者による

ここでは、「実効性のあるリスク管理の在り方」として、内部通報制度が挙げられていることを改めて確認しておく必要があります。そして、内部通報制度については、体制や運用実績等を分かりやすく開示・説明させることで、企業のリスク管理の実効性をチェックすることを投資家にも求めているのです。逆に言えば、企業が事業拡大等に向けて投資家からの投資を募ろうとする場合、内部通報制度の整備・運用及び開示・説明が今後さらに重要になることを示唆しています。

(3) 内部通報制度認証(WCMS)の動き

コーポレートガバナンス・コードに呼応する形で2019年に制度が開始された内部通報制度認証(WCMS)が2019年4月に運用開始されました。

制度の概要としては、内部通報制度の整備・運用に関する38項目について企業自らが自己評価し、審査基準に適合していると判断された場合に、指定登録機関である公益社団法人 商事法務研究会がその事業者を登録するというものです。自己評価するといっても、単に「できている」と宣言すればよいものではありません。審査事項に適合していることを指定登録機関に示すために、具体的な取組みの内容を、その裏付け資料とともに提出する必要があります。

そのため、内部通報制度認証(WCMS)が登録企業の制度の実効性を担保・保証するものではないとはいえ、登録するためには少なくとも審査基準に沿って運用しているという証拠資料を用意する必要があります。

なお、内部通報制度認証(WCMS)は、登録にかかる費用が下表の通り、決して安くないこともあり、はじまった当初は、大企業からも「他の企業の動向を見てから申請したい」という声が多く聞かれました。しかし、冒頭で紹介したように、登録企業も100社を超え、徐々に浸透し始めていたところでした。

登録されている事業者としては、金融業・保険業が全体の半数近くを占めています。不正・不祥事が起きた際に消費者への影響が特に大きくなることが予測される金融・保険業界では、監督官庁や業界団体が力を入れて取得を促しているという事情があったようです。

【登録申請料と更新料】

種別	登録申請料(初回のみ)	更新料(2年目以降・毎年)
大規模事業者	770,000円	572,000円
中規模事業者	550,000円	407,000円
小規模事業者	330,000円	242,000円

そんな中、2022年1月末をもって、唯一の指定登録機関だった商事法務研究会と消費者庁との契約が終了し、マークの運用休止が発表されました。

消費者庁によると、法改正に伴い、全面的に制度を見直すということです。

今後どのような仕組みとなるかは不明ですが、少なくとも制度や運用面の点検をすることには、今後も一定の意味があります。

当社にも、自社の現状が改正法や指針等で求められているレベルかどうかをチェックしてほしいとのご依頼や、他社と比較して自社の内部通報制度の整備状況はどのくらいできているか、あるいは、どこに課題があるかを教えて欲しいといったご要望をよくいただくようになりました。

このような流れから、当社では2021年3月に「内部通報制度簡易診断」というサービスをリリースしました。

2021年11月時点で、計10社で実施しています。カテゴリーごとの平均を見ると、「窓口担当者の就労環境」の達成度が32.0%と目立って低くなっています。このカテゴリーでは、内部通報窓口担当者が過度なストレスをためないような工夫を会社として用意しているか、担当者に対する研修計画が充

実しているかなどを評価しています。

内部通報制度認証(WCMS)では、「内部通報制度の運用担当者による貢献の評価」を行うことを求めています(審査項目21)。この項目は任意となっているため取組みが必須とされているわけではありませんが、申請する事業者は登録企業の中でも5割を下回っています[1]。

また、「経営トップの姿勢」に関しても比較的達成度が低くなっています。この原因としては、内部通報制度に特化した内容でトップがメッセージ発信を行ったことがない例や、窓口導入の際に一度きりしか行っていない例が多いためです。

図表1-1 内部通報制度簡易診断結果　平均

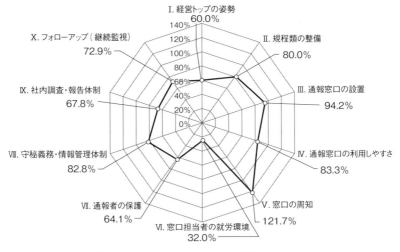

通報対応の具体的な取組内容からすると経営陣の通報制度に対する関心の高さがうかがえるような企業であっても、トップ自らが内部通報にフォーカスしたメッセージを発信することはいまだ浸透していないのが現状と言えそうです。

他方、一般的なコンプライアンスに関するトップメッセージ発信は各社で継続して行っているという回答が多く、ある程度浸透している様子がうかが

---

1) 商事法務研究会「内部通報制度認証(WCMS)申請・審査の実態概況報告―登録事業者100社の概況と審査の概要―」2021年、p.24

えます。今後は、コンプライアンスに関する発信の際に、折に触れて内部通報制度の趣旨や重要性、通報者保護などについても言及する必要があります。継続発信することで、組織全体への制度の浸透に繋がり、内部通報制度の社内での重要性の周知や体制構築・整備、ひいては運用の強化にも繋がります。

2．当社が運営する第三者内部通報窓口（リスクホットライン®）の基本スキームと特長

　ここでまず、当社が運営している第三者内部通報窓口（リスクホットライン®）の基本スキームについて簡単に紹介します。特に第2章以降の内部通報事例に関する記述をご理解・ご活用いただくにあたって、当社がサービス提供先企業の内部通報制度に対して、どのような観点から、どのような点に留意しながら窓口を運営しているのかという基本スキームを理解いただくことが、より読者の皆様の本書への理解を深めることにつながるのではないかと考えるためです。

　今後、各社が内部通報窓口の運用に関して、外部機関の活用を視野に入れていくであろうことも勘案しながら、第三者窓口の利用促進の観点からの参考情報として活用いただけるものと思います。

■リスクホットライン®の基本スキーム

　当社のリスクホットライン®の特長は次の点にあります。

図表1-2　通報の基本的な流れ

①通報者等と連絡を密に取り合うことで、トラブル発生リスクを低減

　内部通報担当者や通報者本人と密に連絡を取り、匿名性の確保が損なわれたり、通報者が不利益を被ったり、不安を感じたりすることがないよう、状況を確認しながら調査・対応方法を固めていくという形で、丁寧なやり取りを行っています。

　また、このやり取りを通じて、通報者に対する不利益取扱いがないかなどの内部通報対応後の実態も確認しながら、通報者保護の促進に寄与しています。

②単なる通報内容の報告(取次ぎ)だけでなく、企業に対して、通報内容への対応に関するアドバイスを提供

　多くの事案に対応してきた危機管理会社としての専門性を活かし、会社側へ最初に通報内容の報告をする際、その内容から考えられるリスクや対応の注意点等を明記した「リスクレポート」を案件ごとに提出しています。そこでは単なる通報内容の報告(取次ぎ)にとどまらず、内部通報への対応(調査・是正措置を含む通報のフロー)に関するアドバイスも行っています。

　このことにより、通報対応に慣れていない企業も、寄せられた通報に対する企業としての対応方針の検討や対策推進が容易になり、窓口が適切に運営されることによって内部通報窓口の利用の活性化につながるものと考えているからです。

　また、内部通報への対応に関しては、事実確認や事実関係の調査の手法等が課題となるケースが多いですが、リスクレポートの中では、他の多くの事例や匿名性確保の観点を踏まえた調査手法、プロセスなどについても、第三者の危機管理専門会社として、アドバイスを行っています。

③対応経緯を逐一記録

　初回通報から内部通報案件の収束までの進捗状況をしっかり管理するとともに、対応経緯を当社窓口ですべてレポートに記録・集約し、収束後に「最終リスクレポート」として企業に提出しています(匿名通報については匿名性

を確保した形で報告しています)。

　これにより、内部通報担当者の事務作業量を大幅に減らすことができるほか、内部統制システムやコンプライアンス推進の観点からも内部通報事案に組織としてどのように対応したのかのエビデンスとして活用できます。また、1年間の通報内容や傾向を分析した年次報告書を作成し、それを基に報告会を行うことがあります。これにより、内部通報を端緒として抽出された各種リスクやその対応状況、対策の効果測定、新たなリスク傾向の把握などが可能となり、そこからのフィードバックを活かしたリスク管理の実効性ある運用といった内部通報制度の趣旨を踏まえた運用が可能となります。

④専門家と連携し、信頼性の高い支援体制を確立

　それぞれの専門分野を持つ複数の顧問弁護士や社内外の社会保険労務士、あるいは産業カウンセラーとの連携により、通報で寄せられたリスクなどを踏まえたアドバイスをはじめ、窓口運営に関して信頼性の高い支援体制を確立しています。

3．内部通報をめぐる法律の制定の背景・改正

(1)公益通報者保護法制定の経緯

　ここで、公益通報者保護法が制定された経緯を簡単に確認します。2000年ごろ、食品偽装やリコール隠しなど、消費者の安心・安全を損なうような企業不祥事が、組織内部からの通報を契機として発覚することが相次ぎました。そのような状況下で、労働者が通報したことを理由とする解雇等の不利益な取扱いを受けないよう保護することに加え、国民の生命・身体・財産に係る法令順守を図ることを目的として、2006年に公益通報者保護法が施行されました。

○内部告発に対するネガティブイメージ

　公益通報者保護に関する歴史的な経緯を見ると、もともとは、「内部告発」者保護の議論から始まっています。内部告発「whistle-blowing」とは、危ないと気がついた人が「笛を吹くこと」に由来しています。危険を知らせる合図という意味ですが、手放しで推奨されているわけではありません。

　組織の内部の人間が、その組織が悪いことをしている、あるいはしようとしていることを知って、それを外部に漏らすことが内部告発ですが、組織に属する者は組織に対する忠実義務を負っているがゆえに、内部告発という行為が手放しでは肯定されません[2]。このあたりの事情から、どのような場合に内部告発が「道徳的」に許容されるのか、「道徳的」な義務になるのか等の論点が出てきています。道徳的に許容される条件が議論されるということは、裏を返せば、内部告発自体に「歓迎されない密告」的なニュアンスが含まれていることを意味しています。

　この点について、有識者からは、「『内部告発』という語には告げ口、垂れ込み、裏切りといった陰湿なニュアンスがつきまとい、特に日本の精神風土では抵抗感が先立ちます。企業や組織の非行（違法や不正行為）があった場合、伝統的な集団思考と強烈な忠誠心によって、これに関わった者が責任を一身に引き受けて自殺したり、事実を知る者が墓場までもって行くことを考えることはあっても、それを告発し白日の下にさらして組織の浄化に寄与するという発想にはなりにくい。おそらく企業人間の美学に反するといった感覚ではあるまいか。もしも、告発に踏み切ったとすれば、その個人は組織から反撃報復され潰される」[3]ことが指摘されています。

　内部告発者が社内で、長期にわたり実質的な報復人事が行われた事例や、内部告発の際に書類を持ち出したことを理由とした懲戒処分を行った事例など、日本国内においても、内部告発は、組織にとって歓迎されないものと見

---

2)　日野勝吾「公益通報者保護法の概要と基本的論点の解説」中京大学大学院法曹養成研究所『CHUKYO LAWYER』第11号、2009年、p.17
3)　中原俊明「米国における内部告発の法理—サーベンス・オクスリー法（SOA）を中心に」『志學館法学』第6号、2005年、p.93

なされる向きがあります。後に紹介するように、公益通報者保護法が制定されて10年以上たっても、依然として、通報者探しや通報者に対する報復処置が行われていることからも、残念ながら内部告発に対するネガティブイメージの強さは払拭されきってはいません。

（2）公益通報者保護法と内部通報制度の関係

　さて、公益通報と内部通報では、若干規律や考え方を変えていく必要がある場合があります。つまり公益通報者保護法に関するガイドラインなど、「公益通報」を前提とする指針を自社の内部通報制度やその運用改善に活用しようとする場合、形式的に導入すると、かえって運用が難しくなるケースがある場合があるということです。

　内部通報制度は、企業が自社のリスク情報を吸い上げて自浄作用を働かせることで、コンプライアンスを担保するとともに、社内における牽制機能を適度に確保して、健全な働きやすい職場を形成していくために企業が主体的に整備・運用していくための制度です。

　一方、公益通報者保護法は、「公益通報者の保護を図るとともに、国民の生命、身体、財産その他の利益の保護にかかわる法令の規定の遵守を図り、もって国民生活の安定及び社会経済の健全な発展に資することを目的とする。」ものです（同法1条）。その究極の目的は企業の自浄作用の発揮ではなく、「公益」を守ることです。国民の生命・身体・財産その他の利益を侵害するような事象は、国民の被害を最小限にするため、企業内のみならず、行政機関や報道機関への通報への法的保護（通報者保護）を与えてでも、早期にその情報を吸い上げる必要があるという考え方に基づくものです。公益に影響があるものは、企業が対処しない場合は、行政機関や報道機関などの外圧を使ってでも早期に発見、是正する必要性が高いので、このような規律は合理的でしょう。

（3）公益通報者保護法の労働法的性格の根拠

①公益通報者保護法による解雇無効等の法的手当ての趣旨

　なぜ、公益通報者に対する不利益取扱いに対する方策として、解雇無効と

第1章　内部通報制度の成立ちと考え方

いうような労働法的手当てが必要なのでしょうか。

　それは、第一に、労働契約における付随義務論との関係で、特別の法的手当てが必要であったからです。「労働者には労働契約における付随義務として事業者の秘密、名誉、信用などの利益を不当に害しないようにする義務、誠実義務」があります。そして、「そのような誠実義務があることから、通報した場合には解雇等の不利益な取り扱いを受けるおそれがあり、しかも誠実義務の法的根拠は民法の信義則（1条2項）のみであることから、どのような場合に義務違反を問われないのかが不明確だった」⁴⁾との指摘があります。そこで、この点を明確にする必要があったのです。特に内部告発の場合、秘密保持義務（守秘義務）との関係で、大きな問題を抱えることになります。「労働契約とは本来、労使双方が互いに給付義務（労務提供義務、賃金支払義務）を負う双務契約」ですが、「主たる給付義務以外にいかなる義務を労働者は負うか」について、「労働契約における労働者の秘密保持義務もまた、労働契約に付随する義務の問題」として議論されてきました。そして、「労働者がこの付随義務を負う根拠となる労働法上の実体規定は存在しない」ものの、「労働者は労働義務の遂行にあたり民法一条の信義則の適用を受け、その結果、労務提供義務に付随する諸般の義務を負うことは多くの研究者によって認められてい」ます。そこで、「多くの企業はこの秘密保持義務に関する規定を就業規則中に有し、その結果労働者は、使用者が有する情報を使用者の許可無しに社会に公表してはならないという義務を負う。これに違反した場合には、労働契約違反として懲戒あるいは解雇等の制裁が課される」⁵⁾と解釈されることになるのです。

　要するに、内部告発を視野に入れた場合、この点を克服するための法的対処が不可欠なのです。

───────────────

4)　日野勝吾「公益通報者保護法の概要と基本的論点の解説」中京大学大学院法曹養成研究所『CHUKYO LAWYER』第11号、2009年、p.22
5)　内藤恵「労働契約における労働者の付随的義務の現代的展開─労働者の秘密保持義務と内部告発者保護の調整を中心として」慶應義塾大学法学研究会『法學研究』Vol.76、No.1、2003年、p.42

②内部告発の現実の姿と不利益取扱い防止規定の意義

　現実に、内部告発により、告発者が解雇され、あるいは不利益取扱いを受けた例としてはトナミ運輸の事例[6]が有名です。

　不利益取扱いについては、人事権の裁量の範囲内での合理的な処置であるかどうかが問題となります。

　トナミ運輸事件では、人事権（裁量の範囲）と不利益取扱いについて、「公序良俗」および「従業員の人事権行使に関する期待的利益」の2つの基準を用いて判断しています。すなわち、人事権の裁量性については、「人事権の性質上、その行使は相当程度使用者の裁量的判断に委ねられるが、このような裁量権も合理的な目的の範囲内で、法令や公序良俗に反しない限度で行使されるべきであり、これらの範囲を逸脱する場合は違法であるとの評価を免れない」としています。また、「従業員は、雇用契約の締結・維持において、配置等について使用者に自由裁量があることを承認したものではなく、これらの人事権が公正に行使されることを期待しているものと認められ、このような従業員の期待的利益は法的保護に値する」という基準を示しています。

　そのうえで、人事権の行使は公序良俗違反と認定し、また従業員は、正当な内部告発によっては配置等について他の従業員と差別的待遇を受けることがないという期待的利益を有するとして、この期待的利益に基づく損害賠償を認めています（最終的には、高裁で和解）[7]。このような判断の枠組みは、公益通報者保護法の改正により、公益通報者の保護が一層強化された状況を踏まえると、内部通報担当部門としても、不利益取扱いに当たるような人事権の行使がなされていないかを判断するためのひとつの材料として、参考にすべきです。どんなに社内の内部通報制度の中で通報者保護を打ち出したと

---

6)　内藤恵「労働契約における労働者の付随的義務の現代的展開—労働者の秘密保持義務と内部告発者保護の調整を中心として」慶應義塾大学法学研究会『法學研究』Vol.76、No.1、2003年、p.46。同文献では、1974年に「使用者たるトナミ運輸が関わる運輸業界の闇カルテル事件を公正取引委員会へ申告し同時に新聞社にその情報を開示した労働者が、その後20数年間にわたり昇進昇格を停止され更に一人部屋で何の仕事も与えられずに放置されるなど、様々な嫌がらせを受けた」として、2002年1月29日、富山地裁に損害賠償請求訴訟を提訴した事例が紹介されています。
7)　山口利昭『内部告発・内部通報—その「光」と「影」』経済産業調査会、2010年、p.75

ころで、人事権が通報者に対する報復の目的で恣意的に行使されてしまえば、通報者保護は有名無実化してしまいます。内部通報制度の強化により通報者保護を徹底するのであれば、人事権が、通報者に対する報復の目的で行使されていないかを組織的にチェックし、牽制・是正していく手当まで検討しておくことが重要になることは言うまでもありません。

③公益通報者保護法が規定する不利益取扱い禁止規定の意義

以上を踏まえ、公益通報者保護法については、「法的ルールとして保護される場合の要件が明確化されたこと(公益通報者保護法2条)、解雇以外の不利益取扱いの禁止(同法5条)については、労働法体系の中には現在でも条文には存在しないことからすると、それを明記した点では、意義深い」と評価されています[8](条文番号は改正前の表記)。

今回の改正では、公益通報者に対する損害賠償請求も禁止されました(改正法第7条[9])ので、その意義は一層大きなものと言えます。ただし、「公益通報者保護法の第一次的な目的が労働者保護という点に置かれていることから、様々な問題を投げかけることになる」[10]との指摘もあることに留意しなければいけません。

④内部通報制度の現実

しかしながら、内部通報制度は一応導入されているものの制度自体が機能不全に陥っていることから、事態が大きくなってから不祥事が発覚するといった事案が後を絶ちません。

以下、近年の内部通報制度が機能せずに大きな問題に発展した例を紹介します。

---

8) 日野勝吾「公益通報者保護法の概要と基本的論点の解説」中京大学大学院法曹養成研究所『CHUKYO LAWYER』第11号、2009年、p.17
9) なお、役員に対する損害賠償請求は禁止されていません(改正法第6条)。
10) 山口利昭『内部告発・内部通報—その「光」と「影」』経済産業調査会、2010年、p.81

（4）近年の不祥事

①スルガ銀行

　年収が高くなくてもシェアハウスのオーナーになれるということを謳い、不動産投資ローンを提供していたスルガ銀行で、大規模な不正融資を行っていた事案が2018年に発覚しました。

　この事案は、そのような不良債権が顕在化し、不動産業者から消費者であるオーナーへの賃料支払いが滞ったことを契機として公になりました。この事案では、危機管理分野で活躍する著名な弁護士を委員長とした第三者委員会により事案の発生した要因についての分析がなされ、報告書として公表されています。第三者委員会の報告書では、本件の発生に至った背景として、同社に設置されていた「内部通報制度が機能していなかった」こと、「そもそも内部通報制度が信用されていなかった」ことを指摘しています。

　報告書の第4章には、以下のような記載があります。

> 　当委員会が全行員（3,595名）に対して行ったアンケートでは、内部通報制度があることを知っていた者は3,253名（90.5%）であったが、内部通報制度を利用したことがある者は36名（1.0%）、しかし適切な対処が行われなかったという回答が56名（1.6%）ある。更に利用しようと思い立ったものの通報しなかった経験がある者が198名（5.5%）に及ぶ。その通報しなかった理由は、「もみ消される」「報復される」「言うだけ無駄」「誰が通報したか知られる」などである。通報者保護が十分でないと回答した者は2,591名（72.1%）に及ぶ。

出典：「調査報告書（公表版）」 スルガ銀行株式会社　第三者委員会、2018年、p.292

　同行では、業績至上主義の企業風土があり、達成不可能なほどに高いノルマを課されることによるプレッシャーや、それに伴うパワーハラスメントの横行があったとされています。そのため、通常であれば審査落ちするような案件でも、審査が通るように必要書類の改ざんを行っていたということです。

第三者委員会報告書によると、調査の結果、1,000件以上もの不正行為が疑われる資料が見つかり、不正行為が蔓延している状況にあったと推察されます。

　実際に、同行では事件が世間に知られる3年も前に当該事案やシェアハウス事業に関する問題点を指摘する通報が複数ありました。しかし、内部通報を担当する部門は、（本当は問題があると認識しながら）有効な調査をせず、問題はないという回答に終始し、通報に適切に対応していなかったことが判明しています。そのような不適切な処理がなされた背景としては、営業本部の力が強すぎるために、営業上の問題点を指摘することに遠慮を感じてしまっていたことや、問題を大きくしたくないという事なかれ主義の文化があったのではないかと指摘されています。本来是正に力を入れなければならない内部通報担当部門においても、「通報を受けて問題点を指摘することは、裏切り行為とみなされるかもしれない」という意識がはたらいていたものと考えられます。まさに、通報をしても「もみ消される」「言うだけ無駄」という状況があったということです。

　報告書では、「ここまで（企業風土が）劣化した場合、それを劇的に改善するには、他の企業と統合するとか、経営層の総退陣等、根本的な経営基盤の変更が必要ではないかと思われる。新しい人材が新しい風・価値観を持ち込んでくれない限り、自力では変われないのである。」と指摘されています[11]。

　この事案を踏まえ、新たな指針では組織の長からの独立性を確保する措置をとることが義務化されました[12]。

②日本郵便　福岡事案

　日本郵政グループの不祥事としては、かんぽ生命での生命保険商品の不適正募集問題が2019年から2020年にかけて大きな問題となり、業務停止命令および業務改善命令の行政処分を受けた[13]ことも記憶に新しいかもしれま

---

11)　スルガ銀行株式会社　第三者委員会「調査報告書（公表版）」、2018年9月、p.293
12)　令和3年版指針第1章2.(3)④独立ルートの確保について
13)　総務省「かんぽ生命保険の不適正募集に係る一連の問題に関する監督上の命令等」、2019年12月

せん。この事案に関してもスルガ銀行と同様に、売上重視・営業目標必達主義の風土があり、販売実績をあげてさえいれば厚遇されるという風土があったと報告されています。

さて、いわゆる「福岡事案」ですが、日本郵便の福岡県内の郵便局長がある不祥事案について内部通報をしたところ、通報者が特定されたうえ、報復を受けたというものです。報道によると、事案は九州地区の郵便局関係の要職に複数ついていた統括局長（A氏）に関する事案が内部通報され、日本郵政本社から指導や処分を受けたことから始まります。これを逆恨みしたA氏が、同僚にあたる局長ら数名を1人ずつ呼び出し、「俺の力があれば誰が通報したか必ず分かる」「犯人だったら絶対につぶす」などと申し向けて、通報したことを認めるように脅したということです。さらに、局長らが脅迫された旨を地区の会議で訴えたところ、他の幹部から「A氏を誹謗中傷した」などとの理由で繰り返し辞任を求められました。その後、被害を受けた局長らのうち1名が降格となり、2名がうつ状態などと診断されて休職に追い込まれたというのが大まかな経緯です。

この不適正募集問題を受けて組織されたJP改革実行委員会は、この「福岡事案」を重く受け止め、内部通報制度の問題点の検証・改善に本腰を入れるべきと提言しています。

2021年1月に公表された同委員会の「日本郵政グループの内部通報窓口その他各種相談窓口等の仕組み及び運用状況等に係る検証報告書」によると、日本郵政グループで用意されている社外窓口の受付業務を受託する担当弁護士は、通報者の同意の有無にかかわらず、受け付けた通報のすべての内容を会社側に通知していたとのことです。

中立・公平性を期待し、会社との間にワンクッションおくことができる社外窓口を選んでいる通報者も少なくないでしょう。それにもかかわらず、上記のように筒抜けになってしまうのであれば、外部窓口を置く意味がなくなってしまいます。消費者庁のガイドラインでも、外部窓口担当者に対し、通報者の特定につながり得る情報は通報者の明示の同意がない限り委託元に開示しないことが求められていますが、この方針に反する運用がなされてい

たと言えます。

　後述するように、改正公益通報者保護法でも通報者の特定に繋がりかねない情報については厳格な取扱いが求められていますので、このような運用をしている企業では見直しが必須となります。

　同社については、事案の重大性もさることながら、内部通報制度が形骸化していたこと、通報者探しが公然と行われていたことなどを踏まえ、内部通報制度の抜本的な見直しが求められます。JP改革実行委員会は、内部通報制度の見直しについてもかなり踏み込んで具体的な提言を行っています。

　同社には、その提言を謙虚に受け止め、抜本的な内部通報制度の改革をすることが求められます。併せて、幹部により通報者探しが行われていた事実を直視し、幹部に対する研修等も含めた、運用改善に向けた取組みが不可欠です。国民からの信頼回復に向けて、同社の本気度が問われています。そのためには、同委員会の提言の内容をひとつずつ実行することがまず重要です。なお、同委員会はその後も継続して開催され、その会議資料も同社ホームページ上で公開されています（2021年11月現在）[14]。同資料中の内部通報制度の見直し計画では、「マインド形成・信頼回復フェーズ」が用意されています。グループ全体で約43万人の従業員を抱える同グループで制度の正しい理解を浸透させるためには、長期間をかけて根気強く、継続的に研修や発信をしていくことが不可欠です。当面は同委員会がモニタリングを行うとされていますが、その手を離れ、グループ各社が自律的に窓口を運用できるようになれば、改革の一旦の成果と言えるでしょう。

（5）公益通報者保護法改正の内容

　数々の議論を経て2020年6月に「公益通報者保護法の一部を改正する法律」案が可決・公布されました。法律の施行は2022年6月までになされます。なお、公益通報者保護法の保護対象は特定の法令違反に関する通報に限定されていますが（法2条3項）、以下では特に断りのない限り、一般的な通報と

14）　日本郵政グループ「内部通報制度等改善計画」、2021年

区別せずに説明します。

では、法改正の主な内容を見ていきましょう。

①内部公益通報対応体制の整備の義務化（法第11条2項）

まず、事業者に、「公益通報に応じ、適切に対応するために必要な体制の整備その他の必要な措置をと」ることが義務付けられます。今回の改正では常時雇用する従業員数が301名以上の企業が義務化の対象となり、300名以下の企業は努力義務とされています（11条3項）。

この内部公益通報体制の整備にあたり、事業者がとるべき措置の大要を示した指針が2021年8月に発表されました。さらに、この指針に沿った対応をするにあたって参考となる考え方や、具体的に取り組むべき事項を示した「指針の解説」も同年10月に公表されました[15]。

「指針の解説」では、「300人以下の事業者については、事業者の規模や業種・業態等の実情に応じて可能な限り本解説に記載の事項に従った…体制を整備・運用するよう努める必要がある。」と明記されています[16]。従業員数が少ない企業でも、広く名前が知られている企業や、高いレベルでのコンプライアンス遵守を求められる業種に関しては、特に無視することはできません。

●内部通報制度に関する政府指針の変遷

2005年に初めて内閣府国民生活局が発表した「公益通報者保護法に関する民間事業者向けガイドライン（平成17年版）」は、全体が4ページでした。その後、2016年に策定された民間事業者向けガイドラインでは、13ページと3倍以上のボリュームとなりました。

2022年度の改正では、指針は4ページに収めるかわりに、より詳細かつ具体的な指針の解説も策定されました。指針の解説は、かつて消費者庁が策定した「民間事業者向けガイドライン」の内容を補強・強化したもので、法の

---

15) 消費者庁「公益通報者保護法に基づく指針（令和3年内閣府告示第118号）の解説」2021年10月

16) 同p.2 注釈2

施行とともに民間事業者向けガイドラインは「指針の解説」に統合されました。指針、指針の解説ともに巻末に収録していますので、ご覧ください。

②外部へ告発した場合に保護される要件の緩和

(ア)　行政機関への告発（法第3条2号）

　社外に告発する場合には、事業者の名誉や信用が傷つけられるおそれがあることから、組織内部に通報する場合（いわゆる1号通報）よりも比較的厳しい要件をクリアする必要があります。改正前は、行政機関に告発する場合には通報者が単なる憶測や伝聞ではなく、機密事項の含まれる内部資料等を用意して「通報事実がまさに生じようとしていると信ずるに足りる相当の理由（以下、「真実相当性」という。）」を示す必要がありました[17]。もっとも、真実相当性があるかないかの判断を通報者側でしなければならず、通報をためらう例もあったとされています[18]。

　そこで、改正法では住所・氏名と公益通報内容などを記載した書面を提出するのみでも、法の保護対象となりました。この要件の緩和については、審議会での審議の内容を見ると、少人数の中小企業の場合、社内への通報だとどうしても社長等の幹部に誰が通報したかが分かってしまうため、実質的に改善を求めるなら行政機関に頼るしかなく、行政機関への通報へのハードルを下げて欲しいという意見がしきりに出されていることから、それを踏まえたものと考えられます。公益通報の促進というよりは、少人数企業における通報者保護の趣旨と考えられますが、主体が限定されているわけではないことから、真実相当性要件が必須でなくなったという点で、行政へ告発をするハードルがかなり下がることになる点には注意が必要です。提出の方法については、書面（電子メールやその他記録データなどを含む）とされています[19]。

---

17)　山本隆司ほか著『解説　改正公益通報者保護法』弘文社、2021年、p.148
18)　消費者庁消費者制度課「公益通報者保護制度に関する実態調査報告書」2013年6月、p.63。なお、消費者庁は令和2年6月の法改正の趣旨としても同内容を挙げています（第201回国会参議院地方創生及び消費者問題に関する特別委員会会議録第10号）。
19)　なお、事業者内で公益通報をする場合の方法は限定されておらず、口頭でも公益通報に当たり得ます（法3条1号）。

ここで言及しておきたいこととしては、社内外問わず企業で用意している窓口において匿名通報が許されていない場合は、行政機関への告発の可能性がより一層高まる可能性を視野に入れておくべきということです。行政機関に通報することでより大ごとになることを憂慮し、行政機関への通報を躊躇する通報者も少なからずいるでしょう。そのため行政機関への通報の要件が緩和されたからといって、行政機関への通報が急激に増えるとは言えません。しかし、やはり同じ内容で行政機関に通報することが許されるのであれば、より中立的な監視効果を期待し、行政機関を選ぶ通報者もこれまで以上に出てくることも十分考えられます。

　2号通報の場合は、もともと当該事業者への処分権限を有する行政機関が想定されています。また、行政機関が根拠もなく事業者にとって不利益な情報を公表することは考えにくいため、3号通報の場合と比較して事業者への不利益は少ないとされています。

　なお、改正法では、行政機関が社内の内部通報体制整備に介入することができるようになります。すなわち、社内の通報受付体制整備が十分でない可能性があると判断された場合、処分権限のある行政機関は事業者に対し報告を求め、助言・指導・勧告をすることができます(15条)。さらに、勧告に従わない場合には、社名を公表することもでき(16条)、企業としては風評や採用への影響も懸念されることになります。社名公表の事態に至ることは稀であると考えられますが、間接的に行政機関の指導・勧告を通じて内部通報の受付体制の整備を促進する仕組みが導入されることは、それが「公益通報」を前提としてのものとはいえ、内部通報制度の実効性確保・向上に向けて、大きな意義を有しています。

●匿名通報の取扱い

　当社で2021年に実施した調査によると、匿名の通報を受け付ける企業は91.3％となっており、2016年からは増加傾向にあります。なお、平成28年版ガイドラインでも「個人情報保護の徹底を図るとともに通報対応の実効性を確保するため、匿名の通報も受け付けることが必要である。その際、匿名

の通報であっても、通報者と通報窓口担当者が双方向で情報伝達を行い得る仕組みを導入することが望ましい。」とされています[20]。公益通報者保護法は実名通報の前提に立つため、公益通報を前提としたガイドラインや指針を参考にして内部通報制度を整備した企業や、調査をする上で匿名通報では対処できないと考えている企業では、いまだに匿名通報に対応していない企業もあります。

　なお、匿名通報の場合、信憑性が分からないからあまり受け付けたくないという声もよく耳にしますが、経費精算の不正や一部の法令違反などに関する通報は、調査ができるだけの情報さえ提供されれば通報者が誰であるかは特に重要ではありません。当社の通報窓口運用経験からすると、会社に重大な影響を及ぼすような内容の通報は、匿名の方が通報しやすい傾向にあるとも言えます。

　一方、匿名通報で困難が生じやすいのは、主に人間関係やハラスメントに関する通報、特に、1対1でのハラスメントの場合です。この場合は、会社として誰を守ればよいのか、どのように調査をすればよいのかの方向性が定められず、結果として十分な調査・対応・改善ができないことがあります。できたとしても、ハラスメント防止の掲示や全体へのメッセージ発信をするなど、直接の解決には結びつかない対応になってしまう場合もあります。したがって、内部通報窓口としては、通報者の警戒を解くために、匿名だと具体的な調査が難しく、現状の改善につながりにくいことや、氏名を開示した方が保護されやすいことなどを丁寧に説明することで、通報者の理解を得て、氏名開示を誘導する努力をすることです。

　当然、氏名開示に向けた窓口での対応に時間はかかりますが、通報者の懸案事項を改善し、よりよい組織を目指すためには必要なプロセスでしょう。このように匿名通報でも、運用次第では相応の対応は可能です。内部通報制度は、企業として、リスク情報を吸い上げ、自浄作用を働かせるための制度であることを踏まえると、匿名であっても適切にリスク情報を早期に吸い上

---

20)　消費者庁「公益通報者保護法を踏まえた内部通報制度の整備・運用に関する民間事業者向けガイドライン」2016年12月、p.9

げ、できる調査・改善に努め、自浄作用を働かせていくことが求められます。内部通報制度で受けるべき通報は公益通報に限られるものではありません。その意味で、匿名通報を受け付けていない企業においては、匿名でも内部通報を受け付けることを検討すべきです。

（イ）　マスコミや取引先などへの告発（法第3条3号）

新聞社や雑誌などの報道機関や、出資元などの取引先に告発する場合は従前の通り真実相当性があることが必須となり、かつ、法が求める特定事由のいずれかひとつに該当することが必要です。

そして、改正では特定事由に以下の2つの場合が新たに加わります。

●事業者が通報者を特定させる情報を漏らす可能性が高い場合（第3条3号

（参考）改正法における保護要件　　　　　　　※太字は改正部分

【通報先】	【保護要件の概要】
1号通報 社内窓口 委託先の弁護士事務所・ 受付専門会社など	通報対象事実があると思料すること
2号通報 通報対象事実に 関連する行政機関	通報対象事実があると信ずるに足りる相当の理由があること 　or イ）氏名・住所 ロ）通報事実に関する説明 ハ）通報対象事実があると思料すること ニ）法令に基づく処分が行われるべきと考える理由
3号通報 報道機関や 取引先など	通報対象事実があると信ずるに足りる相当の理由があること 　and 以下のいずれか イ）事業者が不利益取扱をする可能性が高いこと ロ）事業者が隠蔽をする可能性が高いこと ハ）**事業者が通報者を特定させる情報を漏らす可能性が高いこと** ニ）1号・2号の窓口から正当な理由なく通報しないことを要求されたこと ホ）通報後20日間会社からの通知がないこと ヘ）生命・身体・個人の重大な財産の侵害（の危険）があること

28

第1章　内部通報制度の成立ちと考え方

ハ)

●個人の重大な財産が侵害される危険がある場合(同ヘ)

　特にハの事由については、組織幹部などが通報制度に対してネガティブな姿勢を持っている場合には非常に告発のリスクが高まります。

　なお、社内窓口・行政機関・マスコミの順に保護要件として求められるものは厳しくなってはいますが、通報者がこの順番通りの段階を踏まなければならないわけではありません。つまり、社内窓口に通報するよりも前にマスコミへ告発することも十分に考えられるということです。この点は、法改正前と変わりませんが、改めて念頭においておく必要があります。

③内部公益通報対応業務従事者に対する刑事罰を導入

　改正法では、新たに「従事者」という概念が導入されました。「従事者」とは、1号(企業内)通報対応業務を行う者で(従事していた者を含む)かつ、当該業務に関して公益通報者を特定させる事項を伝達される者をいいます。

　この従事者に対し、「正当な理由」なく、「公益通報対応業務に関して知り得た事項であって公益通報者を特定させる」情報についての法律上の守秘義務が課されます(法11条1項、12条)。これに反した場合は、30万円以下の罰金が科されることになります(法21条)。

　「正当な理由」とは、通報者を特定させる情報を漏らしても刑事罰の対象とならない場合のことを示しています。指針では、以下の場合を例示しています。

・通報者本人の同意がある場合

・法令に基づく場合

・調査等に必要である範囲の従事者間で情報共有する場合

・通報者自身がハラスメントの被害者である場合であって、調査を進めるうえで通報者の特定を避けることが著しく困難であり、かつ調査をすることが法令違反を是正するためにやむを得ないと言える場合

　特に最後に掲げたものに関して、具体的には1対1のセクシュアルハラスメントに関する通報がなされた場合が想定できます。この場合には機微な情

29

報を扱うことになるため、調査において難しい対応が求められることになります。そのため、正当な理由として、違法性が阻却される場合の基準を示すことで、調査に対し極端に及び腰にならないよう配慮がなされているものと思います。もっとも、「正当な理由」が認められる可能性があるといっても、従来通り慎重に対応しなければならない場合であることには変わりはありませんので、通報者とこまめに連絡をとりながら、「通報者の特定」を極力回避するために、ほかに取り得る手段方法がないかなども併せて検討する必要があるでしょう。

● 「従事者」の設定

「従事者」の範囲は、事業者が定めることができます。

指針の解説では、公益通報対応業務を「内部公益通報の受付・調査・是正に必要な措置のすべて又はいずれかを主体的に行う業務及び当該業務の重要部分について関与する業務を行う」ことと定義しています。「従事者」はこの「公益通報対応業務」を行う者ですから、基本的には内部通報窓口を運用している部門の担当者が「従事者」として設定される中心となります。なお、通報受付を外部に委託している場合、委託先もまた従事者として設定する必要があります。

ただし、事案によっては通報窓口担当者ではない方も従事者と同様に主体的に通報受付・対応をすることがあり得ます。例えば、通報者の上司など、職制上のレポーティングラインに相談があるような場合が考えられます。指針の解説では、直属の上司に限らず、直接役員に報告する場合や、先輩従業員に報告する場合も内部公益通報に当たり得るとしています[21]。

このように通報窓口としてあらかじめ設定されていない者に対して、法律上の守秘義務を課すためには、必要が生じた都度従事者として設定する必要があります。従事者の設定に際しては、知らぬ間に刑事罰が科される事態を防ぐため、書面で指定するなど、本人が従事者の地位に就くことが明らかと

---

21) 消費者庁「公益通報者保護法に基づく指針（令和3年内閣府告示第118号）の解説」2021年10月、p.7　注釈11

なる方法で伝えなければなりません[22]。逆にいうと、当該上司などが通報対応を行う部門に相談せず独自で調査をし、通報者を特定し得る情報を拡散したとしても、従事者として設定されていない以上は刑事罰を負うことはないといえます（社内規程に違反することは十分にあり得ます）。

なお、指針の解説では、従事者として定める対象にならない場合として以下の例を挙げています。

・社内調査等におけるヒアリングの対象者
・職場環境を改善する措置に参加する労働者
・製造物の品質不正事案に関する社内調査において品質の再検査を行う者
　等であって、公益通報の内容を伝えられたにとどまる者

このような場合は、「公益通報の受付、調査、是正に必要な措置について、主体的に行っておらず、かつ、重要部分について関与していない」ため、たとえ調査上の必要性に応じて公益通報者を特定させる事項を伝達されたとしても、従事者の対象外となるということです。ただし、やはり通報事実を言いふらしたりする行為は社内規程に違反し得ます。実務的には、このような場合にも範囲外共有の禁止や通報者に対する不利益取扱いの禁止などの注意事項等をきちんと説明する必要があるでしょう。特に厳格に情報を扱うべき事案については、ヒアリング対象者に注意事項を説明したうえで同意書に署名を求めるという取組みをしている企業もあります。

●従事者に対する刑事罰導入についての見解

なお、社員の中に、法律上の守秘義務を課される社員が出てしまうことは、企業の人事施策上も大きな課題となります。労働者も雇用関係上の守秘義務は負うものの、情報漏洩や持ち出しに対して刑事罰が科せられるのは、刑法その他の犯罪に該当するケースがほとんどです（公務員やみなし公務員は除く）。また、職務上の守秘義務は、国家資格等の有資格者が法律上の義務であることが通常であり、国家資格保有者でもない従事者に刑事罰を伴う守秘

---

22)　同p.6　2①指針本文

義務を課すのは極めて異例ではないでしょうか。本来であれば、法律上の守秘義務を課す以上、公益通報対応従事者に関する資格制度を創設し、資格保有者の配置を義務化して、その者に対して刑事罰を伴う守秘義務を課すという建付けにすることが望ましいと思われますが、それだけ、通報者特定による報復等の処置が繰り返されたことを踏まえた歯止めとして必要であったと考えられます。有資格者であれば、企業においても資格手当等により待遇を変えることで、他の従業員と比して刑事罰を伴う守秘義務を負うこと等の正当化も可能かと思いますが、今回は資格制度がないため、企業の人事施策として、従事者への処遇をどうするか、企業としては大きな課題を突きつけられたと言えるでしょう。実際上は、通報を受けてみないと公益通報かどうか分からず、また、通報者が社内で話すなど従事者がコントロールできない事情で通報者特定につながる事態が起こり得る内部通報対応の実務を考えると、刑事罰が科せられることを嫌がり、内部通報担当者のなり手が確保できない事態にも陥りかねません。担当者が確保できなければ、そもそも内部通報制度は有効に機能しません。これでは、本末転倒です。

④ 保護対象の拡大

　従来、公益通報をしたことにより保護される対象者は、現役の労働者に限定されていましたが、今回の法改正で保護対象が拡大されます。

（ア）　1年以内の退職者

　公益通報をした場合の保護対象として、退職後1年以内の者が新たに追加されます（法2条1項1号）。

　1年以内という期間制限を設けた理由として、消費者庁は次のように説明しています[23]。

- ・法の目的である「法令違反行為の早期是正」という観点から、保護される対象を一定期間の者に限定して早期発見を促す必要があること
- ・実際に退職者が不利益取扱いを受けた事例のほとんどが、退職後1年以

---

23)　第201回国会「消費者問題に関する特別委員会議録6号7頁（令和2.5.21）」

内に通報を行った場合であったことから、不利益取扱いを受ける可能性のある事案のほとんどをカバーできること

・退職から長期間経過後に通報がなされた場合、証拠の散逸などにより通報を受けた事業者が適切に対応することが困難であること

退職者を窓口の利用対象者に含めるのであれば、退職後も窓口は利用可能であることもまた周知する必要がありますので、例えば退職時の面談の際などに改めて伝えるということも検討すべきでしょう。

●期間制限を設けない場合

内部通報窓口で、退職後1年以上経過している方からも通報を受け付けている企業も見られます。リスク情報を広く吸い上げるという観点からは、法や指針で要求されている以上の取組みをしていると評価することができます。

もっとも、消費者庁が期間制限を設けた理由の部分で紹介したように、事案から長期間時間が経過してしまうと、対応が難しくなることが少なくありません。また、ヒアリング対象者を選定できたとしても当時の記憶が薄れてしまっていたり、そもそも既に退職済みで連絡が取れないという可能性も高くなります。

時間の経過が著しく、通報内容が軽微と思われる案件については、基本的に対応不能として返答すれば足りると考えてよいでしょう。しかし、あまりに退職者からのそのような通報が多い場合は担当者の業務過多に繋がり、窓口の円滑な運用が阻害されかねません。実務上の影響が大きい場合には、一定の年数制限を設ける方向で見直しをすることもひとつの手段です。

（イ）　役員

ここにいう役員は、「法人の取締役、執行役、会計参与、監査役、理事、監事及び清算人並びにこれら以外の者で法令…の規定に基づき法人の経営に従事している者（会計監査人を除く）」を指します（法2条1項1号）。

役員は会社の経営を担い、重要な意思決定をするという立場上、一般の従

業員よりも保護要件が厳格に定められています。つまり、行政機関やマスコミに対して告発する場合は、原則として組織内で調査是正措置を行ってからでなければ保護されません（法6条2号イ）。例外として、重大な損害が発生する急迫した危険がある場合は調査是正措置の前置が不要となります（同2号ロ、3号ロ）。調査是正措置とは、善管注意義務をもって行う、通報対象事実の調査及びその是正のために必要な措置のことを指します。どのような内容の善管注意義務を負うかは、役員の職務内容などに応じて個別に判断されます。

役員に対する不利益取扱いの例としては、取締役会の招集通知を送らないことなどが考えられています。なお、役員が公益通報をしたことを理由として解任することは不利益取扱いに該当しません（法5条3項かっこ書）。

役員が通報する場合というのは、役員自らが直接的に解決できない場面であることが通常ですので、他の役員が不正に関与している場合や、組織ぐるみで不正がなされているような事案が想定されます。特に、役員間で上下関係が存在する場合は不正を指摘することも難しい場合があります。そういった事案については特に、経営陣から独立して事案を共有し、調査をするルートを設けておく必要があります（いわゆる独立ルート）。

同指針の解説では、独立ルートを確保する方法として以下の取組みを挙げています。

・社外取締役や監査機関（監査役、監査等委員会、監査委員会等）にも報告を行うようにすること
・社外取締役や監査機関からモニタリングを受けながら公益通報対応業務を行うこと
・内部公益通報受付窓口を事業者外部（外部委託先、親会社等）に設置すること
・中小企業の場合には、何社かが共同して事業者の外部（例えば、法律事務所や民間の専門機関等）に内部公益通報窓口を委託すること
・企業グループ本社等において子会社や関連会社の労働者等及び役員からの通報を受け付ける企業グループ共通の窓口を設置すること

・関係会社・取引先を含めた内部公益通報対応体制を整備することや、関係会社・取引先における内部公益通報対応体制の整備・運用状況を定期的に確認・評価した上で、必要に応じ助言・支援をすること

・事業者団体や同業者組合等の関係事業者共通の内部公益通報受付窓口を設けること

ただし、本来的には、役員が内部通報しなければいけないという事態は、そもそもコーポレートガバナンスの体制に問題があることの証左でもあります。問題事象の改善もさることながら、コーポレートガバナンス体制そのものを見直す必要があると認識すべきです。

●独立ルートの確保

指針第4 (2)では、「内部公益通報受付窓口において受け付ける内部公益通報に係る公益通報対応業務に関して、組織の長その他幹部に関係する事案については、これらの者からの独立性を確保する措置をとる」ことが求められています。

また、令和3年版指針の解説では、「中小事業者においても、組織の長その他の幹部からの影響力が不当に行使されることを防ぐためには、独立性を確保する仕組みを設ける必要性が高いことに留意する必要がある」[24]とされており、独立ルートの設定は、規模が大きい事業者だけの課題でないことが明らかになっています。

●取引先からの通報

取引先の事業者等が主体となって不正・不祥事を告発した例としては、2002年に雪印食品の牛肉偽装事件を告発した西宮冷蔵の事案が有名です。西宮冷蔵は告発後に取引が激減し、休業に陥りました。このような例もあり、取引先事業者も公益通報者保護法の保護対象として含めるべきではないかという議論は以前からなされていました。

---

24) 消費者庁「公益通報者保護法に基づく指針(令和3年内閣府告示第118号)の解説」2021年10月、p.9 注釈16

しかし、事業者間の取引においては、基本的に契約自由の原則が妥当するため、契約解除が不利益取扱いに該当するかどうかの判断基準を用意しなければなりません。また、どういった取引先を保護対象とするのか、その範囲についても合理的な基準を策定する必要があります。今回の法改正ではこれらの検討課題について結論が出ず、保護対象の範囲に追加することは見送られました。

　前掲のスルガ銀行での事案のように、組織内部では解決することが期待できない場合には特に、第三者機関や社外取締役が最後の砦として機能することが期待できます。

　重ねての指摘にはなりますが、ただ独立ルートを設定するだけではなく、社外取締役や監査役等が内部通報の案件の調査・是正勧告等をどのように行うかなど、平時にシミュレーションを行っておくことも重要です。

⑤通報者の損害賠償責任の制限が明記

　公益通報をしたことにより、売上が減少するなどの損害が事業者に発生する場合があります。このような損害について通報者に対して、賠償請求をすることは、従前も「不利益取扱い」に含まれ、禁止されるものと解釈されていました。しかし、条文上明確ではなく、解釈に委ねられている状況だったことから、今回の法改正では、第3条各号の保護要件を充たしている場合は、公益通報によって生じた損害の賠償責任を負わない旨の規定が設けられました（法7条）。少なくとも、この範囲で通報者に対して業務上の損害を被ったとして損害賠償請求をすることはできなくなります。なお、前述の通り役員が公益通報をしたことを理由として解任することは、不利益取扱いとして禁止されていませんが、通報したことを理由として解任された場合は、当該役員は解任によって生じた損害の賠償を請求することができます（法6条柱書）。

●労働契約上の守秘義務と営業秘密の持ち出し

　労働者は労働契約の存続中は、その付随義務として営業秘密の保持義務を

負っています[25]。また、その旨を就業規則などの社内規則で確認的に定めていることも多いでしょう。

もっとも、外部に告発する場合（特に3号通報）は報道機関等もそれなりの証拠がなければ相手にしてくれないでしょうし、証拠資料を用いて「真実相当性」を示さなければ公益通報者として保護されません。

そこで、通報者にとっては公益通報のために営業秘密を含む社内の情報をどのように外部に持ち出す場合が不法行為になるのか、あるいはどこまでは正当行為なのかということが非常に重要なポイントになります。しかし、この点に関して必ずしも法律上明確ではなく、以前から議論が必要と指摘されていました[26]。結局、今回の法改正でもこの点については結論が出ず、解釈に委ねられることとなりました。

なお、過去の裁判例では、公益通報のために証拠資料を持ち出す行為も公益通報に付随する行為として保護の対象になると判断された事例もあります（大阪高判平成21年10月16日）[27]。

企業や組織における内部告発への対応実務においても、それが少なくとも公益通報に関して正当に用いられる限り、情報の持ち出しを理由に告発者等を処分等することは、実質的な不利益取扱いになりかねないというリスクを認識しておく必要があります。

（6）合意制度（いわゆる日本版司法取引）と内部通報の関係

2018年6月より、「証拠収集等への協力及び訴追に関する合意制度（以下、「合意制度」）」の運用が始まりました。これは刑事訴訟法350条の2以下で新たに導入されたもので、他人がした犯罪について情報提供をするかわりに、自分がした犯罪については不起訴にしてもらったり、求刑を軽くしてもらうという制度です。検察官等と合意を取り付けることから合意制度と省略され

---

25) 菅野和夫「労働法（第十一版）」p.151
26) 消費者庁消費者制度課「公益通報者保護制度の実効性の向上に関する検討会　第1回議事録」2015年、p.23
27) その他、通報者に関連する事例に関し、消費者庁公益通報者保護専門調査会「通報者の保護に関する判例法理について」平成30年3月が参考になります。

（参考）司法取引のイメージ図

司法取引

検察官

捜査

被疑者
被告人

共犯者など

ることが一般的で、2021年9月までに3件の適用事例があります[28]。

　なかでも、三菱日立パワーシステムズ株式会社（現三菱パワー）における事案は、内部通報制度が機能していたからこそ会社へのダメージを最小限に抑えることができた事例です。

　事案の概要としては、タイでの発電所建設に絡む贈賄事件で、元取締役とその部下2名が、現地の公務員に対して2,000万バーツ（約6,500万円）を供与したというものです。そして、これを問題に感じた人物により内部通報として報告され、会社が把握したというものです。その後、会社が当局へ報告し、事件の調査に協力した結果として合意制度が適用されました[29]。

　元幹部らの行為は、不正競争防止法違反に該当するので、両罰規定を通して会社も起訴・処罰される可能性がありました。しかし、内部通報制度が適切に活用され、事前に捜査機関とやり取りができた結果、会社としての訴追を免れることができました。

　しかし、合意制度が導入されたことは必ずしも企業にとって追い風とは言えません。先の事案でも、仮に元幹部らが先に捜査機関と接触していた場合は、会社が訴追されていた可能性もあります。特に自らが不正に関わっている場合、社内での立場を守るよりも刑事罰を少しでも軽くしたいという思い

---

28)　三菱日立パワーシステムズで海外公務員への贈賄をした不正競争防止法違反事件（2018年）、日産自動車元会長の役員報酬を過小記載した金商法違反事件（2018年）、アパレル会社GLADHANDでの業務上横領事件（2019年）の3件。
29)　三菱パワー「不正競争防止法違反による当社元役員および元社員の起訴について」2018年7月20日

第1章 内部通報制度の成立ちと考え方

(参考)三菱日立パワーシステムズ事案

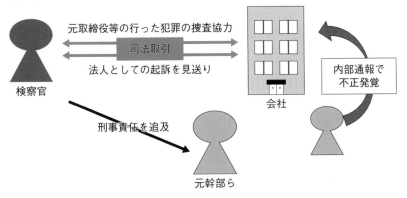

が働くのが通常でしょう。平たくいうと、社内の内部通報窓口に自らの罪を申告するよりも、捜査機関に自首することを選ぶ可能性が高いということです。その場合、企業はまさに寝耳に水の状態で対応せざるを得ず、自ら情報をコントロールしながら世間への公表などの対応をすることがほとんど不可能になってしまいます。そのため、不正や違反行為を周囲で見ている層からいかに通報してもらえるかが、会社存続の鍵を握ると言えます。

● 社内リニエンシー制度

　日本版司法取引と似たような社内制度として、「社内リニエンシー制度」を用意している企業もあります。

　社内リニエンシー制度とは、不正行為を行った役職員が、当該不正行為に関する情報を告発するよりも前に、社内において自ら申告した場合に懲戒処分を軽減し、あるいは免除するというメリットを与えるというものです。もともとは、カルテルなどの不正行為を早期発見するために、自己申告をした企業に対し課徴金を減免するという独占禁止法の制度をモデルとしています。

　日本版司法取引が導入されて間もない頃は特に耳目を集めましたが、2021年現在、多くの企業で浸透しているとは言えません。その理由としては、やはり不正を行った従業員等が通常科されるべき処分を回避することに対

39

し、不公平感があるためでしょう。社内リニエンシー制度の導入をする場合は、当然就業規則や賞罰規程などの他の規定との整合性をとる必要もあり、社内調整も一筋縄ではいかないでしょう。

　他方、社内リニエンシー制度とは少し異なる視点ですが、企業の危機を救うような有用な通報をした従業員に対して報奨金を与える制度を用意している企業もあります。筆者の聞くところによると、100万円を上限としている企業もあるようです。この金額が安いかと感じるか高いと感じるかはそれぞれですが、このような制度は、特に組織ぐるみが疑われるような場合に通報者の背中を押す可能性もあります。

　執筆時点ではいずれも少数の事業者のみで導入されている取組みですが、有用性の検証に成功すれば将来一般的になることもあるかもしれません。

（7）ハラスメント関連の法改正

　公益通報者保護法以外にも、内部通報と深く関連する法律の施行・改正がありました。例えば、2020年の6月に施行された「労働施策の総合的な推進並びに労働者の雇用の安定及び職業生活の充実等に関する法律（いわゆるパワハラ防止法）」があります。この法律により、パワーハラスメントを防止するための対策をすることが義務化されました。また、いわゆる男女雇用機会均等法や育児・介護休業法では、セクシュアルハラスメントやマタニティハラスメントに関して再発防止の取組みをすることなどが努力義務として追加されました。詳細は弊社の書籍、『体制整備は会社の義務です！ 図解パワハラ防止対策法制対応ガイド』（弁護士 江上千惠子氏との共著・第一法規刊）にて事例を交え解説をしていますので、是非ご一読ください。

　通報窓口に寄せられる内容として、ハラスメントを含む人間関係に関する通報も少なくありません。実際に、当社のリスクホットライン®に寄せられる通報のうち55.6％は人間関係に関する内容を含むものです（2021年11月時点）。

　当社では、「リスクホットライン®」を通じて契約企業の内部通報を受け付

けるとともに、人間関係で解決が難しく長期化している案件や第三者的な視点での調査を必要とする案件では契約企業からヒアリングを依頼されることが少なくありません。もちろん、当社では内部通報への対応に関して、このような支援も積極的に実施しています。内部通報事案への対応や通報案件に関するヒアリング調査の支援等で感じることは、パワハラの定義や類型が既に明確化されて数年経つにも関わらず、パワハラをしたとされる被通報者も、されたと言う通報者も、「独自のパワハラ論」を語る場合が少なくないということです。パワハラ、セクハラという言葉が、「独自のパワハラ論・セクハラ論」が組織内で独り歩きしないためにも、従業員に正しい知識を浸透させることが重要です。

改正された法律・項目	
パワハラ防止法	国の施策へのハラスメント対策の明記
	国、事業主及び労働者の責務
	雇用管理上の措置義務の新設
	事業主への相談等を理由とした不利益取扱いの禁止
	紛争解決援助・調停、措置義務等の履行確保（報告徴収、公表規定整備）
均等法	**国、事業主及び労働者の責務**
	事業主への相談等を理由とした不利益取扱いの禁止
	他社の措置義務の実施への協力（努力義務）【セクハラのみ】
	調停の意見聴取の対象拡大
	男女雇用機会均等推進者の選任努力義務
育介法	**国、事業主及び労働者の責務**
	事業主への相談等を理由とした不利益取扱いの禁止

※太字はパワーハラスメントの法制化およびセクシュアルハラスメント・マタニティハラスメント改正の共通項目

第2章　通報事例

1．本章の構成

　第1章では、コーポレートガバナンス・コードや公益通報者保護法の視点から内部通報制度を概観してきました。

　本章では、当社が運営する第三者内部通報窓口（リスクホットライン®）に寄せられた10,000件を超える通報を、以下のような視点で再構築し、通報受付時からフォローアップまでのポイントと、それぞれの通報に対応することが内部通報制度の意義・目的に即してどのような役割を担っているのかを考えていきたいと思います。本章でご紹介する通報事例の構成は以下の通りです。

通報内容
　実際の通報内容を基に、守秘義務に反しない範囲で再構築しています。なお、通報内容に登場する上司の役職名（エリア長、ブロック長、地区長、○○統括あるいは○○本部長など）については、架空のものです。

通報のフロー
　実際の通報内容を基に再構築しています。

```
●通報の受付
  ・通報受理の通知    ※1
```

```
●調査の必要性の検討
  ・検討結果を通報者へ通知(フィードバック)    ※2
```

```
●調査
  ・調査の実施・検証
  ・不正の目的の通報かどうかの検討
```

```
●是正措置の必要性の検討
  ・検討結果を通報者へ通知(フィードバック)    ※3
```

```
●是正措置
  ・是正措置・再発防止策の実施
  ・社内処分・関係行政機関への報告書等の検討
  ・是正結果を通報者へ通知(フィードバック)    ※4
```

```
●通報対応の終了(案件収束あるいはケースクローズ)
```

```
●フォローアップ
  ・是正措置・再発防止策が正常に機能しているかの
    確認
  ・通報者が、通報したことを理由として不利益取扱
    いを受けていないかの確認
```

　また、この後ご紹介する通報事例における通報のフローでは、以下のような表現をしています。

●RHL → 通報者【通報受理および調査の必要性検討結果の通知】（メール）

　これは、RHLから通報者へ、会社側からの【通報受理および調査の必要性検討結果の通知】をメールで伝達したことを表しています。他には、「通報者 → RHL」や「会社側 → RHL」があります。前者の「通報者 → RHL」は、通報者からRHLに対して、会社側回答に対する通報者の返答や、通報者からの追加情報が寄せられたことを示します。また、後者の「会社側 → RHL」は、会社側からRHLに対して、通報者との面談の様子などが共有された場合などとなります。

　加えて、【　】において、そのメールや電話の、通報のフローにおける位置づけを示しています。主に以下の6種類となります。

●【通報受理の通知】

　　前ページ、フローの※1

●【調査の必要性検討結果の通知】

　　前ページ、フローの※2

●【是正措置の必要性検討結果の通知】

　　前ページ、フローの※3

●【是正結果の通知】

　　前ページ、フローの※4

●【通報者返答】

　　各通知や会社側回答に対する返答

●【共有】

　　会社側からRHLへの共有内容（通報者、被通報者あるいは調査協力者との面談結果等）

受付時のポイント

　外部の第三者機関（外部窓口）の立場から、主に電話通報における受付時のポイントを整理することで、受付担当者にとって望ましい姿を考えていきた

いと思います。

　まず、受付担当者に求められるのは、通報者の年齢層、職種、役職、あるいは通報時の感情の起伏等を考慮しながら、その場の判断で適切な応答をしていく対応力です。これは高度なスキルを要するものと言えます。また、一般的な企業(自社およびグループ会社)における組織運営の基礎的な理解(決裁の流れ等)や作業内容、業務運営についても一定程度の理解度がないと通報者の話を理解することが難しい場合もあります(内部通報窓口を社内にのみ設置している場合にも、多様な職種の方からの通報が想定されます)。もちろん、自社やグループ会社の就業規則や社内規程、人事・労務管理の制度(体制)ついても、相応に熟知しておくことが不可欠となります。

　また、公益通報者保護法では、通報対象事実に関して、関係法令を示して内部不正や法令違反行為等に限定しています。しかしながら、実際の企業の内部通報窓口の運営を考えた場合は、職場環境や勤務状況(体制および休暇・給与等)、職場の人間関係に起因する通報も多いでしょう。そのため、内部通報の受付担当者には、労働基準法、労働安全衛生法、労働契約法、男女雇用機会均等法あるいは育児介護休業法等の基礎知識があると、より通報者の置かれた状況を理解するうえで助けになるものと思われます。

　さらに、時折、通報者でさえ気づいていないリスクが浮き彫りになることがあります。通報者の属する組織(班、課、部など)では当たり前の風土や慣習でも、それが社会通念上も許容され得るかについて、通報者自身も気づいていないことがあります。通報内容の中で、第三者から見た場合に、風土や慣習が社会の要請(社会の目)から逸れ、「若干の危機(ミドルクライシス®)」となっているかもしれないという視点から客観的に通報内容へ耳を傾ける必要があります。社内窓口であっても、相応の客観性や第三者性を維持しながら、通報に秘められたリスクや事案の本質を把握していくことを心がけなければなりません。

　以上を踏まえ、通報の電話が終わるまでに対処・確認しておくべきことは以下の通りです。

●通報内容の整理

▷通報者の最も訴えたいこと（主訴）を明確にします。通報内容が多岐にわたる場合には、通報者に対して「最も伝えたいことは何ですか」などと問いかけることも必要です。続けて、通報者の伝えたいことが複数ある場合もありますので、整理し、優先順位をつけていくことが求められます。

▷通報内容における時系列を整理します。必ずしも通報者が時系列に沿って話をするわけではありません。通報者の思い入れの強い出来事から順に話す場合もあるので、いつ、誰が、何をした（言った）のかが明確になるよう整理します。

▷メモを取りながら、適宜復唱や確認をしつつ、丁寧に話を聞いていきます。被通報者や関係者が複数出てくる場合には、その方々が、通報内容にどのように関与しているのか、通報者がその状況をどのように理解しているのか、通報者の考え方等を把握します。

▷相関関係や因果関係を明らかにしていきます。通報者や被通報者の社歴、職種、業務内容など今後の調査を見据えて必要になると思われる情報を確認していきます。不正絡みの通報や公益通報の場合は、社内の関係者や取引先等が複数登場することや、過去の複数の違法行為が示されることがあります。そのため、可能な限り具体的な内容や関係者（通報に関する情報や経緯を把握している人）の範囲等について開示を促すことが求められます。

▷通報者が、被通報者から直接言われたり、されたりした内容と伝聞の区別、あるいは（被通報者からのメール等）何かしら裏付けとなる資料がある（客観的な事実と言える）内容と、通報者等の推測による内容を区別する必要もあります。

▷通報内容が長くなる場合には、タイミングを見て通報内容や通報者の要望を整理しながら進めていくことも必要です。

▷通報によっては、上司からのメール等、エビデンスになり得るものが存在する場合もありますので、通報者の話からエビデンス等の存在がうかがえる場合には、その内容や形式・形態を確認しておきます。

● 被通報者の氏名(同姓同名の可能性を考慮し漢字も含む)、所属、役職の確認

　▷被通報者氏名を開示することで、通報者が不利益な取扱いを受けるのではないかと懸念する場合には、通報者保護について説明することが求められます。

● 通報者氏名(漢字を含む)、所属、役職、連絡先(電話番号やメールアドレス等)および氏名・所属名の開示可否あるいは開示してよい範囲の確認

　▷内部通報窓口にのみ開示、または内部通報担当者まで開示、あるいは所属部門を統括する上席者まで開示など、どこまでの範囲において開示してよいかを確認します。

　▷また、通報者が役員、社員の家族、あるいは取引先の所属である場合には、内部通報規程においてどのような取扱いとなるかを確認する必要があります。

　▷通報者が氏名開示や部署・所属等の開示を躊躇する場合があります。その際は、社内の規程にもよりますが、匿名通報として対処することも検討します(なお、前提として、社内の内部通報規程などにおいて、匿名の内部通報を受け付けるのかどうかを明確にしておくことが重要となります)。

　▷内部通報を受け付けた場合、匿名性の確保や不利益取扱いの予防の観点から、窓口を通じて通報者とやり取りすることが望ましい場合もあるため、その旨を説明して、通報者の連絡先等も確認しておきます。

● 連絡先としてメールアドレスの有無の確認

　▷日常生活であまり利用しないメールアドレスである場合、通報者とのやり取りが滞ることが懸念されます。可能であれば通報者の私用の携帯電話などのアドレスを使用することが適切だと思われます。

　▷メールアドレスを確認する場合には、紛らわしいアルファベットに注意する必要があります。「spn@〜」という場合には、「セカンドのs、プールのp、ノートのn」などとして復唱する方法が有効です。

　▷また、通報者に窓口のメールアドレス(通常は、ポスターや周知用カー

ド等に記載されているでしょう)を伝え、通報者から一度メールを送ってもらうと、送受信の確認ができます。このような形で通報者のメールアドレスを確実に把握していく方法もあります。特に電話通報においては、通話終了後に確実な送受信の確認を行う必要があります。通報者からメールしてもらう方法か、受付担当者から通報者にメールする方法のいずれかが考えられます。

▷なお、送受信の確認の際には、必要に応じて案件番号等をメール表題(件名)に入れて通報者氏名の記載を不要とする等の形で、仮に送信ミス等があっても内部通報したことや通報者が誰なのかが内部通報窓口以外は把握できないような配慮も求められます。

●通報受付後の流れの確認

▷通報者から「この後、この通報はどのように扱われるのですか」といった質問が寄せられることがあります。そうした場合には、調査・是正措置に関する大まかな流れと、常識的な範囲内で(例えば1週間から10日前後など)会社側回答までに要する期間について伝えておくと、通報者が過度に心配することなく会社側回答を待つことができます。

▷なお、通報者からその後の処理について聞かれない場合でも、今後どのような対応が行われるのか、調査等の結果がどのような形で通報者に通知されるのか等についても、通報者に伝えしておく方が親切です。

●会社側回答内容の伝達方法確認

▷いわゆる「言った言わないの水かけ論」を防ぎ、確実に伝達する方法としてはメールが望ましいと言えます。ただし、通報者が周囲に話すことや、外部へ流出すること等も視野に入れる必要があるため、回答作成時には複数の目でチェックしたうえで回答することが望ましいと言えるでしょう。なお、通報者がメールアドレスを取得していない場合や、メールに不慣れな場合には、電話で伝達することも考えられます。

▷他方、企業によっては、社内ネットワークを通じて送受信されたメール内容を監視・把握・記録・閲覧していることがあります。このような企業では、通報者の連絡先が社内のメールアドレスや(店舗の)共有アドレ

スの場合、通報内容等が内部通報担当者以外の社員に知られてしまうことが懸念されます。そのため、通報者の私用アドレスの開示を促す等の配慮も必要です。

●電話番号の確認

▷緊急での連絡が必要な場合に使用することが想定されます。

●電話がつながりやすい時間帯の確認

▷当番勤務や深夜勤務の多い通報者にとっては、日中の時間帯につながりにくいことも考えられますので、確認しておくことが必要です。

調査・是正措置のポイント

通報内容に対する調査は（企業によって異なりますが）内部通報担当部署が行うことが多いと思われます。ここでは、調査のためのアプローチの紹介と、その後の是正措置における内部通報担当部署の立ち位置（スタンス）の類型を考えています。

調査・是正措置の実施については、当然、内部通報関連諸規程に基づく内部通報担当部署の役割（内部監査部門が兼務しているなど）や、内部通報担当者のキャラクターや経験してきた職種による影響を受けることも多いように思います。そのため、事案の軽重、事案対応における時間の経過や段階、通報者や被通報者のタイプ等に応じて、調査方法を使い分けることも有効です。あまり馴染みのない方法もあるかもしれませんが、ご参考になればと思います。

なお、いずれの方法を採用したとしても、最終的には企業における「内部通報制度の意義・目的」を果たすことに主眼がありますので、類型ごとの優劣を論じたいということではない点にご留意いただければと思います。

◉調査のアプローチ

調査のアプローチについては、通報内容や通報者の要望等を踏まえ、選択する必要があります。参考事例としてご紹介します。

①記録の確認

通報内容により以下の確認が必要になることが考えられます。

● 勤怠記録：被通報者が勤怠記録を虚偽報告（書き替えを含む）しているという通報内容である場合等
● 接待交際費、出張経費、その他経費、通勤手当、住宅手当、あるいは家族手当（およびこれらに類する各種手当）等に関する申請書等：被通報者が各種手当の申請について虚偽申請をしているとする通報内容である場合等
● 防犯カメラの映像：被通報者の不正行為の疑いや勤怠記録の虚偽報告あるいはパワハラやセクハラといった各種ハラスメントに関する通報のうち、行為が防犯カメラ設置場所で行われているとする通報内容である場合等
● 履歴書や職務経歴書：被通報者に経歴詐称の疑いがあるとする場合等

　主に管理部門が所管する記録が多いものと推察されます。内部通報担当部署が人事部門から独立している場合、通報者に関する情報（勤怠記録等）については通報者の了解を得たうえで、管理部門への開示を要請するべきです。この場合、情報漏えいの危険性排除、そして通報者保護の観点から、情報を共有する範囲を最小限にする必要があることは言うまでもありません。また、内部通報担当部署が管理部門との兼務である場合にも同様に、情報共有の範囲は内部通報担当者を中心とした少数にするべきだと考えます。

②ヒアリング（面談や立ち話を含む）

　通報内容や通報者の要望により、「通報があったことを伏せた形」、あるいは通報者が受付担当者や内部通報担当者までは氏名を開示していても、被通報者に特定されたくない場合等には、通報があったことがわからない形での調査が必要になる場面が見受けられます。これらの場合におけるヒアリングの名目について考察します。

● 名目

▷定期内部監査

実際に定期内部監査の一環として、監査項目をチェックしていく中で、「個別面談」といった形式でヒアリングしていく方法が考えられます。あくまでも定期内部監査ですので、通報内容を直接的にヒアリングすることは望ましくないと言えます。「業務フローに支障がないか」あるいは「職場環境」を中心にすることが肝要です。

▷職場環境調査

調査協力者や通報者に対してヒアリングしていく方法です。こちらも定期内部監査同様、通報内容を直接的にヒアリングするのではなく「職場環境」についてが中心となります。

▷「クレームが寄せられた」という口実(名目)

サービス業や卸売・小売業で店舗展開している企業において有効だと思われます。クレームに対する調査を装うことで、通報者の特定を避ける目的として用いられます。

▷人事異動に伴う視察

一例として、「新しい上司が配属されてから職場環境が悪化した」などとするような通報である場合に有効だと思われます。しかし、日頃から人事異動後の視察を行っていないと、被通報者や調査協力者にとっては不自然に映るかもしれません。そのため、「統括者による定期巡回」の一環として実施することも考えられます。

▷「近くに来たから」

これまでの方法の多くは事前にアポイントを取ってからの調査になることが想定されます。このような方法がとりにくいような場合には、通報者あるいは被通報者の所属する部署や店舗を突然訪問して立ち話(休憩室や喫煙所等)の感覚で情報収集することが考えられます。

なお、この場合は「内部通報担当者に対する従業員からのイメージ」について留意が必要です。「内部通報担当者が動くということは、何か(よくないことが)あった」と従業員から思われている場合には、被通報者や調査協力者に警戒されてしまい、ありのままの情報が得られないことが懸

念されます。

● 調査協力者(ヒアリング対象者)の範囲
　▷ 被通報者(あるいは通報者)の同僚、上司、部下など
　　主に現在の被通報者と通報者の関係性をヒアリングすることを目的とします。
　▷ 被通報者が現在の店舗や部署に配属される前の所属店舗や部署の従業員
　　主に過去の被通報者の業務遂行能力、勤務態度、周囲とのコミュニケーションなど、いわゆる「人となり」を調査することを目的とします。
　▷ 被通報者と通報者の双方をよく知る上司など
　　主に人間関係に起因するような通報内容である場合には、過去からの経緯を含めて調査する必要があります。そのために、被通報者と通報者の双方を知る上司に対してヒアリングすることも有効です。

　ヒアリングの名目や調査協力者(ヒアリング対象者)の範囲については、匿名通報で通報者の連絡先がわからない場合を除き、通報者に確認しながら進めていくべきです。通報者の特定、報復行為等の不利益取扱いが通報者に及ぶことを避けることが目的です。そのため、受付担当者は「どの情報が通報者の特定に至る可能性があるのか」を通報受付時に確認する必要があることは言うまでもありません。

● 是正措置のスタンス
① 直接是正型
　通報者へのフィードバックを含め、被通報者への是正措置を内部通報担当部署が直接行うもので、場合によっては「被通報者や会社の代弁者」として解決を図るようなスタンスであるとも言えますが、中立性の観点からは慎重な対応が求められます。一般的に以下のような場合に用いられます。
● 職制のラインを通じた解決の可能性が低いと考えられる場合
● 調査の過程において、通報者の思い込みや通報者自身にも問題があると考

えられる場合

●緊急を要する場合

●不正行為に関する通報の場合(内部通報担当部署が内部監査機能を持っているとき)

②間接是正型

　被通報者から通報者への言動や対処において、社内規程、コンプライアンスの視点、あるいは社会通念上問題がなかったかを第三者的に検証するスタンスです。言動や対処の過程において何らかの問題があった場合には、経営陣へ報告・助言し被通報者への改善を促します。社外取締役が関与する場合等に望ましいでしょう。なお、緊急を要する場合に手順を省く対応ができるかを事前に検討する必要があります。以下のような場合に用いられます。

●一度収束した事案に続く形で通報が寄せられた場合

●過去に被通報者となった人物から通報が寄せられた場合

●綿密な調査が必要な場合

●内部告発／外部通報や訴訟になりかねないような場合

●不正行為に関する通報の場合(内部通報担当部署と内部監査部門が別のとき)

フォローアップのポイントと内部通報制度における意義

　それぞれの通報が収束し、一定期間経過後に通報者や被通報者あるいはその周辺の従業員(一例として、被通報者を配置転換した場合、配置転換前の所属部署と配置転換後の所属部署)に対するフォローアップが考えられます。

　また、定期的に通報内容およびその後の是正状況を検証することで、結果的に個別の通報が内部通報制度、あるいは企業のコンプライアンスや社風の醸成にどのように寄与したのか、コンプライアンスや社風に問題がないかを検証することが重要です。内部通報制度は、現場のリスク情報を吸い上げつつ、自浄作用を働かせるべく設置・運用していますので、内部通報が組織や業務の改善につながることが、最も健全な姿と言えるからです。むしろ、自

浄作用を働かせる観点からは、通報そのものへの対処もさることながら、その後の是正措置や是正措置の効果測定、是正措置実施後の社内や業務実施状況のフォローアップが重要になってきます。ここまでのプロセスが、内部通報への対応(実務)であり、通報の受付・調査だけが内部通報への対応(実務)ではないことを改めて確認いただきたいと思います。

　内部通報を受けて、必要な是正措置が行われ、また是正措置が効を奏してこそ、通報者の通報が活きてくることになりますし、社内の内部通報制度や窓口への信頼も高まっていくことになります。逆に言うと、内部通報を受けて、適切な調査を行い、必要な是正措置を実施して、その後の状況を見ながら是正措置の効果を測定していくこと(この過程で、通報者に対する不利益取扱いがないかどうかもモニタリングすることになります)が、内部通報制度(窓口)を有効に機能させる秘訣と言えるでしょう。

　当社のリスクホットライン®の特長を第1章でご紹介しましたが、当社が単なる通報の受付(取次ぎ)にとどまらず、調査手法のアドバイスやその後の年次報告、周知活動等まで適宜アドバイス等を実施するのは、このように内部通報制度の全過程に関与することが、内部通報窓口を有効に運営する(会社および通報者双方から)うえで不可欠な要素と言えるからなのです。その意味で、内部通報窓口を外部の専門機関に委託する場合は、その外部専門機関が内部通報制度の全過程にどこまで、そしてどのように関与しているかを把握することが重要となります。

　なお、調査・是正措置、フォローアップあるいは内部通報制度における意義について述べる部分では、当社が主催した内部通報担当者による座談会(以下、「座談会」)でのご意見を紹介していきます。参考までに座談会に参加いただいた企業概要は以下の通りです。

社名(仮称)	業種	上場／非上場
A社	サービス業	上場
B社	サービス業	上場
C社	サービス業	上場
D社	卸売・小売業	上場
E社	金融・保険業	非上場
F社	サービス業	非上場
G社	卸売・小売業	非上場
H社	情報通信業	非上場

2．直接是正型

　それでは、実際の事例を基に、内部通報窓口の実務について、その流れや留意事項を解説します。

　内部通報の実務については、前述の通り、通報の受付だけではなく、調査を踏まえて必要な処置と是正が行われ、その是正措置が効を奏しているかの効果測定まで行って初めて自浄作用を働かせるという当初の目的が健全な形で実現されることから、ここからの事例の紹介についても、是正までの流れを踏まえて、前述の直接是正型および間接是正型の分類に従って、整理していきます。

　なお、実際の電話通報では、必ずしも本文のように整理されているわけではありません。当社のリスクホットライン®では、そのような通報でも、当該企業の内部通報担当者が事案をわかりやすくかつ効率的に把握できるよう、通報内容を整理したうえで、リスクレポートに反映しています。

　実際の内部通報窓口での実務に関しては、受付段階で、通報者の話をしっかりと聞き出すとともに、通報者の話が錯綜していても、その内容を整理して、事案の本質をミスリードしないように記録・文書化していくスキルが重要になることは言うまでもありません。

通報事例 1　人事異動に関する手続き【電話通報】

通報内容

　私は高崎支店の支店長です。私の名前は言わなければならないのでしょうか……。

　私は6か月前に子どもを病気で亡くしました。そのとき、支店の運営に影響を与えてはいけないと思い、役所などの手続きを終えてお葬式の翌日昼過ぎには仕事に復帰しました。子どもが亡くなって、私には夫もいませんし、気持ちを立て直す暇もなく、仕事をしないと今後の人生が成り立たないという状態の中、北関東統括が「生活が大変なんだろ？クビになりたくなかったら俺の言うことを聞け。俺の言うことは絶対だ」と言ったのです。いつ頃の発言だったかは覚えていませんが、とてもショックでパワハラだと思いました。その発言が心の傷になっています。いくら上司だからといって、あまりにも配慮のない言葉だと思います。その後、私は、自分を守らなくてはいけないと思い、すべての会話ではありませんが、北関東統括との会話を録音するようになりました。

　そして、今回、こちらに相談することにした経緯についてお話しします。私は来月から、仙台へ異動することになりました。今は支店長ですが、異動先では特に責任者ではありません。異動については、東日本営業本部長から3日前、私の携帯にメールがあっただけです。そして、一昨日、支店長会議に参加した際に正式に辞令が交付されました。

　その後、東日本営業本部長から電話があり、異動となった理由を「管理能力の不足」と説明されました。その原因として考えられることがあります。以前、北関東統括から「あなたの代わりはいくらでもいるから」と言われたことがありました。その発言が原因で、過度にプレッシャーを感じてしまい、部下に対して管理が厳しくなってしまったのかもしれません。

　特に厳しくしたことは時間管理です。会社から残業削減の指示が出ていましたが、業務量が減るわけではないので、夜遅くまで残業するよりは朝早く出勤して集中した方が効率的だと考えました。そのため、「残業する

なら朝」ということにしました。しかし、みんな朝が弱いのか、私の指示に従いたくなかったのか、私だけが朝残業を行っている状態でした。実際に私は7時30分頃には出勤し、朝残業にすることによる業務効率化をみんなに伝えるなどしていましたが、副支店長をはじめ、あまり浸透はしませんでした。また、朝残業をする私が遅くまで残っていてはよくないので、私は19時頃には退勤するようにしていました。そのことについて、上司にも部下にも説明はしていたのですが、ある日の飲み会で、副支店長が「支店長はみんなに自分の仕事を押しつけている。みんなが遅くまで仕事をしている中、自分の仕事が終わったらさっさと帰るので、仕事の質問があっても聞けない。自分だけ、仕事の後に美容院に行ったり、好きな歌手のコンサートに行ったりしているのはおかしいと思う。職権乱用ではないか」といった話を東日本営業本部長にしたようです。しかし、私は、支店長として部下の業務管理や勤怠管理などのマネジメント業務だけではなく、営業活動をしてから帰宅していましたし、帰宅する際には、副支店長の業務進捗を見て、「大丈夫？　何か手伝うことある？」と声をかけると「大丈夫です。私ももう終わりますから」と言うので、その後は副支店長に任せて帰宅していたのです。でも、そのことが「支店長は自分の仕事が終わったらすぐ帰る」と思われてしまったようです。

　私も組織の中で生きてきましたので、人事異動を拒むつもりはありません。しかし、異動という人事に関わることをメールで済ませることに違和感を覚えます。

　そして、今回の異動は、降格人事だと感じています。そのことを東日本営業本部長に伝えたところ「そんなことはない」とは言われましたが納得していません。給与も下がると思うので、降格としか考えられません。

　今回の件で、私が支店長として不適格であり、その要因が私だけにあるという評価が悔しくてなりません。北関東統括や東日本営業本部長からこんな扱いを受けていると、今後（子どもを亡くして）自分ひとりで生きていく身としては恐怖心を抱いています。

第2章 通報事例

通報のフロー

●RHL → 通報者【通報受理および調査の必要性検討結果の通知】（メール）

▷通報者様

今回の通報は、内部通報担当部署が受け付けました。

調査を開始し、必要に応じて是正措置をします。

●通報者 → RHL【通報者返答】（電話）会社側回答伝達の1週間後

▷内部通報担当者様（会社側）

先日、内部通報担当部署の方と面談しました。しかし北関東統括や東日本営業本部長がどうなるのかといったことではなく話がずれてしまって……。その方からは（子どもを亡くしたことについて）カウンセラーとの面談を提案されましたが、お断りしました。私はカウンセリングを求めているわけではありません。

もちろん、私は異動に関して理解していますが、異動にあたっての説明がないことには納得していません。そして、異動の理由として「支店長として不適格」とのことでしたが、会社は、私から何も聞かずに不適格とすることに納得できません。そして、納得していないと言っているにもかかわらず、その後の諸手続きが適当すぎます。

引継ぎや着任日について、着任先の上司と調整しています。東日本営業本部長をccに入れてメールでやり取りしていますが、本部長からは何も指示がありません。このようなことは以前からあり、北関東統括や東日本営業本部長は自覚がありません。

そういえば、前回この窓口に電話したときには、前日の支店長会議で「スペシャリスト」への辞令をもらっていました。その後、4、5日後の朝礼のときに今度は「シニアスペシャリスト」の辞令をもらいました。そのため、私は合計2枚の辞令をもらったのですが、「シニアスペシャリスト」という役職は初耳でしたので、総務に聞いたり、自分で調べたりしました。

そこでわかったのは、「スペシャリスト」は非管理職で、「シニアスペシャリスト」は管理職であるということです。何の確認もせずに辞令を渡され

59

ましたが、いい加減な対応だと感じました。ただ紙で渡すだけではなく、直接説明するべきではないでしょうか。

●会社側 → RHL【共有】（メール）
　▷本件について、その後の状況をお伝えします。
　　会社側より、通報者へ「再度面談の場を設定するがいかがか」と伝えたところ、通報者より「その必要はない」という回答が来ていますので、通報対応を終了とします。

（ 受付時のポイント ）

●通報者の要望の確認
　　一見すると通報者の言いたいことは以下の内容が考えられます。
　　・北関東統括との確執と子どもを亡くした中で北関東統括から言われたことを、いわゆるパワーハラスメントだと感じたこと
　　・非管理職ポジションへの異動に対する不満
　　・人事異動までの経緯（弁明の機会もなく評価が下がり、非管理職へ左遷になり、その異動にかかる然るべきルート、然るべき手順を踏んでもらえなかったこと）
　　そのため、初回の電話の最後に窓口から「会社側へ最もお伝えしたいことはどれになりますか」と投げかけ「異動発令までの経緯」であることを確認しました。このことは2回目の電話でも共通したものでした。なお、通報者は、1回目の電話においては感情を押し殺したように淡々と話していました。しかし2回目の電話までの間に実施された会社側担当者との面談内容が通報者の望む内容でなかったこと、そして2度の辞令交付、およびそういった内容を紙面で、説明もなく交付されたことへの不満から2回目の電話においては若干語気が強くなったように思います。

●氏名開示
　　当初通報者は氏名開示に消極的でした。指針の解説においても言及され

ているように、匿名通報も受け付けるべきではあります。しかし、本事例の通報内容は、通報者のみに発生した固有の事象であり、匿名のままでは調査もままならず、是正措置においても役職者に対する「人事異動に関する注意喚起」が限界で、根本的な是正措置が望めないことが懸念されました。そのため、窓口から通報者保護について説明のうえ氏名開示の必要性について促したところ、通報者より氏名開示の了承を得ました。このように、匿名通報を希望する場合でも、結果として通報内容に対して適切に調査・是正措置が行われるために、氏名開示を促すことが必要となる場合もあります。

調査・是正措置のポイント

本事例においては、直接是正型に近い対応だったものと思われます。調査の過程は明らかにされていませんが、被通報者が北関東統括や東日本営業本部長であることから、職制上被通報者以上のラインを通じての解決よりは、内部通報担当部署が直接関与(通報者と面談)する方が望ましいとの判断だったものと推察します。しかしながら、通報者が子どもを亡くしたことに焦点が当てられ、カウンセリングに話が及んだため、通報者の主訴との乖離が生じたものと思われます。

もし別の方法があったとすれば、通報者に対して人事部門へ通報内容を開示したうえで調査を進めることの確認をした後、東日本営業本部長が店舗巡回したときの記録、北関東統括からの通報者に対する人事考課内容を確認の後、異動自体の合理性の検証、および異動にかかる経緯の相当性を検証することが考えられます。具体的には、異動理由が「管理能力の不足」であれば、通報者が部下の時間外労働を削減するために取り組んでいたことの結果に対する検証(勤怠記録確認による時間外労働時間数の推移)、売上予算達成度等について、通報者へのフィードバック(辞令交付時の指導)の有無を確認する必要があると思われます。また、2枚の辞令が交付された経緯も併せて調査が必要です。それと同時に、「管理能力の不足」の内容は、あくまでも通報内容によるものであることから、時間管理や売上管理以外の要素(ハラスメン

ト等)の有無といった客観的な状況を確認しながら進めることが考えられます。

　通報内容が事実であると確認され、北関東統括や東日本営業本部長の言動に改善の必要があると認められる場合には、被通報者に対して指導する旨を通報者に伝えることが望ましいと言えます。そのうえで、調査結果に基づいて内部通報担当者が通報者と面談することが考えられます。(調査結果から)支店長としての改善点を踏まえ、異動後の業務へ気持ちを切り替えられるような働きかけが求められます。

フォローアップのポイントと内部通報制度における意義

　本事例は通報者から「再度の面談不要」の旨の返答をもって収束しています。そのため、一定期間経過後、異動後の勤務地における通報者の状況についてフォローアップが必要になるものと思われます。最終的には管理職者としての異動であることから、上司および部下との関係性について、電話やメール、必要に応じて面談での確認が望ましいと言えます。

　部下が上司との会話を録音するような(本来望ましいとは言い難い)関係性を改善していくことが、本事例に対応することのひとつの意義かもしれません。すなわち、北関東統括や東日本営業本部長の言動に、いわゆるパワーハラスメントに該当する行為、あるいは該当していると思われても仕方ないような行為があると確認された場合には、他の支店長も同様の思いを抱いていることも懸念されます。

　このような関係性が放置されている中では、日常の業務命令の浸透具合や、本事例のような人事異動などの対応時に、上席者の意図・目的がスムーズに伝わらず、結果として売上や利益、職場環境に悪影響を与えかねません。個別対応の視点だけでなく、組織の中のこうした悪循環を根本的に改善するきっかけと捉えて対応していくことが求められる事例です。

通報事例 2　マタニティハラスメント【電話通報】

通報内容

　私はパートとして勤めていますが、現在は育休中です。私の名前は開示してください。

　育休期間は昨年からの1年間で、来月に復帰予定となっています。先週の金曜日に店長と復帰に際してのお話をしたのですが、そのときの発言がマタニティハラスメントだと思いますので、ご相談させていただきます。

　育休に入って数か月後、育休に入る前にお世話になった前任の店長が退職すると聞き、最後のご挨拶にうかがいました。また、新任の現店長とは前任の店長へのご挨拶の翌月にお会いしました。しかしお忙しそうだったので、ごく簡単に「育休から復帰したらよろしくお願いします」といった言葉を交わしました。すると、現店長は「立ち話ですみません」と朗らかに対応してくれました。

　先々週、私は来月の復帰に向けて、子どもを保育園に入れるために、店長に就労証明書を書いてもらおうと店舗に行きました。しかし、ちょうど店舗でお客様同士のトラブルがあり、警察なども来ていて、店長はとてもお忙しそうでした。そのため当日に書類を書いていただくのは無理だろうと思い、その日は帰宅しましたが、現店長は私が店舗に来ていたことに気がついていたようで、1週間後に店長からお電話がありました。

　そこで私は、先週の金曜日にお店へ行き、店長に就労証明書を書いていただくようお願いしました。すると店長は、以前ご挨拶したときとは豹変した冷徹な態度で「新しいアルバイトも入ったし、あなたの戻る場所はないよ」と言ったのです。私は驚きましたが「戻れると前の店長と約束していました」と答えると、店長は「前の店長とどんな約束したか知らないけど、会社は約束してない。会社的にはNGですね。まぁ、シフトに入れるとしても短い時間になるので、仕事をかけ持ちするしかないですね。お店の隣にうどん屋さんがあるよ」と言われました。

　その後も、「僕だって大変なんだ。見ればわかるけど、人もたくさんい

るし、シフト調整以外に仕事もあるし……」など、店長の愚痴を聞かされました。私は、店長の愚痴を聞きにいったわけではありません。

　私は、店舗から歩いて5分ぐらいのところに住んでいて、何より、この仕事にもやりがいも持っていました。ですから、妊娠がわかってからも復帰ができることを楽しみにしていました。でも、店長からは「もう、戻ってくるな」と言われた気がして、精神的にとてもダメージを受けました。「会社的にはNG」という発言は意味がわかりません。

　唖然としながらも、ひとまず就労証明書は店長にお渡しして帰りましたが、「私の考えがおかしいのだろうか」とも考え、家族や友達に相談したところ「ひどいね、マタハラってやつなんじゃないの」と言われたので、こちらに電話をしてみました。

　店長の上席者は会ったことがありませんので、相談ができません。会社の意見を聞かせていただければと思います。

通報のフロー

●RHL → 通報者【通報受理および調査の必要性検討結果の通知】（メール）

　▷通報者様

　　今回の通報は内部通報担当部署が受け付けました。

　　状況把握のため、一度通報者様から内部通報担当部署の者が直接お話をおうかがいしたいと考えております。よろしければ、通報者様へ担当者より直接お電話にてご連絡を差し上げたいと思いますので、ご連絡先の携帯電話番号、および来週以降こちらからご連絡差し上げるのに都合の良い日時をお知らせいただけないでしょうか。

　　ご検討の程、何卒よろしくお願いいたします。

●通報者 → RHL【通報者返答】（メール）

　▷内部通報担当者様（会社側）

　　ご連絡ありがとうございます。

　　直接お話をする件ですが、よろしくお願いします。

電話番号は○○○です。都合のいい日時ですが、○月○日の日中にお願いいたします。お手数をおかけしますが、よろしくお願いいたします。

●RHL → 通報者【会社側回答伝達】（メール）

▷通報者様

かしこまりました。では当日もよろしくお願いいたします。

●会社側 → RHL【共有】（メール）

▷本件について、その後の状況をお伝えします。

まず、先日RHL経由で通報者に【通報受理および調査の必要性検討結果の通知】をした後で、通報者自身が、通報したことおよびその結果内部通報担当部署の者と電話で話をすることになった件について、数名の従業員に話していました。そのため店長の耳にも入り、（通報のあったこと自体が）店舗内で周知のこととなっていました。

約束の日に、内部通報担当者が通報者と電話で話をしました。通報者からは、通報内容と同様の話がありましたので、その後内部通報担当者が当該店舗を訪問し、上席者であるブロック長も交えて、通報内容にある通報者と店長との面談の状況について店長から話を聞きました。

店長からは、前任の店長からの引き継ぎで、育児休業を取得中のパートがいることを認識しており、また復職希望ということも理解していました。また、復職について「会社的にそういうのはNG」といった発言はしていないものの、話の中でシフトの現状について触れ、産前休業以前のような勤務時間を維持できない可能性があることに言及したようです。すると通報者がヒステリックに「シフトが減って社会保険から外れるのは困る」「かけ持ちも難しいのでこの職場で働きたい」「辞めればいいのですか？」といった発言があったとの報告でした。

通報に至ったのは、店長と通報者が初対面同様の状況で、復職後のシフト等を話したため、双方に誤解が生じたまま終了してしまったことが一因と思われます。そのため、内部通報担当者からは店長に対して、再度通報

者に連絡を取り、誤解を解くように助言しました。

　早速、夕方に店長が通報者に電話し、お互いほとんど会話もしたことがない中で、店長からいきなりシフトの話を持ちかけたことに対する反省の意を伝えるとともに、今後、お互いが気持ちよく働ける環境を作れるように、改めて話し合いを実施することを伝え、通報者の同意を得ております。

　また、話し合いの時期については、来月からの復帰に向けて時間がないため、来週にも通報者本人がシフトの希望を提出することとなっており、その際にはブロック長も同席する予定です。

　内部通報担当者からは、店長に対して、「人によって物事の解釈は異なることがあり、シフトを受け取り、変更可能なところはあるかなど内容についての確認をしたうえで店舗の状況を説明し、相談する形でシフトを決めていくのがよい。人は自分が軽く扱われていると感じると反発したりやる気を失ったりするが、きちんと話を聞き相談に乗ってくれたと感じれば自分を尊重してくれたと思うようになる」といったことも指導しました。

受付時のポイント

　本事例については、通報者が被通報者から言われてショックだった言葉と、育児休業の復帰に向けたやり取りの時系列の確認がポイントとなりました。例えば、「（育児休業からの復帰に関して）会社的にはNGだから」とする発言が被通報者からあったと通報者が訴えた場面では、通報者が記憶していることを正確に記録するために、復唱しています。

　また、時系列の確認においては、受付担当者から「詳しくお話をお聞きして大丈夫ですか」と投げかけ、一度通報者の感情を落ち着かせてから、調査・是正措置において必要となる情報と、ポイントとなる出来事の日付を確認するようにしています。その中では、通報者氏名、被通報者の氏名、被通報者の当該店舗における在籍期間、通報者の育児休業期間、前任の店長の氏名と現在の所属、さらに時系列（前任の店長へ挨拶をしに行った日、最初に新任店長へ挨拶をしに行った日、お客様同士のトラブルがあった就労証明書依頼日、および店長との面談日）の確認をしています。

第2章　通報事例

　実際の通報では、ここまで来たときに、通報者はもう一度同じ内容を繰り返し始めました。むやみに通報が長くなってしまうことは好ましくないものと思いますが、通報者が特に強調したいポイントが浮き彫りになるのであれば再度聞くことも有効な手段のひとつと考えます。

調査・是正措置のポイント

　本事例においては、直接是正型に近い対応でした。通報内容に類似した話題が前述の内部通報担当者による座談会にて出ましたので、そのときの内容を基に調査・是正措置について考えていきたいと思います。

● 内部通報担当者について
　▷【座談会】会社側の内部通報担当も女性を任命します。そうすることで通報者を安心させるという意味合いもあります。そのうえで、通報者が何を望んでいるかを確認したいと思います（A社）。
● 調査の必要性の検討
　▷【座談会】通報内容がそもそもマタハラになるのかどうかの判断が難しいところです。パワハラやセクハラについても同様ですが、通報者本人にしてみれば許容できないとしても、当事者ではない者（第三者）が聞いたときどうかという視点で、公平に判断するよう心がけています（B社）。
● 調査の方向性について
　▷【座談会】まず人事部門に確認します。本来のあるべき会社としての対処方法について確認してから調査を進めたいと思います（A社）。
　▷【座談会】まず、就業規則や育児介護休業等に関する規程やその細則を確認します。そのうえで、社内で通報者保護があることを前提に、通報者の了解を得て、スタッフなどを対象に調査してから、通報者本人にヒアリングして要望を再確認します。最終的には店長と面談を行うことになると思います。事実確認の流れはそのような形で行うことが考えられます（E社）。
　▷【座談会】店長と通報者とのやり取りを聞いていた人がいるかどうかを通

67

報者に確認したいところです。調査協力者の有無を確認のうえ、いる場合には調査協力者へヒアリングすると思われます(B社)。

▷【座談会】おそらく店長に聞かなくても周りのスタッフから話を聞いていけば、状況が把握できると思います。店長と話すのは最後です。言い逃れできないようにしてからだと思います(F社)。

●是正措置の方向性について

▷【座談会】調査の結果、通報者の言い分に筋が通っていて、加えて店長の言動に問題があるようなら指導が必要だと思います。状況によっては、その後の職場内の人間関係の部分で軋轢となってしまうことが懸念されるので、是正措置の方向性として、店長の異動やその辺のところまで、想定や根回しを検討します(A社)。

▷【座談会】具体的な是正措置というよりは、「職場における育児休業からの復帰の際の注意喚起」を特定の店長ということではなく全体発信のような形で指導するような方向性も考えられます(A社)。

▷【座談会】たいてい通報者は「通報者の置かれた状況を良くしてほしい、改善してほしい」と望んでいる一方で、通報の事実は知られたくないとすることが多いように思います。育児休業からの復帰後の人間関係のことも考えたら当然だと言えなくもありません。同じ職場内で、通報した人とされた人がうまくやっていくのは、なかなか難しいものです。どうしても気まずくなりますから。だからこそ、これは通報者には、一般論という形で、「通報があったことがわからないように被通報者に対して指導します」と伝え、「是正措置の必要性に関する検討結果および是正措置の結果の通知」をすると思います(A社)。

　座談会における議論では、調査において内部通報担当者を女性にするといった本事例の通報内容(マタニティハラスメント)に即した配慮について言及されています。そして、実際に調査する際には、まず就業規則によって育児休業からの復帰に関して「あるべき姿」を明確にしてから調査協力者へのヒアリングによって事実関係を浮き彫りにしていく方法が検討されています。

また、調査結果を踏まえた是正措置の段階では、全体発信や被通報者の異動といった方法など、通報者と被通報者そして周囲の従業員の人間関係に配慮した措置が中心になっていくことがうかがえます。

座談会の参加者はいずれも自覚していましたが、通報者の感情に肩入れし過ぎることは厳に慎まなければなりません。一見すると通報内容からはマタニティハラスメントをした店長が加害者、通報者が被害者となります。そうであっても、調査・是正措置においては、就業規則によるルールの確認と調査協力者および被通報者に対するヒアリングによって正確な事実関係を明らかにしていく過程が不可欠です。

フォローアップのポイントと内部通報制度における意義

本事例は直接是正型の是正措置が奏功した事例と評価できると思います。内部通報担当者から店長に対して「人によって物事の解釈は異なることがあり、(中略)人は自分が軽く扱われていると感じると反発したりやる気を失ったりするが、きちんと話を聞き相談に乗ってくれたと感じれば自分を尊重してくれたと思うようになる」とする指導内容がありました。

この視点が本事例の対応における意義を示唆しています。指導すべき点は指導したうえで、こうしたコミュニケーションの円滑化と今後の人材活用の視点から働きかけることで被通報者の認識が改まり、通報者に対して適切な配慮をしながら接していくことで、育児休業から復帰後の勤務が順調に運ぶことが期待できます。さらに、こうした経験を経て被通報者が店長として成長し、店長を統括する立場になったときに適切な指導が行えるようになることにもつながります。また、その結果、職場環境の改善にもつながることが明らかだと言えるでしょう。

一方で、通報者自身による情報漏えいについては検討が必要だと思われます。本事例については、通報の事実が店内で周知の事実となってしまいました。自分(通報者)の言い分が正しいことを証明するために内部通報担当者に調査・是正措置をしてもらいたい、そしてそれを周囲にも知ってほしいという気持ちはわかります。しかし、内部通報制度には、お互いの言い分をよく

聞き、誤っていればそれを正してあるべき姿へ向かわせるという役割と同時に、第三者が間に入って解決を図り、「将来的に」職場内の人間関係を円滑に進めていくという側面もあるということを忘れてはなりません。

このことは、指針の解説において、「公益通報者本人からの情報流出によって公益通報者が特定されることを防止するため、自身が公益通報者であること等に係る情報管理の重要性を、公益通報者本人にも十分に理解させることが望ましい」[30]としています。その意味では【調査の必要性検討結果の通知】、【是正措置の必要性検討結果の通知】または、【是正結果の通知】のいずれかにおいて、通報者へ伝えておく必要があったと言えます。

被通報者そして通報者の双方に働きかけ、解決を図り、手を尽くしても職場の人間関係に支障をきたすことが懸念される場合には、最終的には異動などの対応が検討される必要があると考えられます。同時に、会社としては管理職者に対しての労務管理、ハラスメント研修の実施による再発防止策を講じることや、社内メールの明確化が求められます。

通報事例3　経営陣の身内を被通報者とする通報【メール通報】

通報内容

　販売促進部の部長（社長の弟）の行動に問題があります。匿名でお願いします。

　まず部長職の金銭に関する決裁権限を超えています。販売促進部では広告を扱うので金額が大きいにもかかわらず、稟議（社内決裁）を通していません。

　次に公私混同が目に余ります。先日、うちがスポンサーとなっていたイベントのチケットが社員を対象に抽選となりました。抽選後、部長は自分のチケットを確保し忘れたため、他の社員の当選分を自分（部長）用に奪いました。また、役員用の社用車を使用しています。

　加えて、休みすぎです。旅行ばかりで出社せずに業務が滞ります。彼の

30）　消費者庁「公益通報者保護法に基づく指針（令和3年内閣府告示第118号）の解説」2021年10月、p.16　③指針を遵守するための考え方や具体例

個人使用のSNSに旅行先での情報が記載されています。また、勤怠がおかしいです。連絡もせずに直行、直帰を繰り返しています。

彼がこのようなことができるのは、社長の弟だからです。だからこそ部長職でありながら、社内では誰も彼に意見できません。

彼の行動は社会的に非難されるべきものであり、とても表に出せるものではありません。こうした行動はやめてほしいです。それができないのなら会社は適切に対処してください。以前、社内で議題にしましたが、誰も取り合いませんでした。そのため、今回はリスクホットライン（外部窓口）に通報しました。

通報のフロー

● RHL → 通報者【通報受理および調査の必要性検討結果の通知】（メール）

▷通報者様

今回の通報は、内部通報担当部署が受け付けました。本件につき、調査を実施し必要に応じて是正措置を行います。

● 通報者 → RHL【追加】（メール）

▷内部通報担当者様(会社側、以下同じ)

先日お伝えしたことに加え、まだ問題となる言動があります。

先週は、部長がほとんど出勤しませんでした。誰も理由を把握できていません。これが社長の親族でない普通の社員であれば間違いなく降格か解雇でしょう。業務遂行に支障をきたします。

こんなことがまかり通ってしまうのに、私たち社員は、8時間の労働時間の中で結果を求められます。残業はするなと言われます。社員には効率を求めていながら、率先垂範するべき上層部がこんな有様です。

また彼の部署内はメンタル不調者が多いように思います。それにすぐに社員が辞めます。人材育成もままならず、ノウハウの継承も滞ります。明らかに彼の管理能力不足です。

それに、彼の思いつきでやらされる業務は、本当に稟議（社内決裁）が通っ

ているのでしょうか。取引先とかなり親密で癒着しているのではないかと思います。もはや、やりたい放題です。

　社長の弟でありながら、取るべき手順も踏まない強引な姿勢には疑問と怒りを感じます。

●RHL → 通報者【是正措置の必要性検討結果および是正結果の通知】（メール）

　▷通報者様

　調査結果に基づき、一部是正措置の必要があると判断し、是正措置を行いました。

　当該部長については、業務上出張が多いことは確かです。しかし、休暇については有給休暇です。また、SNSについては、販売促進部の部長として、広報の意味合いで掲載していました。しかしながら、個人のSNSを使用していたことは不適切と判断し、今後は会社公式サイトにて適切な内容を掲載するよう指導しました。なお、先週出勤しなかったのは緊急の出張です。その間、内部通報担当部署が必要な範囲において社内および取引業者にヒアリングしております。それを踏まえて、当該部長と面談しました。

　冒頭お伝えしたように出張が多いため、直行・直帰になることが多いのは事実ですが、その都度上席者が承認しております。

　また、イベントへの参加は業務に関連しています。取引先の方をお連れすることになっていたにもかかわらず、誤って抽選に回してしまったとのことです。そのため、当選した社員に説明したうえで、別ルートで必要な座席を確保できるまで一時的に保留としていたものです。結果的には別ルートで必要な座席を確保できたため、当選した社員に返却しました。

　当該部長は、15年前に先代の社長（現社長および当該部長の実父）が急逝し当社の業績が急激に落ち込んだときに、現社長をフォローするために留学先のアメリカから呼び戻されたことはご存知かと思います。それ以降、会社に対しては人一倍強い思い入れを持って業績回復に寄与してきまし

た。現在では販売促進戦略の抜本的な改革に取り組んでいます。しかし、そのことが強めの指導につながってしまったことを本人も認めています。本人の意識がどうであれ、指導を受ける側に配慮しないようでは、管理職として不十分である旨、指導いたしました。

そして、決裁権限については職務権限規程に基づき、取締役会承認のもと適正に行使されています。

なお、取引先との癒着があるとすれば問題ですが、これにつきましては社長が取引先に直接確認をし、そのような事実がないことを確認しております。

●通報者 → RHL【通報者返答】（メール）

▷内部通報担当者様

お世話になっております。

会社側回答を拝見しました。丁寧なご対応ありがとうございました。様子を見ます。また何かあればメールします。

調査・是正措置のポイント

本事例においては、直接是正型に近い対応でした。通報内容の一つひとつに対して内部通報担当部署による調査が行われ、その結果に基づき被通報者に対する是正措置（面談を通じた指導）が行われています。本事例は、おそらく他の部署へ調査を依頼することが困難だったものと思われます。

特に、調査が被通報者の出張中に行われていることから、被通報者が調査の事実を知って通報者探しをする懸念がなく、調査協力者が安心してヒアリングに応じられる環境が整っていたこともポイントだったと言えるでしょう。

一方で、本事例は匿名の通報であるため、通報者の特定がされにくいことが考えられますが、万が一通報者しか知り得ない情報があった場合、被通報者への是正措置の段階で通報者が特定され、通報者への不利益取扱いが懸念されます。そのため、調査時における関係各部署への情報開示については、

73

通報者の了解を得ながら進めていくことが望ましいと思われます。具体的には、稟議申請については経理部門または取締役会、イベントチケットについては所管部署(販売促進部であることが推察されますので、当該部署を統括する取締役への開示)、勤怠記録については人事部門へ通報内容を開示する旨、通報者の了解を得るというステップを挟み、通報者了解の下、情報を開示して調査を進めることが有効です。

是正結果の通知においては、社長の弟であり、販売促進部部長である被通報者の立場に配慮しつつ、被通報者が是正すべき点(SNSの利用方法、部下の指導等)について適切に指導し、通報者の思い込みの部分(被通報者不在時の勤怠記録やイベントチケット、あるいは決裁権限)について調査結果に基づいて回答しています。

他方、対応のフローにおける「不正の目的の通報かどうかの検討」は調査段階、そして是正結果の通知後の通報者の反応などを含めて常に念頭に置かなければならないでしょう。被通報者の立場上、業務遂行上の問題を改善するための通報なのか、不正の目的や不正の目的とまではいかないまでも、ただの好き嫌いによるものなのかを検討していくことが必要です。

フォローアップのポイントと内部通報制度における意義

本事例における内部通報制度としての意義は、2つあります。まず、被通報者が社長の弟であることから、場合によっては近い将来、次期社長としての役割が期待されています。そうした中、社員から疑われるような状況を改善するきっかけとなったという点が挙げられます。通報内容によれば、被通報者の行動は通報者のみが知っているとは考えにくい内容です。そのため、対応過程を通じて、「身内に対しても甘くせずに中立的に対応する」ことができなければ現社長の求心力にも影響しかねないものであったことは容易に想像できます。

次に、内部通報担当部署の中立性・独立性を示すうえでも、内部通報担当部署から指導したという部分は意義深いものでした。通報内容によれば「以前、社内で議題にしましたが、誰も取り合いませんでした」とのことである中、

第2章　通報事例

通報への対応を通じて、いくら社長の弟であっても不適切な部分については指導の対象となることが通報者に伝わったものと思われます。

通報事例4　不正行為【メール通報】

通報内容

　店長のことで相談します。今回、店舗内のスタッフ皆と長い間悩み話し合って、内部通報制度を利用することにしました。ですから、この通報は店舗内のスタッフの総意です。もし必要があれば、私の名前は会社側へ開示していただいても構いませんが、店舗内にはわからないようにしていただきたいと思います。また、スタッフは皆、面談などのヒアリングには協力すると言っています。よろしくお願いします。

　まず、横領の疑惑についてです。半年以上前、会社行事として新年会が催されました。そのとき、居酒屋の費用も会社側が負担してくれるとのことで、領収書で精算すれば、お金が返ってくることになっていました。しかし店長は、スタッフがそのときに申請した領収書の金額を書き換え、後で個人的に行ったキャバクラの代金に充てていたそうです。このことは、最近退職した事務の方から聞きました。新しい事務の方は、このことをまだ知りませんが、また以前の方のように店長に強制されたりして巻き込まれ、辞めてしまうのではないかと心配しています。

　次に、店長が勤務時間を水増ししていることです。店舗では、タイムカードとは別に、PC（パソコン）で勤怠を管理する方法が採用されているのですが、店長はログイン時間を操作し、退勤時間を遅くしています。その他にも、退勤処理をしないまま競馬やパチンコへ行き、その分も残業時間のように申請しています。そのためか店長の残業時間は、他の店長より30時間ほども多いのです。営業中においても、休憩時間をあきらかにオーバーしています。店舗内がいくら忙しくても休憩室で寝ていたり、バリアフリートイレでスマホをいじったりしていて、私も何度か実際に見たことがあります。

　本当は、上司を通して会社へ伝え、対応していただこうと思ったのです

75

が、この店長は、スタッフの動きに敏感で、本社にも知り合いが多く、また、頭の良い方ですので、先手を打ってしまうことが容易に予想され、証拠を隠滅してしまう恐れがあります。

　上司には先日、残業時間と休憩時間のことは伝えました。でも、横領疑惑の件は上司に話すと店長が動きを察知し隠蔽される恐れがあると思い、話してはいません。

通報のフロー

●RHL → 通報者【通報受理および調査の必要性検討結果の通知】（メール）

▷通報者様

　今回の通報は、内部通報担当部署が受け付けました。本件につき調査し、必要に応じて是正措置を行います。

　現在、本社にて、勤怠データと領収書に関する調査を実施しております。

　また現地調査を予定しています。現地調査は、定期内部監査ということで、通報の事実を伏せて行います。そのとき、スタッフ全員にヒアリングを行いたいと考えております。

　つきましては、ヒアリング実施にあたり、通報者様の氏名開示を検討していただきたいと思います。

●通報者 → RHL【通報者返答】（メール）

▷内部通報担当者様（会社側、以下同じ）

　ご連絡ありがとうございます。氏名開示に同意いたします。

　ヒアリングに関しては定期内部監査の当日にシフトに入っている者だけではなく、店舗に在籍している全スタッフに対して実施していただけないでしょうか。内部通報担当部署の方のご予定や本社の都合もあり難しいかもしれませんが、可能であれば、パートスタッフは全員が話をしたいと願っています。

　ご検討の程、何卒よろしくお願いいたします。

第2章 通報事例

●通報者 → RHL【通報者返答　続き】（メール）

▷内部通報担当者様

　急遽お願いしたいことがあります。何度もメールしてしまい申し訳ありません。

　昨日リスクホットラインへ返信メールを送ってから、他のスタッフと内部通報担当部署の方からのヒアリングについて話し合いました。

　当初、店舗に在籍するすべてのスタッフにヒアリングしていただきたい旨申し上げましたが、実は、店長と特別に親密な関係にあるのではないかと思われるスタッフがいます。

　そのため、私が指定したスタッフはヒアリング対象から外していただけないでしょうか。店長に筒抜けになってしまいます。どうかご検討の程、何卒よろしくお願いいたします。

●RHL → 通報者【通報者の要望に対する会社側回答】（メール）

▷通報者様

　現地調査は、定期内部監査の日程で行いたいと思います。そのため、通報内容に関するヒアリングは一部であり、資料の付き合わせなども同時に行います。あくまでも形式上は定期内部監査としての面談になりますので、2日間の予定とし、基本的には監査実施期間内にシフトに入っているすべてのスタッフと面談します。早番・遅番全員を対象としますこと、ご理解ください。なお、シフト上、当該期間中にシフトの予定がない方は対象外としております。

　冒頭お伝えしましたように、今回の通報内容に限定したヒアリングではないため、質問は定期内部監査項目に沿って行います。スタッフには最後に「その他に何かありますか？」と質問させていただきます。通報の事実を伏せて進めるよう注意したいと思います。

　よろしくお願いいたします。

●通報者 → RHL【通報者返答】（メール）

77

▷内部通報担当者様

　通報したことを伏せてもらえるのであれば問題ありません。

　今回通報した領収書の件ですが、新年会直後、本社の方にもPDF形式のファイルデータやFAXか何かで申請していると思いますが、その時点で改ざんがわからなかったのであれば今回の定期内部監査でも発覚しない可能性があるとの意見が出ました。ヒアリング（定期内部監査の面談）の際にそのときの領収書のコピーを拝見することはできますか。

　何卒よろしくお願いいたします。

●RHL → 通報者【通報者の要望に対する会社側回答】（メール）

▷通報者様

　領収書に関しては、現在本社にて調査しています。調査結果につきましては、当日お話ししますので、もしその結果に対して、何か情報をお持ちでしたら、お聞かせいただきたいと思います。

●通報者 → RHL【通報者返答】（メール）

▷内部通報担当者様

　了解いたしました。

　当日こちらの持っている情報をすべてお伝えしたいと思います。

　また何かありましたらご連絡させていただきます。

　お手数をおかけして大変恐縮ではございますが、よろしくお願いいたします。

●RHL → 通報者【是正措置の必要性検討結果および是正結果の通知】（メール）

▷通報者様

　本件に関して、領収書の改ざん、勤怠記録の改ざん、および店長として不適切な勤務態度について、本社および店舗における記録確認、ならびに役職者を含めた全員と面談を実施いたしました。なお、定期内部監査とし

ておりますことはすでにお伝えした通りです。

　調査の結果、通報内容はほぼ事実であろうと判断をいたしました。しかしながら、これらの事実を裏付ける、明確で客観的な証拠は確認できませんでした。

　そのため、今回は、被通報者への厳重注意・指導を行ってまいります。また、店舗においては、ミーティングの時間を活用し、スタッフの皆様へも地区統括から定期内部監査として報告いたします。

●通報者 → RHL【通報者返答】（メール）

▷内部通報担当者様

　本人への厳重注意と指導とありましたが、懲戒処分のような形に残るものでしょうか。ただ口頭でだけだと確実にまたやると思います。しかも今後は一切の証拠を残さずに……。

　実質的には処分なしと見えるのですが、その辺りはどうなのでしょうか。

●RHL → 通報者【会社側回答】（メール）

▷通報者様

　領収書および勤怠記録の改ざんについては、皆様からヒアリングした内容を踏まえ、領収書原本の確認、勤怠記録の修正記録の確認を行いましたが、改ざんの認定には至りませんでした。

　現状、明確で客観的な証拠がない中で、会社として懲戒処分はいたしかねる状況です。そのため、厳重注意と指導を行います。

●通報者 → RHL【通報者返答】（メール）

▷内部通報担当者様

　会社側がそう判断したのであれば、納得せざるを得ません。

　ほぼ黒であるのに明確な証拠がないために形に残る処分が課されないのは非常に残念です。

　不正ができてしまう会社にしないためにも、今後もご対応をお願いした

いと思います。ありがとうございました。

調査・是正措置のポイント

　本事例は、直接是正型に近い対応でした。通報内容に類似した話題が座談会にて出ましたので、そのときの内容を基に調査方法について考えていきたいと思います。なお、本事例は調査方法を通報者に確認する段階を経ていますが、その中で通報者の要望と会社の方針に乖離が生じた場合、必ずしも通報者の要望に沿うことが適切な調査方法であるとは言い切れないと懸念されるときには、しっかりと通報者へ説明のうえ、会社の方針通りに進めていくことが肝要であることを示唆しています。

● 店長の行動調査について

　▷【座談会】内部通報担当部署と内部監査部門が別なので、こうした不正関係の通報については、内部監査部門と連携します。それに、内容からして、経理部門と人事部門との連携が必要です。多角的にデータ収集して、裏付け証拠を押さえていくと思います(A社)。

　▷【座談会】現地で直接行動調査でしょうね。出勤時間や退勤時間はだいたい見当がつきますから、退勤後の行動とか、勤務時間中も抜け出しているみたいなので直接確認できます。ケースにもよりますが1〜2週間ぐらいかければ……。たぶんそれで「領収書とキャバクラ」、それから「勤務時間中に競馬」についてはわかると思います。日常の行動から、金銭感覚を把握できると思います。また、勤務時間中の競馬は現場で確認するのがよいですね。店内の防犯カメラや事務所のカメラと併せて確認していきます(F社)。

● 是正措置について

　▷【座談会】是正措置のために被通報者と面談するような場合には、調査結果に基づく証拠資料は被通報者に見せないことが鉄則でしょう。本事例にもあるような頭が良くて周囲の動きに敏感な人物であればなおさらで

す。もし仮に、面談中に証拠写真を被通報者に見せてしまうと、「いや
いや、この写真は云々」と言い訳してくることがほとんどです。そのため、
証拠資料を見せない状態で面談を進めていくべきでしょう。この通報と
は全く無関係ですけど、例えば、万引きの証拠写真があったとします。
そして、面談の場面で「万引きしている瞬間の写真、これ写っています
よね。あなたですよね」と言って見せてしまったら、「いやいや、これは
商品を見ていた瞬間の写真ですから」みたいな言い訳ができてしまいま
す。頭が良くて周囲の動きに敏感な人物とはそういうものなのです。で
すから、証拠資料を見せながら話を進めてしまうと、のらりくらりする
だけです。あくまでも証拠資料は「持っているけど見せない」ということ
が大前提でしょう(F社)。

▷【座談会】私ならまず調査をしていきます。そしてすべての証言を記録と
して残し、それを持って被通報者と面談をすると思います。そして、「あ
なたの不正行為に関する通報がありました」、「ここに証言など証拠資料
がありますけれども」という話をしますが、もちろん証拠資料は見せま
せん。確かに言い訳して、終始不正行為については否定すると思います。
それでも、やはり証拠資料は見せません。そうすると、心理的にはとて
も気になると思います。「(通報者としては)自分の悪行が、すでに動か
ぬ証拠で固められてしまったのではないか」と感じると思います(E社)。

　調査の方法については、内部監査等の関係各部署と連携して証拠を集めて
いくという意見がありました。また、通常の内部監査による調査では限界が
ある場合などの特殊な例が挙げられています。

　なおこうした方法(現地での行動調査等)は、あくまでも特殊な手段である
ことを忘れてはいけません。本事例が不正行為に関する通報であること、そ
して通報者によれば被通報者は機転の利く性質であること、加えて、店内の
ほとんどの従業員が通報者とも言える状況を総合的に勘案して調査方法が検
討されるべきものと言えます。また、本来であれば、不正行為に関する調査
については内部通報担当部署、あるいは内部監査部門が勤怠記録や領収書の

精算データを基に調査を進めることが望ましいことは言うまでもありません。

　そして、是正措置の段階においては、調査結果に基づく証拠資料の取扱いについて、「あくまでも被通報者には見せない」方法が提示されています。頭が良くて周囲の動きに敏感な人物が不正行為をしていることが疑われる場合には、調査結果が揃っていても、被通報者との面談まで気を抜かない対応が必要です。

フォローアップのポイントと内部通報制度における意義

　調査により客観的な証拠を揃え、最後の最後まで気を抜かずに是正措置を行うのは、不正行為を見逃さない姿勢を示す意味もあります。金銭や勤怠記録の不正は、店舗や企業内の秩序を乱すことが懸念されるためです。通報内容が事実であれば、それ自体が重大な不正行為であり、こうした不正行為を端緒として、より重大で深刻な不正行為に至る前に対処することは、ミドルクライシス®マネジメント上も必要不可欠な対応です。

　なお、座談会において、調査の方法に「現地で直接行動調査」まで用いることについて、「なぜそこまでするのか」という話題になったところ、次のような話がありました。

●【座談会】現地で直接行動調査までやらないと、内部通報制度を利用してくれた従業員に対して示しがつかないなと考えています。変な正義感ではありませんが、会社として「うちはこのぐらいやりますよ」という姿勢を示したいということがあります（F社）。

　内部通報制度の意義・目的のひとつの形がこの発言に表れているのではないでしょうか。すなわち「リスクの早期発見・早期対応」、そして「組織の自浄作用の維持・強化」からすれば、結果的に客観的証拠が確認できなかったものの、店長の行っている不正（と思しき）行為に対して、組織の自浄作用を働かせるために、従業員の総意として通報して「くれた」と捉えているのだと

気づかされます。調査方法についての検討は慎重であるべきと思われますが、会社として手を尽くして最大限の対応をするべきだとする考え方も極めて説得力のあるものです。

通報事例5　会社側回答に納得しない通報者【電話通報】

通報内容

　私は、コールセンターでパートとして勤務しています。名前は開示してもらって構いません。

　まず、きっかけからお話をします。3年前のお盆に3日間の有給休暇を申請しました。しかし、上司からは「繁忙期はダメです」と言われ、さらには「採用の面接時に繁忙期に有給休暇を取得しないよう書面を渡して話をしている」と（私の入社当初ですので）十数年前の話をされました。しかし、私は面接時にそのような説明はされてはいなかったので、「そんなことは聞いていませんよ」と伝えました。結果的に希望通りに有給休暇を取得できたのですが……。

　また、その上司は「上司の命令に逆らうなら、この先どうなるかわからない。それにあなたはみんなの和を乱し続けているので、次の更新で辞めてもらえないか」とも言われたりしました。それも恫喝するように言うのです。そして半年前には、私が2〜3時間かかる作業について「これくらいなら30分でできて当たり前なので、あなたは給料泥棒だ」とも言われました。

　私はこれらのことを受けて、2か月前、本社の内部通報窓口に相談し、同時に労働基準監督署へ行きました。このことは内部通報窓口にも電話で報告しています。そのときの労働基準監督署の方に、私が受けたパワハラ行為を話したところ、「それはひどい。本社の人に助言することができる」と言われたので、私は本社への助言をお願いしました。

　先月、内部通報窓口から「パワハラとして認定し、被通報者には始末書を提出させます」と伝えられました。また、「繁忙期は有給休暇を取得しないように」と言われたことについては、「そのようなことはない。ただし、

83

これまで通り、よほどの事情がない限り、他のスタッフとのバランスを考慮して、皆がバランスよく有給休暇を取得できるような配慮はしてほしい」と言われました。このようなことがあり、私と上司は必要以上に話をすることがなくなりました。

　それでも私は、上司が反省していると思っていました。しかし、先週の月曜日、「15分刻みの業務日報を書くように」と言われました。なぜ、そのようなことを書かなければならないのか、理由も聞かされていませんが、離席した時間や理由もすべて記入するように言われたのです。それは、お手洗いや水を飲みに行く時間もすべてです。私たちはこれまでも、離席するときには、他のスタッフにも声かけして行っていますし、モニターシステムで離席中のボタンを押していくので、一目瞭然のはずです。それなのに、わざわざ日報に書かせることは理解できません。「15分刻みの日報を記入させる」こと自体、および「お手洗いに行っている時間をも日報に記入させる」という指示をしたことはパワハラです。ちなみに、日報は私の所属する部門にしか指示されていません。

　私は、日報の指示をされた日（先週の月曜日）に、再度、労働基準監督署へ相談しました。今回は別の方でしたが、「それは（15分ごとの日報やお手洗い時間の記入は）パワハラだし、女性にはセクハラだ」と言われました。

通報のフロー

●RHL → 通報者【通報受理および調査の必要性検討結果の通知】（以下、通報者の要望により電話にて伝達）

　▷通報者様

　今回の通報は内部通報担当部署が受け付けました。調査のためお時間をいただきたく存じます。

●通報者 → RHL【通報者返答】（電話にて伝達時）

　▷内部通報担当者様（会社側、以下同じ）

　わかりました。

●RHL → 通報者【是正措置の必要性検討結果および是正結果の通知】

▷通報者様

　当該上司（被通報者）を統括する上席者へ確認しました。

　日報記入の趣旨は、業務の生産性を図るために業務内容を細かく「見える化」することを目的として、作業時間数を算出することです。

　今回は、趣旨説明が行われていなかったための誤解であり、パワハラには該当しないものと認識しております。

　今後は作業等を変更するときには趣旨説明を必ず行うよう徹底させます。

●通報者 → RHL【通報者返答】（電話にて伝達時）

▷内部通報担当者様

　「パワハラに該当しない」とありますが、日報にお手洗いの時間まで書かせることはパワハラです。なぜなら生理現象だからです。それに、他部門のスタッフへは日報の指示がありません。「見える化」するためと言われても納得できません。

　それに、「見える化」する意味がわかりません。時間内に与えられた仕事が終わっていればよいというような大らかさが必要だと思います。

●RHL → 通報者【会社側回答伝達】

▷通報者様

　今回の日報記入指示の趣旨は前回お伝えした通りです。すなわち現状把握を目的としております。

　お手洗いには今まで通りに行っても問題ありません。作業中にお手洗いに行くことを禁止したいのではありません。特にコールセンターは分単位の管理の下で皆が連動しないと利益が出ませんので、あくまでON（作業中）とOFF（非作業中）の時間を把握したいということです。そして、ONの中の密度の濃淡が人によって違うことにならないよう確認しなければなりません。例えばAさんとBさんとが同じ作業をしたとき、Aさんは120分、

Bさんは150分となれば、この差は何かを検証して手を打たなければなりません。例えば、OFFの時間に違いがあるからなのか、それとも習熟度による作業効率の差なのか、あるいはその他の要因なのか、具体的にわからなければ何もできません。

　一方で、より良い結果を出すためには、正しい過程が不可欠です。「今までうまくいっていたからこのままでいい」ということでは、どんどん時代遅れとなり、正しい過程を維持できません。とても緻密で、とても根気のいる確認（検証）の連続です。間違っても「大らか」と「いい加減」を勘違いしてはいけません。

　よって、本件は業務上の必要性に基づく必要な指示であり、パワハラではないものと判断します。

●通報者 → RHL【通報者返答】（電話にて伝達時）

▷内部通報担当者様

　そのような回答であったとしてもやはり納得ができません。あまりにも人のプライバシーや人権に関わることです。女性には生理があり、お手洗いに行っている時間が長くなることもあります。これはセクハラだと思います。

　数値化すると役職者や社員の中には、事細かく追及してくる人もいます。お手洗いの時間を日報に書いてしまうと、いろいろ聞かれてしまうので、そういうところには触れない方が組織としてうまく回ると思います。日報にお手洗いの時間は書かない方がよいと思います。

●RHL → 通報者【会社側回答伝達】

▷通報者様

　通報者様がご納得いただけないことについて了解しました。また改めてご連絡します。

●通報者 → RHL【通報者返答】（電話にて伝達時）

▷内部通報担当者様

　わかりました。私がゆずれないのは、「お手洗いの時間を日報に書かせ
ることは、パワハラ・セクハラである」ということです。お手洗いは、人
間の生理的な話なので、個人のプライバシーに関わることです。

● RHL → 通報者【会社側回答伝達】

▷通報者様

　当社顧問弁護士へ確認しましたが、業務日報へのお手洗い時間の記入指
示は問題ないと考えるとの見解を得ています。

　通報者様のお考えとは異なりますが、当初からお伝えしている通り問題
ないと考えます。

● 通報者 → RHL【通報者返答】（電話にて伝達時）

▷内部通報担当者様

　弁護士の言っていることは理解できません。「お手洗いの時間を書く指
示」は「いやらしいな」と感じますし、人権侵害ではないでしょうか。

　別の話として、喫煙所について言いたいことがあります。現在、休憩室
には喫煙室がないので、建物の外で吸わなければいけません。でも、その
近くに下駄箱があるので、出勤と退勤で靴を履きかえるときには、煙草の
煙を吸ってしまいます。厚生労働省からも煙草の煙は体に悪いとはっきり
と言われています。従業員の健康のためにも喫煙スペースは屋外で、休憩
室や下駄箱から離れた場所に作るべきです。

● RHL → 通報者【会社側回答伝達】

▷通報者様

　業務日報へのお手洗い時間の記載について最終回答としてお伝えしま
す。業務上の必要性に基づくもので、パワハラにあたらないという判断は
すでにお伝えした通りです。よって業務日報へのご記入をお願いいたしま
す。なお喫煙スペースについては今後の検討課題とします。

●通報者 → RHL【通報者返答】（電話にて伝達時）

　　▷内部通報担当者様

　　とりあえず、喫煙スペースについては、「今後の検討課題」という言葉が出てきたということですね。回答については、釈然としませんが、これが最終回答なのであればわかりました。

受付時のポイント

　特に電話による通報の場合には、通報内容の整理が求められます。通報の冒頭に通報内容を一言で表すワードがある場合には復唱するなどして確認することが望まれます。本事例においては通報者が冒頭に「パワハラ」と発言していました。

　前述のように、通報者の中には、時系列とは別に、思い入れの強い出来事から順に話していく人もいます。そのため、頃合いを見て通報内容の簡単な要約をすることが有効です。

　以下、通報受付中の受付担当者による要約です。

● 「『2か月前に、内部通報窓口の担当者が職場に来て、上司の言動がパワハラと認定され、そして上司の方が始末書を提出したことを伝えられた』ということでよろしいでしょうか」

● 「『あなた様としては、15分刻みの業務日報を書かせることと、お手洗いの時間まで書かせることがパワハラである』と思ったのですね」

● 「3年前の件を契機としたトラブルについて、2か月前に労働基準監督署と社内の内部通報窓口の担当者へ相談し、先月その結果をフィードバックされたのですね。それなのに、先週の月曜日に上司から15分刻みの業務日報の指示が出たということでよろしいでしょうか」

　このような形でまとめていくことで、受付担当者が通報内容を整理する時間を確保し、同時に通報者にとっても、受付担当者が通報内容を理解してく

れていることを確認できます。

　また、通報内容でポイントとなる日付、人名、言動のベクトル（誰が誰に言ったのか）を確認します。可能であれば、復唱したり別の言い方をしたりすることで、通報者と受付担当者の認識の齟齬が生じないようにする工夫が必要です。以下、本通報において「認識の齟齬」を防止することが必要となった点について確認していきます。

- 入社時に見せたと上司が話している繁忙期に有給休暇取得不可の旨が記載された書面の確認。
- 繁忙期に有給休暇取得不可の旨が記載された書面について、内部通報窓口の担当者から、「そのようなことはない」と言われたということの確認。
- 3年前の上司と、本事例の通報内容にある15分刻みの業務日報の指示を出した上司が同一人物であることの確認。
- 労働基準監督署での会話内容については、通報者自身が発言した内容なのか、労働基準監督署の担当者が発言した内容なのかの確認。
  例えば、「『それはひどい。（労働基準監督署の担当者から）本社の人に助言をすることができる』と担当者から言われたということですか」などと確認することで、誰が誰に対して発言したのか、あるいは発言こそしないものの、雰囲気で通報者がそう感じただけなのかを区別することができます。
- 先週の月曜日に指示された内容の確認と、当該指示に関して、趣旨や目的の説明があったのかの確認。
- 他部門の状況についての確認。

調査・是正措置のポイント

　本事例は、直接是正型に近い対応でした。被通報者からの指導内容、業務指示の背景説明を内部通報担当者が代弁するような形で進められています。そして、全体を見直すと「最終回答」までのプロセスが丁寧だと言えます。最終回答という性質上、「後から第三者が書面で見ても説明を尽くした」と言えるようなプロセスが求められます。なぜなら、最終回答以後は、「前回お伝

えした通りです」という趣旨の説明をすることになるためです。本事例では、調査結果の通知、例を用いた説明、弁護士の見解を含め、会社側の回答に納得しない通報者に対しても説明が尽くされているものと思われます。

　具体的に見ると、調査の段階では、当該上司の発言内容と指示の趣旨やその背景について確認しています。そして通報者に対する嫌がらせや差別的取扱いではなく、業務上の必要性が確認されたことを通報者に伝達しています。

　是正措置の段階においては、「今後は作業等を変更するときには趣旨説明を必ず行うよう徹底させます」としており、被通報者に対する指導がうかがえます。一方で、本事例の是正措置（職制のラインにおける適切な業務遂行のための対応）が被通報者のみならず、通報者に対しても行われていることが注目されます。通報者としては3年前からの連続性を重要視しているようですが、あくまでも有給休暇取得その他に関する被通報者の不適切な言動に対しては、始末書の提出によって決着しています。それを踏まえても会社として被通報者を当該部門の統括として継続させると判断した以上、（通報内容では直接触れられていないため人員配置の是非については別の問題として）本事例については「15分刻みの業務日報」の妥当性にのみ焦点を絞り、「業務上必要な指示」として通報者の理解を求めています。そのために、通報者が納得できないとする点については、外部専門家である弁護士の見解を活用しています。

　なお、最終的に通報者へ「業務日報へのご記入をお願いします」と業務命令とも取れる内容で回答しています。最終回答時における内容ですので、こうした表現になったものと考えられます。仮に、業務日報への記入に関して通報者以外は特に問題視せず、むしろ必要なことと捉えている場合には、通報者自身が職場の秩序を乱している可能性もあります。そのような場合には、通報者の溜飲を下げ、納得させることよりも、通報者以外の従業員にとっての職場環境や業務遂行に悪影響が及ばないような配慮として、こうした回答も有効といえます。一方で、内部通報担当部署の中立性という観点からは、少し俯瞰的な視点から「当該上司からの指示は業務上の必要性に基づくもので問題ないものと判断します」といった表現にとどめる方法も考えられます。

第2章　通報事例

（内部通報規程での定め等にもよりますが）中立の機関としては、あまりどちらかに肩入れしているように思われることは避けたいところです。

フォローアップのポイントと内部通報制度における意義

　本事例においては、以下の点を中心に継続的なフォローアップが求められます。

● 有給休暇の取扱いについて、コールセンター内または各部門内で統一のルールが整備され、従業員ごとの均衡を考慮した実効性ある運用についての確認が求められます。すなわち、労働者の権利と業務の円滑な遂行とのバランスが取れる職場になっているのかをフォローアップしていく必要があります。

● 業務日報への記入状況について、通報者のみ記入しないということになっていないかどうか確認が必要です。仮に通報者のみ記入しない運用を黙認してしまうと、業務として日報を記入している従業員の中に、「ゴネれば指示に従わなくてもいいのか」などという感情がわきかねません。

● 喫煙スペースについては、再度検討が必要です。受動喫煙に対する配慮の観点から、事実であれば是正されるべきものであり、適切に分煙が実施されることが望まれます。

　本事例は通報者と通報内容を切り離す必要性を気づかせてくれます。本事例の通報者からは、この後も業務日報や喫煙スペース以外の内容で通報が寄せられることが考えられます。そうしたとき、例えば、「またか」と捉えるか、「細かいところに目が行く人だ」と捉えるのかで対応のあり方（フロー）は全く異なります。「またか」と捉えることは、調査・是正措置の段階で予断を与えることになる可能性があります。すなわち「通報者と通報内容の切り離し」が適切に行われなければ、調査が浅くなり、適切な是正措置に至らないことが懸念されます。業務日報は別として、喫煙スペースについては、非喫煙者の中に同じような感覚を持っている従業員がいることが容易に想像できます。

91

そうしたとき、内部通報担当部署としては全く新しい視点で通報のフローにおける「調査の必要性の判断」から行う必要があります。

　このことは、指針の解説における「調査・是正措置の実効性を確保するための措置を講ずることが必要である。例えば、(中略)必要な人員・予算等の割当等の措置が考えられる」[31]とする内容との連動が不可欠です。多くの通報を扱う内部通報担当者が各通報の調査・是正措置そしてフォローアップに忙殺され、リスクを見逃すことは、ミドルクライシス®の放置に他なりません。通報内容の大部分が通報者の思い込みや調査・是正措置の必要性のないものであったとしても、わずかな「ヒヤリ・ハット」に気がつけるよう、多角的な検証(複数の担当者による検証)が必要です。

通報事例6　職制を通じて解決しない場合の通報【電話通報】

通報内容

　私はカラオケ店のアルバイトでシフトリーダーをやっている者です。

　従業員用割引券の使用について確認したく電話しました。半年前、私は休みの希望を出していた日に、私の働いている店舗へ遊びに行きました。その際、従業員用割引券を使用しました。しばらくすると店長から「お客様と会って誤解を与えたらいけないので、休みの日に自分の働いている店舗に来てはいけない。利用するなら、他の近所の店舗などへ行くように。また、従業員用割引券も使ってはいけない。全店共通のルールです」と言われました。

　しかし、他の学生バイトさんは、休みの日に店舗に遊びに来ていても何も言われていないので、店長に「全店共通ルールならば、会社のルールブックを見せてください」と言いました。しかし、店長は「わかった。今度見せる」言いながらも、未だに見せてくれませんし、他の人たちは今でも来ています。それに、手元にある従業員割引券使用ルールを見ても「働いている店舗で利用してはいけない」などの記載はありませんでした。

---

31)　消費者庁「公益通報者保護法に基づく指針(令和3年内閣府告示第118号)の解説」2021年10月、p.7　③指針を遵守するための考え方や具体例

休みの日に友達や家族と遊びに行き、割引券を使用したいのに使えないとはどういうことなのでしょうか。そもそも、そのルールはおかしいと思います。本当に全店共通ルールなのか確認してほしいです。

この話はまだ、店長の上席者である地区長には、相談していません。また、この件は店長と私だけの話なので、店長には絶対に私からの通報だと知られたくありません。

通報のフロー

●RHL → 通報者【通報受理および調査の必要性検討結果の通知】（メール）

▷通報者様

今回の通報は、内部通報担当部署が受け付けました。

自分が働いている店舗に来店不可という内容は、全店共通ルールではありません。可能であれば、本回答内容を店長にお話ししてみてはいかがでしょうか。

●通報者 → RHL【通報者返答】（メール）

▷内部通報担当者様（会社側、以下同じ）

ご連絡ありがとうございます。

全店共通のルールでないことがわかり安心しました。

でも、店長に話して「それでは、私のやり方ということで、この店舗は入店を禁止します」と言われるようなことがあれば、どうすればいいのでしょうか？

●RHL → 通報者【会社側回答伝達】（メール）

▷通報者様

推測ですが、過去に何かあったのかもしれませんね。

たとえば、「『休み希望を出した休日』が重なったスタッフのどちらかに対して、無理してシフトに入ってもらったのに、もう一方が友人とお店に来ていて、シフトに入ったスタッフから苦情を言われた」あるいは「休みの

日に遊びに来ていたスタッフが常連さんから絡まれた」などということが考えられます。

　繰り返しになってしまいますが、働いている店舗へ来店不可というルールはありません。しかし、ここで大事なのはお店に来たい理由をきちんと店長に伝えていくことです。それで解決するようにも思えます。家族で外出し、お店で楽しんでもらえることは会社にとってもありがたいことです。なお、別のお店でも従業員割引券は使用できます。

●通報者 → RHL【通報者返答】（メール）
▷内部通報担当者様

　お忙しい中ご回答いただき、ありがとうございました。例に挙げておられた内容はよく理解できます。

　当店では、シフトの人数不足が出た場合、不足募集の貼り紙が出ますので、どの日に何人足りていないかはわかります。そういった日にあえて来店するのは、私もどうかと思いますし、私がシフトに入った立場ならフォローしてほしいと思ってしまいます。また、忙しい土日のピーク時間帯や、繁忙期等同様です。このことはすでに店長に申し上げてまいりました。

　しかしながら、当初からシフトに不足がなく問題なかったとしても、入店禁止だとおっしゃいました。店長の言い分はこうです。例えば、大学生が、テスト期間のため、普段勤務する夜勤（深夜時間帯の勤務）の日に休み希望を出したにもかかわらず、夕方テストが終わったその足で、打ち上げといって友達と来店したとします。店長からすると「テストだからと休みを出しているのなら、入店禁止であり、打ち上げをしに来てはいけない」のだそうです。あるいは普段日勤（昼間のシフト）の主婦が、その日の日勤が無理で、休み希望を出した休日だったにもかかわらず、夜になってお子さんの誕生日ということで来店したとします。店長からすると「シフト願いに夜は出勤可と書くか、店に来てはいけない」のだそうです。

　たとえシフトに穴がなくとも、希望を出した日には来てはいけないとのことです。日勤契約の主婦に夕方来られるなら働け、そして深夜契約の大

学生に打ち上げもせず働けということなのです。

　店長は、入店禁止と言いますが、それは私だけに適用されるルールのようです。先ほどの主婦や大学生の例は、実際にあったことなのに、その現場では店長は何も言いませんでした。その後も何か言った様子はありません。なぜなら、その後もその主婦や学生は休み希望を出した休日に来ているからです。私だけだとしたら、それはおかしいと思いました。しかも、店長はそれが全店共通のルールだとおっしゃいました。

　私は当店に10年在籍しておりますが、そのような話は今まで聞いたことがありませんでした。そのため、当初お聞きしたように、本当に全店共通のルールなのかどうかを確かめたく思いました。それが事実ではないとわかり、よかったです。私の在籍中に、3人の店長の下で働いてきました。トップが変われば、店のルールにも多少の変更が生じることも経験してきました。それが的を射た内容であり、筋の通ったことであれば、変更して良くなっていく方が望ましいと思います。しかし、友人や家族との楽しみすら犠牲にしなければならないのでしょうか。そんな権利もないのでしょうか。私はそれが納得いきませんでした。

　ご回答いただいたように、店に来ることだって立派な貢献だとのお言葉で、自分の考えが間違っていなかったことがわかり、嬉しかったです。

　「店長に理由を述べれば、わかってくれると思う」とおっしゃられましたが、残念ながらお話ししてもご理解いただけませんでしたし、「会社の決まりだから」と丸め込まれたので、わざわざ内部通報に頼らざるを得ませんでした。

　この件で店長に2度、話し合いのお時間をいただきましたが、いずれも変わりませんでした。さらに不可解なのは、私にはそのように言っておきながら、会社のルールブックも見せてくれないですし、実際来た人には何も言ってないようです。

　自分で言うのもなんですが、土日祝日も休まず繁忙期も無理して出勤し、誰よりもお店に貢献している私だけがそのように言われ、このような気持ちにさせられなければならないのかと思うと残念でなりません。タイミン

グを見て再度店長と話してみたいと思います。

このたびはありがとうございました。

● RHL → 通報者【是正措置の必要性検討結果の通知】（メール）

▷通報者様

お店のルールは全店共通ルールからすると少し逸れているような気がします。

通報者様はもうすでに2度店長と話をしているとのことですので、店長に対して地区長もしくは内部通報担当部署からヒアリングするようにしますがいかがでしょうか？　当然この話を具体的に店長にすれば、通報者様のことはわかってしまいますが。

それとも通報者様がもう一度店長に話をされますか？　ご検討の程、よろしくお願いいたします。

● 通報者 → RHL【通報者返答】（メール）

▷内部通報担当者様

何度もお話を聞いていただいてありがとうございます。

「店長に対して地区長もしくは内部通報担当部署からヒアリングするようにします」とのご提案、大変ありがたく思いますが、少々懸念しております。私と店長は普段の関係は良好で、他の件での話し合いには耳を傾けてくれます。

ただこの件に関してはなぜか頑なです。2度突き返された時点で、私からこの先何度訴えても、お考えは変わらないだろうと思いました。それでも、会社の方からそのようなご連絡がいくより、私が会社に問い合わせたと伝える方が、人間関係を維持していくうえで良いのではないかと考えております。

ご回答いただいた点を含めて、最後に一度、私から店長へお話しし、それでもやはり無理であれば、ご提案いただいたようにお力添えいただくことお願いいたしたく存じます。

第2章　通報事例

●RHL → 通報者【会社側回答伝達】（メール）

▷通報者様

　直接店長へ再度確認するということですね。承知しました。内部通報担当部署では、3週間後に別件で通報者様の所属店舗へ訪問する予定です。

　タイミングを見て店長に話していただき、解決しないようであればご連絡ください。それまでに店長と話をするタイミングが合わないようであれば、無理をする必要はないので、その後ご自身のタイミングでお話をしてみてください。

●通報者 → RHL【通報者返答】（メール）

▷内部通報担当者様

　いろいろと教えていただき、本当にありがとうございます。内部通報担当部署の方が来店されるまでに、話す機会ができたらと思います。また後日、結果をご報告いたします。

●会社側 → RHL【共有】（メール）

▷本件について、その後の状況をお伝えします。

　結局通報者が本社の研修担当者に相談し、その研修担当者から直接店長へ指導が入り、解決しているようです。

【受付時のポイント】

　本事例の通報者は、理路整然と通報内容を話していく様子が印象的でした。通報者が納得いかなかった点（休日の来店禁止）について、被通報者（店長）と何度も話し合い、折り合いがつかずに通報に至った経緯を、わかりやすく、そして被通報者の矛盾点を明らかにしながら述べていました。一見すると被通報者に対する不満が通報内容の中心なのかと思えます。しかし実際には、「休日の来店禁止が全店共通ルールかどうか」を知りたいということになると思われます。

97

調査・是正措置のポイント

　本事例は、直接是正型に近い対応が取られています。内部通報担当者自身が店舗勤務経験者であることが推察され、その経験から被通報者を代弁するようなやり取りの中で、通報者と被通報者の融和を促す意図がうかがえます。

　通報内容の中心が「休日の来店禁止が全店共通ルールかどうか」であるとしても、調査・是正措置のポイントはこの点ではないように思います。本事例の内部通報担当者が指摘しているように、印象としては店長とのコミュニケーション不足が原因になっていることが考えられます。しかし、通報者によれば「休日の来店禁止」以外は店長と忌憚のない意見交換ができているとのことですので、不和とまではいかないようです。

　次に考えなくてはならないのは、「なぜ通報者だけが来店禁止と言われるのか」という部分です。

　業務遂行に関する意見交換は通報者とも行う一方、「休日の来店禁止」は通報者以外には適用されず、通報者に対してだけ頑として譲らないとする態度からは、店長自身が何か困っている、あるいは圧力をかけられているのではないかとの疑念も考えられるところです。仮に何かの原因があることで、こうした軋轢を生んでいるのであれば、通報者の要望とは別に、店長に対して様子を聞くことも、今後の店内の人間関係を円滑にしていくためには必要なものと思われます。

フォローアップのポイントと内部通報制度における意義

　調査・是正措置のポイントにおいても触れましたが、本事例の通報に対応することの意義は、通報者の要望に応えることで終わるものではないという点にもあります。通報内容から透けて見える若干の違和感といったものに対して、人的・金銭的資源をかけて調査・是正措置に踏み切ることは簡単ではありません。しかしながら、そのためにもフォローアップが定期的に実施される必要があると言えます。通報内容とは別に、当該店舗を管轄する上席者に対して、店舗巡回の回数を増やすような要請をするなどの対応を通じて、リスクの早期発見・早期対応をしていくことが肝要であることを示唆してい

ます。

通報事例7　取引先からの通報【電話通報】

通報内容

　私はあるイベント会社の取引先で働いています。匿名希望です。

　取引先のイベント会社のオーガナイザー（男性）について、そちらのスタッフが本社には言えずに悩んでいるようなので、事務所に貼ってあるポスターを見て電話しました。なお、オーガナイザーとは、イベントの全体を統括する立場の人です。

　オーガナイザーは、Ａさん（女性）への依怙晶肩（えこひいき）が激しく、たまにしかシフトに入らない人も気がつくぐらいにあからさまです。このことで、体調を崩して退職した人もいると聞いています。

　オーガナイザーは、Ａさんが困っているとすぐに助け舟を出します。例えば、Ａさんのお客様から納期を延ばすようにお願いされたことがありました。当然、私たちは丁重にお断りをするのですが、オーガナイザーは私たちのところに来て、「頑張ればできるでしょ。やってくださいよ」と言うのです。私たちはイベント会社のルールに従って仕事をしているので、いくらオーガナイザーから言われたとしても納期を延ばすことはできないのです。

　また、Ａさんが主体となって行ったイベントの集客が予想以上に多かった日がありました。するとオーガナイザーは、休みのスタッフにわざわざ電話して「今から出てきて、イベントを手伝ってほしい」と言っていました。

　オーガナイザーは着任２年、Ａさんも３年ぐらい働いていますが、依怙晶肩が始まったのは、ここ２～３か月です。２～３か月前にオーガナイザーがＡさんの家の近くに引っ越しをしたと聞いているので、そのことが関係しているのかもしれません。正直、他人のプライベートはどうでもいいのですが、仕事に影響するのはよくないと思います。

　その他にもオーガナイザーとしてどうなのかと思うことが、いくつかあります。まず、イベント会社のスタッフは、スーツで出勤しないといけな

いと決められているにもかかわらず、オーガナイザーは、ジャージでキャップを深く被りながら、くわえ煙草で出勤しています。1か月ぐらい前には、イベントが入っている日に遅刻したり、ジャージのままイベント会場の出店に買い物に行ったりしていました。取引先には身だしなみを厳しく注意しますが、その前に自分のことをしっかりやってほしいと思います。

　また、オーガナイザーは機嫌が悪いときには私たちが挨拶をしても無視したり、ミーティングのときにスマホをいじっていたり、オーガナイザーとして相応しくないと思うこともあります。

　最近では、先々週の金曜日に、スタッフがビアガーデンに行きたいという理由だけで、「今日は案内時間よりも早くイベントを終わる」とみんなに言ったようです。実際、イベントの受付時間は18時までですが、お客様がいらっしゃれば対応するのが当然だと思うのです。その日も、お客様が来店されていて、イベント会社のスタッフの不手際でお客様からクレームがありました。しかし、早くイベントを終わらせてビアガーデンに行きたかったのか、オーガナイザーはお客様に謝罪することもなくスタッフに「その処理どれくらいかかるの？」と聞いたそうです。

　今お話ししたことは、私の会社の社長にも相談しましたが、やはり会社対会社としては言いづらいようなので、リスクホットライン（内部通報窓口）に電話をするかしかないと言われました。

通報のフロー

　本事例においては、通報受付後、通報者とRHLとのやり取りはなく、調査・是正措置の後、会社側から通報のフローについての情報共有がありました。推測の域を出ませんが、通報者が取引先の従業員であったことから、通常のフローとは異なる形で検討が進められたとも考えられます。

●会社側 → RHL【共有】（メール）
　▷本件について、その後の状況をお伝えします。
　　営業本部長同席の下、通報者と話しました。また、当該事務所へもヒア

リングに入っています。通報者は、複数の従業員から情報収集した書面も用意していました。オーガナイザーは取引先などを統率できていないようですので、異動の予定です。

その際、通報者へ状況確認をするかどうか、判断したいと思います。

受付時のポイント

本事例において通報を受け付ける際にまず気をつけるべきポイントは、内部通報規程等により定められる「通報窓口の利用者の範囲」に取引先従業員が含まれるかどうかの確認です。前提として、通報者の雇用形態や勤務歴（在籍期間）を確認することが求められます。そして、通報内容を聞いていくうちに自社従業員、グループ企業の従業員あるいは取引先従業員の区別はできるようになります。現時点においては取引先従業員を「通報窓口の利用者の範囲」に含めない規定となっているのであれば、通報受理自体行われないこともあり得ることを伝えておくことも重要です。

なお、可能であれば取引先従業員がどのような形で通報窓口を知ったのかについて聞いておくことで、内部通報窓口の周知方法の実態についても確認することができます（仮に内部通報規程等で取引先を「通報窓口の利用者の範囲」に含めている中で、取引先から通報があった場合など）。

取引先従業員からの通報の取扱いの見通しについて通報者へ説明のうえ、通報内容を整理していきます。被通報者とAさんの業務外の関係性については、通報者によると「雰囲気がある」、そして「誰もがそう思っている」とするものでした。確証があるわけではなく、通報者やスタッフの憶測であることの確認が求められます。

また、通報者の要望についても整理する必要がありました。「被通報者に平等なコミュニケーションを求めるのか、あるいは取引先に対して無理な注文をしないでほしいのか」などについて受付担当者から通報者へ投げかけましたが、通報者からの返答は、総じて、要望というよりも被通報者の資質を疑う内容でした。

本事例についても定石通り、通報者の上司への相談の有無を確認していま

す。しかし、取引先特有の理由として「直接言うことははばかられる。取引
関係があるので、言いにくい」といった言葉が返ってきました。

　最後に、匿名性の確保による通報者保護の観点からは、通報者や通報者が
属する取引先が特定される情報の確認は不可欠です。一般的な雇用関係と同
様に、通報者に対して、どこまでの内容を内部通報担当者に開示可能かにつ
いて確認する必要があると思われます。

調査・是正措置のポイント

　本事例は、直接是正型に近い対応となっています。

　内部通報担当者によるヒアリングの前に通報者が他のスタッフの証言をま
とめていたため、多角的な証言が得られ、是正措置につながったと推察され
ます。しかしながら、他のスタッフの証言をまとめていなかった場合には、
調査の方法について検討が必要です。通報内容自体は被通報者の個人的な資
質を疑う内容ですので、当該オーガナイザーが統括する自社従業員に対する
ヒアリングが前提となります。

　しかし、仮に被通報者が自社従業員ではなく、取引先に対してのみ不当な
扱いをする、いわゆる優越的地位の濫用が認められるような場合には、取引
先従業員からのヒアリングは不可欠です。その場合、自社従業員とは異なり、
通報内容にもあるように、「会社対会社の取引関係」にあることから、取引先
の従業員が事実をありのままに証言できないことが容易に想像されます。

　取引先従業員からのヒアリングが必要になるような場合には、事前に関係
する取引先の経営層に対する根回しも必要になるものと考えられます。あく
までも健全な取引とお互いの職場環境の改善のためにヒアリングすることを
伝えておくなどの対応が求められます。

フォローアップのポイントと内部通報制度における意義

　本事例は、「通報窓口の利用者の範囲」に取引先を含めることが内部通報制
度にとってどのような効果をもたらすのかの検討を促すという意味で意義深
いものでした。

自社従業員が、取引先に対して不適切な対応をしていないか、そうしたリスク情報を吸い上げるためには、自社従業員のみならず、全方位的に取引先からの通報を受け付けることも、内部通報制度の実効性向上に寄与するものと考えます。

このことは、指針の解説において、「サプライチェーン等におけるコンプライアンス経営を推進するため、関係会社・取引先を含めた内部公益通報対応体制を整備することや、関係会社・取引先における内部公益通報対応体制の整備・運用状況を定期的に確認・評価した上で、必要に応じ助言・支援をすること」[32]とされ、加えて「コンプライアンス経営を推進するとともに、経営上のリスクに係る情報の早期把握の機会を拡充するため、内部公益通報受付窓口の利用者(中略)の範囲については、例えば、以下のように幅広く設定し、内部公益通報に該当しない通報についても公益通報に関する本解説の定めに準じて対応するよう努めることが望ましい。(中略)通報の日から1年より前に退職した労働者等、子会社・取引先の従業員(退職した者を含む)及び役員(後略)」[33]とあります。

指針の解説においては、取引先従業員からの通報について2つの視点が与えられています。1つ目は、サプライチェーンや企業グループ全体におけるコンプライアンス経営という視点において、取引先企業の内部通報制度を「見渡し、問題があれば是正していく」ことでコンプライアンス経営を実現していくものです。2つ目は、企業単独の視点において、「経営上のリスクに係る情報の早期把握」のために取引先従業員からの通報を受け付けることを促す内容です。

一方で、当社が実施した内部通報に関するWebアンケート(巻末資料にて後述)においては、取引先従業員を通報窓口の利用者の範囲に含める企業は19.2%にとどまっています。企業単体でのリスク情報の収集という視点のみ

---

32) 消費者庁「公益通報者保護法に基づく指針(令和3年内閣府告示第118号)の解説」2021年10月、p.8 ④その他に推奨される考え方や具体例
33) 消費者庁「公益通報者保護法に基づく指針(令和3年内閣府告示第118号)の解説」2021年10月、p.11 ④その他に推奨される考え方や具体例

ならず、サプライチェーン、企業グループ全体のマネジメントを見据え、今後取引先従業員の取扱いに関する議論が望まれます。

通報事例8　退職者からの通報【メール通報】

通報内容

　こちらは、社内での出来事で、不正と感じたことを告発するようなところでしょうか。私はすでに退職をしているのですが、ブロック長が店長に不正行為を指示していたので、ご報告します。

　まず、2万円以上商品を現金で購入されたお客様には、1,500円のクーポン券がレジから自動的に出るようになっています。そして、簡単なアンケートに記入してもらって、クーポン券をお客様にお渡しする流れとなっています。

　しかし、急いでいるお客様などは「クーポン券はいらない」と言います。それでも本社からは、「極力アンケートに答えてもらって、クーポン券を渡すように」と指示が出ています。

　そこで、店長は私に「適当にアンケートを書いておいて」と指示をするのです。また、月に一度、私は隣町まで研修に行くのですが、そのときに「出力されたクーポン券でお店の備品を買ってきて」と指示されました。実際に指示されて備品を買いに行ったのは私だけですが、お客様に渡っているはずのクーポン券を使っているということは、スタッフ全員が知っていることです。なお、クーポン券は店長が管理していました。

　このような行為は、他の店舗でも行われているのではないかと思います。なぜなら、ブロック長がお店に来たときに「他の店舗もやっているし、備品を買うときにはクーポン券を使ったらいい」と店長に指示していたからです。

　現在もこのようなことが行われているのかどうかはわかりませんが、このような行為は、少なくとも1、2年前から去年の夏までは行われていました。

　また、このようなことは、私も以前から悪いことだと思っていたのです

が、在職中は誰かに相談したりはできませんでした。でも、今回、会社に伝えたいと思い、リスクホットラインに電話しました。

通報のフロー

●RHL → 通報者【通報受理および調査の必要性検討結果の通知】（メール）

▷通報者様

今回の通報は、内部通報担当部署が受け付けました。

調査を開始します。よろしくお願いいたします。

●会社側 → RHL【共有】（メール）

▷本件について、その後の状況をお伝えします。

なお、内部監査を兼務する当内部通報担当部署の担当者による調査報告書より一部抜粋しております。

▷ブロック長へのヒアリング

・クーポン券についての取扱い

2万円以上の購入のお客様には、アンケートを記入してもらったうえで、1,500円のクーポン券を発行してお客様に渡していた。

・クーポン券の不要のお客様対応

案内をしても「いらない」というお客様には、その旨を記載して管理している。したがって、お客様にとって不要である場合には、お客様がご自身で捨てることはあっても、スタッフの手に渡ることはない。管轄下の店舗では、以前からその流れになっている。

・昨年の秋から対象金額が3万円以上となったため、クーポン券が発行されるケースは減っているものの月間5件程度ある。お客様のお考えはあるのかもしれないが、管理を徹底する。

▷店舗監査

・当該店舗での退職者は多くないため、通報者の特定を防ぐために、今回は通報の事実を伏せ、定期内部監査の名目で調査しました。通常の監査よりも注意を払い、対象店舗内をくまなく調べています。店舗で

105

保管されているクーポン券がないか目視により確認しました。

◇店内金庫については、クーポン券または備品購入ともにルール通りの保管管理が行われていました。また、備品購入時の領収書の残枚数を実査の結果、帳面との過不足は認められませんでした。

◇店長用ロッカーおよびスタッフ用ロッカーについては、クーポン券は保管されていませんでした。また、店長のデスクについても同様でした。

◇一般的な処理方法についてヒアリングを実施しました。店長は、「基本は必ずお渡しするが、もしどうしてもお客様が不要とおっしゃった場合には、やむなく捨てるしかない」との回答でした。

クーポン券については、レジ登録の際、お客様の購入金額に応じてアラームが鳴り、アンケートに記入していただくとクーポン券の発行が自動的にされます。しかしながら、今回の事例で考えた場合、「クーポン券が不要なお客様」への管理体制がしっかりしていないため、クーポン券を不正に使用したとしても、発覚しません。

お客様へ渡すことができなかった場合、「捨てるくらいなら、換金した方がよい」と考える余地があることも事実です。そのため、全店舗で「お客様が不要としたクーポン券については、レジで発行できないようにする」など、レジシステムを変更することが再発防止策と考えます。

システム体制が整うまでは、店舗のクーポン券管理について指示を徹底し、階層別研修のプログラムに組み込んでいきます。

なお、クーポン券発行の条件が2万円以上であった当時、当該店舗においては、月30件程度はその機会があったようです。最大で4万5,000円になるため、換金という発想になったものと考えます。しかし、現在では3万円以上ご購入のお客様にクーポン券発行となったため、当該店舗におけるクーポン券の使用頻度が月5件程度となっており、当時と比べて現在は換金の発想が希薄になっているものと判断します。

●RHL → 通報者【是正措置の必要性検討結果および是正結果の通知】（メー

ル)

▷通報者様

調査が終了し、会社として然るべき対応を行いました。

つきましては、今回のご相談はこれをもって、終了とさせていただきます。

●通報者 → RHL【通報者返答】（メール）

▷内部通報担当者様（会社側）

お客様へ渡すはずのクーポン券を店舗の備品に使用した事実はありましたか？　ブロック長に何か処分はありましたか？

●RHL → 通報者【会社側回答伝達】（メール）

▷通報者様

会社側としましては、「①不正が行われないようにスタッフへ周知徹底する。②今後本社も不正が行われないように、厳しくチェックする」という対応を実施しました。

また今後「現場で管理を徹底させる」「本社でのチェックを強化する」予定です。こちらにて、最終の回答とさせていただきます。

調査・是正措置のポイント

本事例は、直接是正型に近い対応が取られたものと推察されます。内部通報担当部署に内部監査機能があれば、この対応方法が望ましいものと思われます。しかし、仮に内部監査部門が別に設置されている場合には、間接是正型の調査・是正措置を視野に入れる必要性も考えられます。

フォローアップのポイントと内部通報制度における意義

本事例に対応することの意義は2つあります。まず、不正行為の余地があったことを示唆している点です。調査の結果2万円以上の購入に対してクーポン券発行があった当時と比較して、不正行為の可能性が低くなったとしても、

それ自体は制度変更による副産物に過ぎず、本質的な不正行為の可能性やスタッフのモラルについては、不正行為の可能性とは切り離して対策を取るべきです。結果として階層別教育のプログラムに正しい処理方法が盛り込まれることになりましたが、併せて、たとえ少額でも現金の不正行為を放置することは、その後の大きな不正行為の温床となりかねないことを、管理職者を中心に教育するべきでしょう。

　次に、通報者が退職後に通報してくる目的を考える必要もあります。本事例については、通報者が不正行為と主張する、「クーポン券を使用しての備品購入」を指示していた上席者に対する何らかの懲戒処分が目的であったことがうかがえるため、通報者による不正の目的の有無について十分に留意する必要があります。しがらみのない立場となった退職者からは、在職中「言いたくても言えなかった」、あるいは、いくら内部通報規程その他で報復行為等の不利益取扱いが禁止とされていても「やはり（通報者の）特定や、そのことによる報復行為が怖い」といった理由で通報者の胸のうちに秘められていた内容（リスクレベルの高い内容を含む）についての通報が寄せられる可能性も念頭に置く必要があります。

通報事例9　指導とパワハラの違い【メール通報】

通報内容

　私は6年前から、正社員として勤めています。

　10か月前に着任した課長補佐からのパワーハラスメントについて相談しようと思って電話しました。できれば私の名前は言いたくありません。

　課長補佐は、半年ほど前から、私に対して「指示したことをすぐに忘れる。頭がおかしいのかもしれないから、病院に行け」と何度も言ってきます。最近は事務の方からも「病院行ったら？」と言われています。

　課長補佐があまりにしつこいため、先週の水曜日、私が中学生のときに頭をぶつけて入院した病院に電話しました。すると、「完治しているので、もう病院に来なくても大丈夫」と言われました。

　そして翌日出勤すると、いきなり課長補佐から「病院行ったか？」と聞か

れました。私は「行っていません」と答えて事情を説明しようとしましたが、何も言わないうちに、「行っていないなら帰れ」と言われてしまいました。そこで、前に行っていた病院には「来なくていい」と言われたことを伝えたのですが、激高した様子で「その先生と俺が話す」と言われ、電話をかけさせられました。しかし、木曜日は休診日だったため確認できませんでした。

そして、今日、有給休暇を取って、心療内科に行ってきました。医師の診断は、「ストレスかもしれない」とのことでした。このことは、明日課長補佐へ伝えようと思います。

課長には、このような課長補佐の発言について相談はしていません。事情を説明しても、課長補佐の味方をするのではないかと思ったからです。

また、先月は課長補佐から暴力も受けました。私が、電車遅延でたびたび始業時刻に数分遅れることが頭にきたのか、誰もいない資料室の中で怒鳴られ、左肩のあたりを殴られました。病院に行くほどではありませんでしたが、しばらく赤く腫れていました。でも、誰かに相談などしたら、めぐりめぐって課長補佐から報復されるのではないかと怖くなって、誰にも言えませんでした。もちろん課長補佐からは謝罪などありません。

このようなことがあったので、最近では、課長補佐を見るとびくびくしてしまうようになりました。

内部通報などして、もしクビにでもなったら、もし課長補佐から何かされたら……と考えると怖いです。内部通報担当の方が実際に何か動いてくださる前に、どのような対応をされるのか、まずは教えていただけないでしょうか。

通報のフロー

●RHL → 通報者【通報受理および調査の必要性検討結果の通知】（メール）

▷通報者様

今回の通報は、内部通報担当部署が受け付けました。本件につき、調査を実施し必要に応じて是正措置を行います。

通報内容を踏まえ、内部通報担当部署の担当者が通報者様と面談し、状

況やご要望を確認させていただきたいと思います。その面談については、課長補佐や課長に知らせずに行う予定でおります。

　面談可能でしたら、内部通報担当者から直接連絡が取れるように通報者様の連絡先を教えていただけないでしょうか。もしくは、直接担当者に連絡してもらっても構いません。参考までに担当者の携帯番号をお伝えしておきます。○○○です。

　よろしくお願いいたします。

●通報者 → RHL【通報者返答】（メール　会社側通知から8日後）

▷内部通報担当者様（会社側、以下同じ）

　連絡が遅くなり、申し訳ありません。

　内部通報担当者との面談について、お願いしたいと思います。

　自分から連絡したいと思います。

●会社側 → RHL【共有】（メール）

▷本件について、その後の状況をお伝えします。

　通報者より、「自分から電話します」と連絡があった日の2日後、通報者から連絡がありました。その翌週に実施した面談内容につき連絡いたします。

　面談においては、家族が記録したと思われるメモが提出されました。内容は以下の通りです。

・課長補佐からの暴言

　◇辞めちまえ。さっさと退職届を書け。次の仕事を探せ。

　◇もういい。帰れ。

　◇よく嫁から三行半が来ないな。嫁が働いた方がいいんじゃないか。俺が嫁に言ってやろうか。

　◇(仕事の後飲みに誘われたが、疲れていたのでお断りしたところ)お前がそんな口きいていいと思ってんのか？

・課長補佐からの暴力

　◇先月、資料室に連れて行かれ、左肩を殴られ赤く腫れあがった。家

族が赤い腫れに気がつき心配して病院へ行くことを勧めたが、資料
室には防犯カメラがなく証拠がないので病院へは行かなかった。会
社では「電柱にぶつかった」ということにしていた。

・課長補佐に対して

　◇仕事に行くのが嫌になる。

　◇課長補佐を見ると頭痛がするし、胃も痛くなる。

　◇いつ怒鳴られるかと一人でパニックになってしまう。

　◇プライベートに口を出す。根掘り葉掘り聞かれる。

　◇防犯カメラのないところで怒鳴られたり殴られたりする。

・通報者の家族から見た印象

　◇元気がない。ブツブツ言うことが多く、笑顔や会話が減った。

　◇食欲に波がある。

　◇休日は比較的元気な様子。

そして、通報者との面談のポイントは以下の通りです。

・通報者から見た被通報者

　◇課内の過半数が被通報者に対して恐怖心を抱いている。

　◇通報者以外にも退職勧奨を受けた社員がいる。

　◇1年以内に退職した社員がおり、現在退職を考えている社員もいる。

　◇通報者の知り得る限り、被通報者のパワハラは社内でも認知度が高
　い。

・通報者の様子

　◇内部通報担当者の目を見て質問には明瞭に答えていた。

●会社側 → RHL【共有】（メール）

▷本件について、その後の状況をお伝えします。

　通報内容を受け、課長および数名の社員へ「匿名通報があった」ことのみ
伝え、ヒアリングを実施しています。被通報者氏名も開示していませんの
で、主に役職者全員に対する印象をヒアリングしています。

・被通報者に関して課長からのヒアリング

◇教育に対して妥協がなく厳しい。特定の社員(通報者)に対して厳しい印象がある。しかし、当該社員(通報者)は、同じミスを繰り返すなど、課長の目から見ても習熟度が足りない部分もある。課長補佐が暴言を吐くような場面は見かけたことがない。

・被通報者に関して社員からのヒアリング

被通報者に対しては一部マイナスの声もありましたが、過半数は課長と同意見でした。

◇細かく厳しいが、間違ったことは言っていない。

◇叱責されるとき、少し厳しい口調になるが、その後はあっけらかんとしており、普通に接してくれる。

◇社員の意見を吸い上げ、課長や部長に話を上げてくれる(フォローしてくれる)。

◇同じミスの多い社員(特に通報者)に対して厳しい一面もあるが、怒られてもしょうがないのかなとは思う。

◇「根性がないなら帰れ」との発言を聞いたことがある。

通報者氏名を明かさずにヒアリングを実施したので、すべてが事実であるかは判断がつけにくい状況でした。プライベート内容(いわゆる個の侵害)ついては、今回のヒアリングでは確認できませんでしたので、被通報者本人に確認する方法しかないものと思われます。しかし、課長を含むヒアリングの中からは、通報者自身にも問題が見受けられ、指導される側の受け取り方にも問題があると考えられます。

通報者氏名と通報の具体的内容を明かさないままでの調査・是正措置には限界があると判断します。ヒアリングの際、指導時の言動に対する注意喚起をしておりますので、これ以上の対応となると、通報者の了解の下、通報者氏名や通報の具体的内容を一定程度開示しての調査・是正措置が必要になるかと考えています。

通報者へのフィードバックと通報者への意向確認を含む回答は後ほどお送りします。

●RHL → 通報者【是正措置の必要性検討結果および是正結果の通知】（メール）

▷通報者様

　先日、通報者様の氏名および通報内容は伏せた形で部署内の社員に対して、内部通報担当部署の担当者が（職場環境全般についてという名目で）ヒアリングを実施しました。その際、役職者全員に対しては、一般論として「指導時の言動に対する注意喚起」をしております。

　しかしながら、これ以上の調査・是正措置をお望みの場合、通報者様の氏名を開示して行う必要があります。いかがでしょうか。ご検討の程、何卒よろしくお願いいたします。

●通報者 → RHL【通報者返答】（メール　会社側通知から５日後）

▷内部通報担当者様

　お返事が遅くなってしまい、すみませんでした。

　氏名を開示すると、どのような対応になるのでしょうか。

●RHL → 通報者【会社側回答伝達】（メール）

▷通報者様

　通報内容を直接課長補佐に質問し事実確認するという流れになります。部署内のヒアリングでは通報内容の具体的事実の確認に至りませんでした。

　会社としましても、通報者様と被通報者（課長補佐）の両方から話を聞かないことには、適切な調査・是正措置とならないと考えております。また、課長補佐に自覚がなかった場合、これを機に姿勢を正すよう指導できます。

　いずれにしましても、一方（通報者様）からの情報だけでは、判断しかねる状況です。当然、報復行為がないように十分に留意いたしますので、問題解決のためにご検討ください。

●通報者 → RHL【通報者返答】（メール）

▷内部通報担当者様

ヒアリングが行われてからかと思いますが、内部通報担当部署のご指導により、課長補佐からの暴言や暴力がなくなりました。

また同じようなことがありましたら、そのときはまた相談させてください。

ありがとうございました。

受付時のポイント

本章の冒頭において言及したように、通報者が時系列に沿って話をするわけではありません。最も印象に残ったことから話を始めることがあります。本事例についても、同様でした。

受付担当者が通報者氏名を聞くと、通報者は匿名希望の旨を返答しました。しかしながら、本事例は、通報者自身に対していわゆるパワーハラスメントが行われており、内部通報担当者が調査・是正措置をするに際して、通報者の氏名がわからないと「全体発信」のような形を取らざるを得なくなり、実効性のある是正措置が見込めないことが懸念されました。

そのため、受付担当者から「氏名開示の範囲を聞くこと」、そして「実際に調査する前に、調査方法が確認できるよう会社側へ働きかけること」を提案しています。前者は、受付担当者のみに通報者の氏名を開示すること、内部通報担当者まで通報者の氏名を開示すること、あるいは課長や課長補佐を統括する部長以上の役職者まで通報者の氏名を開示する方法を提案しています。本事例の通報者は「内部通報担当者までの開示」を希望しました。また、後者は「通報者との面談の後、匿名通報があったことのみ調査協力者へ伝えて面談する」方法が採用されています。こうした段階を経ることは一見すると手間のように感じるかもしれませんが、通報者保護、特に匿名性の確保という観点からは有効と考えられます。

そして、通報の終盤になって暴力についての内容がありました。通報者の様子としては「そういえば」くらいの口調でしたが、通報内容が事実であれば本事例において最も是正措置が必要なポイントのひとつであることは言うまでもありません。通報者自身が暴力の件を重大なことと認識していない懸念

があったため、受付担当者は丁寧に聞くようにしました。

調査・是正措置のポイント

本事例は、直接是正型に近い対応でした。通報内容に類似した話題が座談会にて出ましたので、そのときの内容を基に調査・是正措置のポイントについて考えます。

● 調査におけるポイント

▷【座談会】ヒアリング内容にある課長の証言については慎重な検討が必要だと思います。言ってみれば「明日はわが身」ですから、このような言い方になるのは自然なことだと思うべきです。私自身を含めて同じ立場の人間が内部通報担当者からヒアリングされたら、「まあでも、通報者も改善するべきところは少なからずあった」と言うと思います。ですから、課長の証言というのはこのことを差し引いて考える必要があるでしょう（F社）。

▷【座談会】以前、類似した事案がありました。やはり通報者自身の習熟度が足りないという側面があったことは確かです。そのとき私たちが着目したのは、本事例における被通報者(課長補佐)が着任する以前に、通報者を直接指導してきた上司です。通報者のような従業員に対して、習熟度の高まりを期待していなかったのか、あるいは放棄してしまったのかわかりませんが、具体的な方針や指示があまり伝わってなかったことがうかがえました。それが本事例では現課長補佐になった途端、仕事に対して非常に厳しく指導したことが原因でこうなってしまったという部分もあると思います(E社)。

● 是正措置におけるポイント

▷【座談会】是正措置においては、「指導後のフォロー」に力点が置かれると思います。お客様にご迷惑をかけてしまうような場合や、従業員の身に危険が及びかねないときには怒鳴ることも必要な場合があることは確かです。しかし、フォローがしっかりしている管理職の下では、内部通報

が寄せられないように思います。なぜかと言うと、きっちり叱るだけ叱っ
て、最終的には1対1で、その都度、その場でフォローをしっかりして
いるからです。だからこそ、叱る方も叱られる方も納得して次の業務に
向えるし、人間関係も壊れないため内部通報に至らないのだと思います。
従業員に対するヒアリングの報告内容に「フォローしてくれる」というの
がありますが、そのフォローのやり方にまだ改善の余地があるのでしょ
う。そこのスキルが足りないと思います。どちらかと言えば、上に立つ
者として指導の仕方を是正する方向だと思います。これがうまくいくよ
うになれば、離職率に歴然とした差が出ますから。うまい管理者のとこ
ろとそうでないところでは雲泥の差です。やはりそういうところ、最後
のフォローの部分だと思います(F社)。

　調査においてヒアリングを用いる場合に、被通報者と同等以上の役職者か
らの証言を精査するうえでの注意点が示されています。すなわち、被通報者
(役職者)を擁護する内容に偏りがちな面もあるということです。被通報者と
は全く異なるマネジメントスタイルの役職者を除き、ある程度被通報者と類
似した指導方針を持つ役職者にとっては、被通報者を否定することは自らを
否定することになりかねません。こうした意味においても、本事例は役職者
のみならず、一般社員にまで調査協力者(ヒアリング対象者)を広げたことが
奏功したと言えます。もちろん、調査協力者を拡大することは、情報漏えい
や通報者の特定と報復行為等の不利益取扱いのリスクを増すという側面も併
せ持っていることから、調査協力者に対する注意喚起が必要です。
　また、通報者や被通報者だけでなく、被通報者の前任者(前に通報者を指
導する立場だった役職者)の指導方針についての視点が示されました。本事
例の被通報者のみならず、通報者の指導過程を振り返ることは、一見すると
遠回りのようですが、是正措置、そしてフォローアップの段階を見据え、通
報者の習熟度の向上と周囲の従業員の納得性を含めた解決の方向性を見出す
うえで有効です。

フォローアップのポイントと内部通報制度における意義

本事例は、通報者の匿名性確保、そして通報者保護の視点からは綱渡りの対応が求められたものと推察されます。いくらヒアリングに際して通報者の氏名を伏せ「匿名の通報があったことのみ」を伝えても、聞き方によっては通報者が特定されてしまう危険性を忘れてはいけません。

実質的には、調査のためのヒアリング自体が是正措置だったとも言えます。そして直接的に内部通報担当者が是正措置を行う形が奏功したとも言えます。仮に職場の部長等に調査・是正措置を依頼した場合には、（通報者にも一定の改善点があったことも考慮すると）課長や課長補佐の指導方法に対して「問題ない」とする方向性に傾くことが懸念され、会社として公正なあるべき対応がなされない可能性があります。このことは、座談会で話題にもなったことは前述の通りです。

一方で、この後の職場環境には注意を払う必要があります。過半数以上の社員が「通報者（課長補佐に叱責を受ける社員）にも改善の余地あり」とする中では、通報者探しをしなくても、誰が通報したのかは大よその見当がついてしまう可能性があります。わだかまりなく、通報者や周囲の社員が業務を遂行していくには、お互いの理解と努力が不可欠です。事実確認にこそ至りませんでしたが、通報内容によれば暴力が振るわれたことに対して調査が不十分ではないかとの見方もあります（客観的に見ても、そのような評価が可能だと思われます）。一時的に被通報者の態度が改まったとしても、通報者の業務習熟度に改善が見られなければ、いつでも再燃してしまうことが容易に想像できます。一定期間経過後に通報者へ状況を確認する必要性があると考えます。

本事例は、いわゆるパワーハラスメントと指導の違いという、最も内部通報担当者や管理職者が悩むポイントのひとつとして、その調査・是正措置の難しさを表しています。「客観的にみて、業務上必要かつ相当な範囲で行われる適正な業務指示や指導」[34]とは何か、管理職者間でディスカッションの場を設けることも必要です。

34）　事業主が職場における優越的な関係を背景とした言動に起因する問題に関して雇用管理上講ずべき措置等についての指針（令和2年1月15日厚生労働省告示第5号）

通報事例10　セクシャルハラスメント【メール通報】

通報内容

　私はパートとして働いています。

　１年ぐらい前から店長が、「ご飯行かない？」「いいお店を見つけたから」などと誘ってくるようになりました。「みんなで行こう」という意味かと思っていたのですが、どうやら２人きりってことみたいです。さらにここ半年ぐらいは「一緒に働くようになったのは偶然じゃなくて運命だね。俺は幸せだ」などの発言もあり、私としては、店長との距離を少しずつとるようにしました。

　私は彼氏がいますので「男の人と食事に行ったら、彼氏に怒られます」と断っても、「俺と行こうよ」と何度も誘われます。店長には妻子がいて店長の机には家族写真が飾られていますし、携帯の待ち受けは子どもの写真です。私も見せられたことがありますので、家庭は円満なのだと思います。

　このような発言は、事務所などで店長と２人きりになったときに言われます。しかし、他の社員がいるときでも、周りにわからないように、口パク（声には出さずに）で「今夜、ご飯行こうよ」と言うのです。また、「昔は同時に女の子と付き合って、よく修羅場になったんだけど○○さん（通報者）はどう？」とか、「（結婚してからも）前の店のアルバイトの子と何回もデートした」などと、私が返答に窮するようなことを言ってきます。

　私は、はっきりと断っているつもりですが、あまり強く言うことで今後働きづらくなっては困ると思って、なかなか言えません。電話番号やメールアドレスは教えていないので、口頭で言われるだけですが、本当に気持ち悪いです。

　また、年末に忘年会に参加したのですが、トイレから帰ってくるときに店長とすれ違い、頭をポンポンと撫でられました。もうそこは我慢して一次会で帰ろうと思っていましたが、お会計を終えてお店の前の道路で二次会に参加する人と帰る人で分かれそうになると、店長は「帰さないよ」と言い、私を抱きしめました。半分冗談だったのかもしれませんが、このとき

には、他の人もいたので、何人か見ていたと思います。忘年会でお酒が入っていたとはいえ、とても不快でした。

　彼氏に相談すると、彼氏は怒ってしまって収拾がつきませんでした。「そんな店はすぐに辞めろ。俺が殴りこんでやる」と。もう少しで別れ話になるところでしたし、彼氏がお店に来るのではないかと、不安もあります。

　そんな中、ベテラン女性社員（Aさん）が家庭の事情により今月末で退職することになりました。今までのお礼などの雑談をしていると、昔、Aさんも店長から飲み会の後に「好きだ」と言われ、抱きしめられたことがあると言っていました。そこで、私も店長のことを話しました。

　Aさんは、昔のことだし退職もするので、店長のことは会社へ言わないで、胸の内に秘めておこうと思っていたようです。でも、店長が私にまで同じようなことをしていることを聞いて、リスクホットラインに電話をした方がいいと助言してくれました。

　店長には、セクハラをやめてほしいのですが、私がリスクホットラインに電話をしたことが店長に知れてしまうと、逆恨みされることが不安です。通報があったことは伝えても大丈夫ですが、調査等を行う際には、私の名前は伏せてほしいと思います。

通報のフロー

●RHL → 通報者【通報受理および調査の必要性検討結果の通知】（メール）

▷通報者様

　今回の通報は、内部通報担当部署が受け付けました。

　もう少し詳しい状況を確認するため、当部署の担当者からお電話させてもらえないでしょうか。通報者様の都合の良い日程と連絡先の電話番号を教えてもらえれば、担当者よりお電話したいと思います。よろしくお願いいたします。

●通報者 → RHL【通報者返答】（メール）

▷内部通報担当者様（会社側）

ありがとうございます。いつでも大丈夫です。電話番号は○○○です。

● 会社側 → RHL【共有】（メール）

▷本件について、その後の状況をお伝えします。

ご報告いただき、通報の翌日に当部署の担当者が通報者へ電話し、直接話をすることができました。

また、通報とは別に、通報者が相談したAさんが動いてくれていました。Aさんが被通報者が当該店舗に着任する前に配属されていた店舗の女性従業員（パート・アルバイト）にもヒアリングし、Aさんや通報者以外にも当該店長から同様の行為を受けている従業員が3名いることがわかり、副店長に報告を上げました。そのため、オペレーション本部でも店長の行為について複数のルートから事実確認することができました。

店長が複数の女性従業員に対して、Aさんからの報告にあったような行為をしていることがほぼ決定的と思われましたので、オペレーション本部担当者が店舗を訪問しました。そして、店長と面談したところ、店長はそのような行為をしていたことを認めました。

店長からは、「店舗スタッフに迷惑をかけてしまい申し訳ない」とし、退職したい旨の申し出があり、検討の結果、退職願を受理することにいたしました。

（調査・是正措置のポイント）

本事例は、通報者が通報前に唯一の女性従業員（社員）のAさんと話していたことから、Aさんが独自に調査を進めていました。仮にAさんに対して事前に相談していなかった場合において、本事例同様「店舗内唯一の女性社員」であることを理由として、調査への協力を依頼するべきかは、議論の余地があります。通報内容を共有する範囲を必要最小限にするという視点からは、やはり内部通報担当者（女性が望ましい）が店舗内スタッフに対してヒアリングしていくことが定石です。

フォローアップのポイントと内部通報制度における意義

　本事例は一人の店長のセクハラ自体が重大な問題ですが、そこから様々な方面へ波及してしまう危険性があると言えるでしょう。

　まず、被通報者が退職していることから、次に当該店舗へ配属される店長に対しては、一般的な注意点として、セクシュアルハラスメント、いわゆるパワーハラスメントおよびマタニティハラスメントについての指導をしておく必要があります。被通報者からセクハラ被害を受けていたスタッフとしては、次に配属される店長に対しても一定の警戒心を抱いていることが想定され、そのスタッフの心情に配慮した対応が望まれます。

　さらに、次に配属される店長への教育と同時に、全社員への研修が必要になります。本事例に限らず、店舗内部でのハラスメントを本社（本部）がすべて把握していくと同時に、ハラスメントをなくしていくという会社のメッセージを全社員に発していくことが啓発・牽制の視点から重要となります。その際には、匿名化のうえ、事案の概要と是正措置の結果を公表することも考えられます。

　他方、被通報者が配属されてきたこれまでの店舗のスタッフへの調査およびフォローアップも必要だと思われます。仮に被通報者からのセクハラにより有能なスタッフが退職してしまっていたとしたら、それは会社にとっての損失であり見逃してはならないものという意識が必要です。

　最後に、本事例については、身内等への波及という視点からの検証が必要です。従業員に何かあったときに最も心配するのが身内等です。実際に、本事例では、通報者と付き合っている男性が「そんな店はすぐに辞めろ。俺が殴りこんでやる」とまで言っているとのことです。通報者がなだめたために大事には至りませんでしたが、本当に店舗へ「殴りこんで」きていたとすれば事態は一層深刻なものとなったでしょう。「殴りこみ」に至らなかったとしても、SNS等で拡散する可能性も否定できません。会社としては、こうしたレピュテーションリスクの側面を含めた対応が求められます。

通報事例11　メンタル不調【電話通報】

通報内容

　私（女性）の名前は必要に応じて会社に伝えてください。直属の上司である係長（男性）のことでお電話しました。

　2か月前、係長に社内資格の取得を目指していると話したところ、係長から1対1の勉強会を提案され、男女1対1では気が引けましたが、資格を取りたかったので、お願いしました。その1か月後に勉強会を行うことになり、係長から「勉強会が終わった後に外でご飯も行こう」と言われたので、私が値段の高くない店を選んだところ「なんでこんなところを選んだのか」と強引に別の店に変更させられました。この時に係長の本性が見えた気がします。私は「生理的に無理。係長と二人きりになりたくない」と思い始めました。

　数日後に、別件で課長（女性）とお話する機会があり、課長から「最近気になることや心配事はないか」と聞かれたので、係長のことを相談し、「このまま勉強会をすると体調が悪くなると思う」と話しました。課長からは「ひとまず体調が悪いということにしておこう」と言われ、課長から係長に勉強会を断ってもらいました。

　後日、係長からメールで「話し合いたい」と連絡が来ました。メールには「怒ってないし、不愉快にさせたかも」と書いてあったので、私は係長に対し申し訳ない気持ちになりました。でも、いざ直接会って話し合いの場になると、係長は怒っている感じで、「なんで勉強会が嫌だったのか」と聞かれましたが、本人に「あなたのことが嫌で」とは言えません。私の言うことをすべて否定されました。それに「課長からいろいろ言われた。課長に余計なことを言うな」とも言われ、課長に相談したことを逆恨みされたと思いました。係長は次の会議の予定があったため、一旦はそこで話し合いは終了しました。

　その後、係長から業務連絡メールが来ましたが、それを見るだけでも震えるくらい怖くなってしまいました。メールをすぐに消してしまったこと

もありましたし、色々考えてしまい返信できないときもありました。

　昨日、係長からまたメールが来て、1対1での面談を打診されました。係長は課長からの評価を気にしているのか、早く関係を修復したいようです。メールでは「気軽に何でも言って欲しい」と書かれていましたが、前もメールで書いていることと実際会った時では態度が違っていたので、怖くて理由をつけて延期をしました。また長文のメールで「不愉快にさせたのかな」と謝罪のような内容が来て、再度面談の打診が来ています。

　係長のことを考えるとなかなか眠れず、体調も崩してしまうので、もう関わりたくないです。家族や友人に相談しましたが「逆恨みもされているようだし、1対1で会わない方がいい」と言われています。また課長に相談したいですが、それでますます係長に逆恨みをされると思うと、怖くてできません。他の会社に勤めている友人から「うちの会社には相談窓口があって活用されているようだが、もし同じような窓口があるのなら、そこに相談してみたらどうか」とアドバイスを受けたので、こちらにお電話した次第です。

　係長を別の人に代えてほしいです。この電話の内容は、係長には伝えないでください。課長にはできるだけ早く伝えてください。私の方からも窓口に相談したことを課長に連絡してみます。

通報のフロー

●RHL → 通報者【通報受理および調査の必要性検討結果の通知】（メール）

　▷通報者様

　　今回の通報は、内部通報担当部署が受け付けました。

　　所属の部門長に情報を共有し、状況の改善を図りたいと考えます。

　　つきましては、所属の部門長からあなた様へ直接ご連絡を差し上げてもよろしいでしょうか。ご了承いただける場合は、直接ご連絡を差し上げてもよいご連絡先(電話番号・メールアドレス)をお教えいただければと思います。よろしくお願いいたします。

●通報者 → RHL【通報者返答】（メール）

▷内部通報担当者様（会社側）

　ご連絡ありがとうございます。直接お話をする件ですが、よろしくお願いします。

　電話番号は○○○で、メールアドレスは○○○です。日中電話は出られない可能性が高いです。

　私の方からも窓口に相談したことを課長に連絡しました。課長からも上に報告していただき、対応していただけるそうです。

●会社側 → RHL【共有】（メール）

▷本件について、その後の状況をお伝えします。

　事前に通報者と話す内容を擦り合わせた後、本日、部門長・課長・対象の係長の三者面談を実施いたしました。

　通報者と擦り合わせた内容を伝え、係長本人へも事実確認のためヒアリングを実施いたしました。係長は普段から言葉遣いが荒く、課長からも再三注意をしており、係長としては業務を完遂するための責任感もあったようですが、普段の話しぶりと合わさり誤解される言動も多々あったようなので、今後十分に注意するよう促しました。

　また、人事上の対応については早急に対応することが難しいため、当面は、今後の通報者への連絡を係長からではなく、課長のみということにしました。

　以上につきまして、部門長から通報者にも報告しております。

（受付時のポイント）

　メンタル不調の傾向がうかがえる通報については、電話で通報される場合、通報者の興奮状態や、場合によっては追い詰められた状態を適切に受け止める、といった受付担当者の能力が不可欠となります。また、こうした通報者の精神状態は、受付担当者にしか感じ取れないものでもあります。

　通報者の精神状態をしっかりと感じ取るためには、受付担当者の傾聴の姿勢と、通報者の心情を慮る感性が重要なポイントとなってきますが、内部通

報担当者や、その上司、会社側、さらには専門医らが客観的に把握するためにも、通報者との電話のやり取りすべてを「記録」として残すことが必要となります。また、カウンセリングとは異なるため、心情に理解を示しながらも、寄り添い過ぎないような距離の取り方・対応の仕方も重要になります。

　本事例は、電話による通報でしたが、メールによる通報のときには、感情が表れない（感情を読み取ることが難しく、真意を読み誤りかねない等の）ケースも見受けられ、通報者の心理状態を一度のメールで把握することは困難です。丁寧に何度かのやり取りを通じて、通報者の精神状態を探る必要があります。繰り返しになりますが、このことからも、通報者とのメールのやり取りも、重要な「記録」として、完全に通報案件が収束するまでは、保管・管理するような運営体制の見直しが必要となります。

調査・是正措置のポイント

　本事例は、直接是正型の対応が取られています。係長としては、純粋に相談者の資格取得によるスキルアップへの協力を考えていたのかもしれませんが、初回の勉強会で不信感を持った相談者にとっては、1対1の面談を求められるだけでなく、「課長からいろいろ言われた。課長に余計なことを言うな」などとして執拗に面会を求められれば不安な気持ちになるのも当然でしょう。

　しかし、この段階で通報者が望むような「係長を別の人に代えてほしい」などの人事的な対応までできようがありません。このような場合、本事例のように、まずは上席者から通報者に今後の対応について直接話を聴くことが肝要です。

　また、従業員のメンタル不調が疑われる状況がある中、会社側がそれを放置した場合、安全配慮義務違反になる可能性があります。労働安全衛生法第65条の3に「事業者は、労働者の健康に配慮して、労働者の従事する作業を適切に管理するように努めなければならない」と定められており、最高裁判所はこの条文を根拠に「使用者は、その雇用する労働者に従事させる業務を定めてこれを管理するに際し、業務の遂行に伴う疲労や心理的負荷等が過度

に蓄積して労働者の心身の健康を損なうことがないよう注意する義務を負うと解するのが相当であり、使用者に代わって労働者に対し業務上の指揮監督を行う権限を有する者は、使用者の右注意義務の内容に従って、その権限を行使すべきである」[35]と判示しています。したがって、会社としても、「放置した」と思われることがないように、直接是正型の対応により、会社側として、当該事象の解消に向けたアクションを採ったことを分かりやすい形で残しておくことが重要です。

フォローアップのポイントと内部通報制度における意義

　本事例は、当面の対応として、通報者と被通報者が直接コンタクトを取らないよう、業務に必要な連絡は課長から通報者に行うこととしました。通報者も課長に対しては信頼をしている様子でしたので、信頼できるキーパーソンが通報者と被通報者の間に入ることが重要と考えられます。

　ただし、直属の上司である係長と通報者をこのまま継続させてよいかは検討が必要になります。少なくとも両者の間では職制のラインが機能しない状態を維持することになるため、何らかの形で業務に支障が出る可能性は否定できません。今後、長い時間をかけて両者の関係性を修復していく努力を行い、修復が難しいようなら人事異動についても検討が必要になります。

　また、前述の「受付時のポイント」において、通報者とのやり取りすべてを「記録」する必要性について言及しました。これについては、令和3年版指針において、「内部公益通報への対応に関する記録を作成し、適切な期間保管する」[36]ことが定められています。また、指針の解説において、「記録の保管期間については、個々の事業者が、評価点検や個別案件処理の必要性等を検討した上で適切な期間を定めることが求められる。記録には公益通報者を特定させる事項等の機微な情報が記載されていることを踏まえ、例えば、文書記録の閲覧やデータへのアクセスに制限を付すなど、慎重に保管する必要が

---

35)　平成10（オ）217　最高裁判所第二小法廷　平成12年3月24日判決（電通事件）

36)　公益通報者保護法第11条第1項及び第2項の規定に基づき事業者がとるべき措置に関して、その適切かつ有効な実施を図るために必要な指針（令和3年8月20日内閣府告示第118号）、P4

ある」[37]とされています。なお、当社が消費者庁に問い合わせたところ、一般的には5年間が妥当との回答を得ていますので、参考としてご検討ください。

このように、記録を残すことや、その保管は、内部通報制度の運用には重要な要素であることを改めて認識し、共有範囲の設定も併せて、情報や記録の取扱いルールを整備、見直しすることをお勧めします。

3. 間接是正型

通報事例12 幹部社員から寄せられた取締役を被通報者とする通報【電話通報】

通報内容

私は人事部で執行役員兼人事部長をしております。

いろいろ考えたのですが、社長のことについて一応お伝えしたいと思いお電話しました。社長は3か月前から「来年度より人事制度改定を行う」と、ずっとおっしゃっていました。

しかし、人事部長をやっている私は、その話が出た初期の頃から「3か月間での制度改定は、あまりにも検討する時間が短く、システム的に考えても、今行っている業務量を考えても、困難です」と、直属の取締役に何度も伝えていました。

ここで問題が2点あります。まず、この人事制度改定は、取締役会を通して決定されたものではなく、社長の独断で進められていたものでした。次に、直属の取締役は、当初より私が間に合わないと言っていることを社長に伝えていませんでした。

そのような中、2日前の夕方に突然、「(私が)来年度からの人事制度改定はできないと言っている」と社長に伝えたようです。昨日の朝8時に、

---

37) 消費者庁「公益通報者保護法に基づく指針(令和3年内閣府告示第118号)の解説」2021年10月、p.22 ③指針を遵守するための考え方や具体例

社長が私のいるフロアーに来られ、経営企画室長も同席させたうえで、「来年度からの制度改定は間に合うのか？」と聞かれました。そこで私は「以前からも言っておりますが間に合いません」と答えました。

　すると、社長は、「制度改定は可能だという情報の下、社内発表をしている」と、そして「できない場合は責任を取れ！」と45分程度怒鳴り続け、「責任を取るということは、辞表を出すということだ」とも言いました。

　同席した経営企画室長は、「来年度からの制度改定はできない」と私と同じ認識を持っておりましたが、社長が怒鳴り続けたため、経営企画室長が発言する機会はありませんでした。

　そして、今日は私と経営企画室長が出席予定だった幹部会議があります。しかし社長は、昨日、「お前たち2人は（明日の）会議には出なくていい。期限までの制度改定に間に合わせるために何でもやれ」と命じました。

　私たちは、社長の指示通り、幹部会議には出席せずに、全体調整にあたりました。しかし、やはり期限までに制度改定が間に合わないという結論となり、その旨を社長にも伝え、理解をしていただきいったん延期となりました。

　実は、半年ほど前にも、社長に仕事の報告を行った際、理由もよくわからないまま、今回と同様、「責任を取れ」と怒鳴られたことがあります。

　今回、リスクホットライン（外部窓口）を通じて会社に報告してほしいのは2点です。

　まずは、以前から「来年度からの制度改定はできない」旨を取締役に伝えていたにもかかわらず、なぜ、社長に伝わっていなかったのかという点。

　次に、上記の経緯があるにもかかわらず、社長が社員を一方的に怒鳴り、「辞めろ」などというのは、問題ではないかという点です。

　会社からの回答は必要ありません。また、何かあれば、ご連絡をさせていただきます。

受付時のポイント

　本事例は、執行役員からの通報ということから、一般職社員に比べて格段

に理路整然とした話し方が特徴的でした。受付時のポイントとしては、事実関係を「聞き出す」というよりは、通報者の発言の趣旨を的確に捉えることに主眼が置かれるべきだと言えます。時系列の確認、登場人物の確認(役職含む)を中心に、具体的には以下の内容を確認することになります。

● 【受付担当者】社長から詰問された時点における経営企画室長および通報者の上席者(取締役)の人事制度改定実現時期についての見通し。
　▷【通報者】経営企画室長は発言していないが、認識としては通報者と同じだったはず。
● 【受付担当者】通報者の直接の上席者にあたる取締役はなぜ、社長に事前に報告しなかったのか、通報者はかねてより報告しているにもかかわらず、社長から叱責を受けた前日に報告したのはなぜか。
　▷【通報者】わからない。
● 【受付担当者】最終的に人事制度改定の実現には期間を要することについて、社長のご納得が得られたのか。
　▷【通報者】幹部会議への参加を見送ってまで全体調整にあたった結果、「間に合わない」と報告した。その際、社長は納得してくださったようだ。

調査・是正措置のポイント

　通報者が通報したきっかけとしては、「一応お伝えしたいと思いお電話しました」とあります。しかし、これがもし具体的な改善を求める内容の通報であった場合の対応方法については検討しておく必要があります。役員、執行役員あるいは部門長クラスの役職者からの通報の多くは、経営幹部を被通報者とした内容になることが考えられます。さらに、役員、執行役員あるいは部門長クラスが個人的な好き嫌いについて通報を寄せるとは考えにくいものです。このクラスが個人的な好き嫌いで内部通報制度を利用するようでは、内部通報制度の意義・目的の不浸透、そして上席者の人格形成の未熟さを指摘せざるを得ません。重要な経営課題について、「職制のラインを通じた解決」に向けて、正しく手を尽くしたにもかかわらず頓挫した内容であることが容

易に想像できます。本事例においても通報内容が事実であれば、通報者は制度改定までのプロセスと必要な期間を検討し上席者に報告し続けていたことがうかがえます。

こうした場合の調査・是正措置について、内部通報担当者だけでは十分に行うことが難しいと懸念される場合には、社外取締役や監査役がフォローに入る必要があると考えられます。本事例は、社長自らいわゆるパワーハラスメントを行っていると捉えることができます。こうした意味合いからも、社長を除く取締役会あるいは監査役による調査・是正措置が望まれます。

フォローアップのポイントと内部通報制度における意義

社長をはじめとした取締役の職務執行に関しては、本来取締役会や監査役が監視します。一方、使用人兼務役員としての性格を有する場合の執行役員あるいは部門長クラスに対しては、職制のラインを通じた職務執行が行われていることは言うまでもありません。

こうした中、労働法上、労働者としての性格を有するために公益通報者保護法における「通報者」として扱われる（使用人兼務役員としての）執行役員や部門長クラスのみならず、取締役（役員）を通報窓口の利用者に含めることについて、現時点では決して一般的ではなく、賛否が分かれるところです。

しかしながら、この点については、指針の解説において「コンプライアンス経営を推進するとともに、経営上のリスクに係る情報の早期把握の機会を拡充するため、内部公益通報受付窓口の利用者（中略）の範囲については、例えば、以下のように幅広く設定し、内部公益通報に該当しない通報についても公益通報に関する本解説の定めに準じて対応するよう努めることが望ましい。（中略）通報の日から1年より前に退職した労働者等、子会社・取引先の従業員（退職した者を含む）及び役員（後略）」[38]として言及されています。こうした点を見据えた検討が求められます。

通報した（しようとしている）取締役の「保護」の視点と併せて、リスクレベ

38）　消費者庁「公益通報者保護法に基づく指針（令和3年内閣府告示第118号）の解説」2021年10月、p.11　④その他に推奨される考え方や具体例

ルの視点も必要です。経営幹部(取締役、執行役員および部門長クラス)は重要事項を扱っていながら、経営幹部からの通報が寄せられにくいことが考えられます。背景としては、通報したことによって、自らに解決能力がないことを内外に示してしまうことを危惧する心理的障壁が透けて見えます。

　こうした心理的障壁は、経営幹部の保身に他なりません。本事例における人事制度改定のように通報内容が全社的に影響を及ぼすことと、自らの保身との間の葛藤で後者が勝ってしまうことが、重大なリスクとなり得ることを経営幹部に十分再確認してもらい、あくまでも「最終手段」として利用できる内部通報制度を運用していく必要があると言えます。

　そのためにも、社外取締役や監査役が内部通報制度に関与することが肝要です。コンプライアンス経営の構築・継続という観点から、または内部通報制度の中立性・透明性の観点からも、「後から第三者が書面で見ても問題ない」と判断され得るような通報の対応が求められます。

通報事例13　被通報者からの通報【メール通報】

通報内容

　私は札幌支社で正社員として働いています。A部長代理によるパワーハラスメントをどうにかしてください。なおヒアリングには応じますが、匿名でお願いします。

　A部長代理が、部下のパート従業員に対して、勤怠記録表をパート従業員自ら改ざんするように強要しました。パート従業員が所属する部署は、恒常的に業務過多で休憩時間もままなりません。そのような中、取得できてもいない休憩時間を記入させ、また労働時間内に完了できない分を自宅でやってくるように指示しました。当然残業代は出ません。

　パート従業員たちは反発しました。しかし、A部長代理は、反発した者たちには直接言わずに、他の従業員に対して「あいつらは誰のおかげで仕事があると思っているんだ！」とか、「まったく、嫌なら辞めちまえ！」と、わざと大きな声で反発したパート従業員に聞こえるように言いました。私を含め、その他の従業員もそのようなことを聞くのもうんざりしました。

Ａ部長代理はヒステリックで協調性が全くないため、皆から煙たがられています。関係者にヒアリングのうえ、Ａ部長代理に対しては懲戒処分が必要です。こちらに連絡しても何も変わらないようであれば、外部の労働組合や労働基準監督署への相談も考えています。

通報のフロー

●RHL → 通報者【通報受理および調査の必要性検討結果の通知】（メール）

▷通報者様

　今回の通報は、内部通報担当部署が受け付けました。

　本件につきましては管理部と共有したいと考えておりますが、いかがでしょうか。

●通報者 → RHL【通報者返答】（メール）

▷内部通報担当者様（会社側、以下同じ）

　ご返信の件、了解致しました。管理部と共有にてご対応の程、何卒よろしくお願いいたします。

●RHL → 通報者【調査方法の確認】（メール）

▷通報者様

　事実確認のため、管理部と連携して〇月〇日以降、職場における個別のヒアリングを実施したいと考えていますが、いかがでしょうか。

●通報者 → RHL【通報者返答】（メール）

▷内部通報担当者様

　かしこまりました。何卒よろしくお願いいたします。

●RHL → 通報者【途中経過の通知】（メール）

▷通報者様

　本件につきましては、現在内部通報担当部署および管理部により、調査

協力者として職場の方との面談を進めていることをお伝えいたします。

●RHL → 通報者【是正措置の必要性検討結果の通知】（メール）

▷通報者様

本件につきまして管理部と連携した調査内容を報告いたします。

まずは、被通報者がパート従業員に対して、勤怠記録表の改ざんやサービス残業を指示した事実は確認されませんでした。しかし、調査協力者からのヒアリングにおいて、被通報者は部下との意思疎通に問題があり、業務量のコントロール、業務フローの見直し、あるいは部下との接し方に関して問題のあることが浮き彫りになりました。

また、被通報者がミスをした部下に対して不適切な発言を含む形で詰問し続け、ミスをしていない従業員にまで悪影響を及ぼしているという意見がありました。

以上から、内部通報担当部署としては、本社経営陣に対して、札幌支社への指導として以下の2点が必要である旨を伝えました。

・札幌支社の現場で発生している問題について、パート従業員の意向を確認しつつ、適切に対応すべきであること

・被通報者には上席者による指導が必要であり、また支社においては社内研修等によりハラスメントに関する理解を深めさせること

●通報者 → RHL【通報者返答】（メール）

▷内部通報担当者様

いろいろ考慮しましたが、何を言っても無駄と判断しました。残念です。

●RHL → 通報者【会社側回答伝達】（メール）

▷通報者様

返信を確認しました。

通報内容（被通報者からの通報）

　私は正社員です。かつて札幌支社で部長代理をしていました。

　昨年、このリスクホットラインを通じて、「パワーハラスメント」について告発された者です。まず、前提として前回の通報内容は事実ではありません。しかし、今回私が通報したのは、内部通報担当部署の運営についてです。

　前回の通報から5か月が経過しています。しかし、本日現在、内部通報担当部署が何もしていないことを問題視しています。

　しかもこの間、私は名古屋へ異動させられ、当時の上司は退職してしまいました。前回の通報者が嘘八百を並べたことで、私を見る周囲の目はまるで「犯人扱い」です。私の言いたいことは以下の通りです。

　名古屋へ異動になった段階で、「犯人」のような目で見られていること

　内部通報担当部署の調査に時間がかかりすぎていること

　途中経過もわからずに、精神的な苦痛を受けていること

　弁明の機会も与えられず、こんなことで出世ルートから外れてしまったこと

　なお、本件に関しては、私の実名を出していただいて結構です。

通報のフロー

●RHL → 通報者【通報受理および調査の必要性検討結果の通知】（メール）

▷通報者様

　今回の通報は、内部通報担当部署が受け付けました。

　内容を確認のうえ、改めて回答させていただきます。

●RHL → 通報者【是正措置の必要性検討結果の通知】（メール）

▷通報者様

　本件につきまして、以下の通り回答いたします。

当部署としては社内諸規程（内部通報規程等）に則して複数の調査協力者からのヒアリングによる事実確認を行い、すでに精査のうえ当部署の見解を経営陣へ報告しております。

当部署の役割は、社内規程にあります通り、通報内容に対する調査のうえ、是正措置の必要性の有無および是正措置が必要な場合における措置の方向性を経営陣に報告するものです。よって、当部署が懲戒処分を課すものではありません。

また、通報者および調査協力者の保護のため、内部通報部署として収集した情報については、調査の全期間およびその後においても開示することはできません。

●**通報者 → RHL【通報者返答】（メール）**

▷内部通報担当者様

論点をずらさないでください。「通報者および調査協力者の保護のため、内部通報部署として収集した情報については、調査の全期間およびその後においても開示することはできません」という回答は、全くの論点ずらしで、私は情報開示を求めてはおらず、なぜ時間がかかっているのかを聞いています。

また、「通報者および調査協力者の保護のため」とありますが、「被通報者の保護」はどう捉えているのでしょうか？　私は現実に「犯人扱い」されています。

さらに、弁明の機会も与えられないのは、どのようにお考えなのでしょうか。

●**RHL → 通報者【会社側回答伝達】（メール）**

▷通報者様

本件につきまして、以下の通り回答いたします。

前回お答えしましたように、当部署としては社内規程に則して、すでに会社経営陣に対して報告しております。同様に前回の通報者様に対しても、フィードバックしております。

改めて、社内規程(内部通報規程等)に即した当部署の役割について説明するため、通報者様との面談のお時間をいただきたいと思いますが、いかがでしょうか。

なお、本件につきましては、管理部と情報を共有したうえで、対応させていただきたいと思いますが、いかがでしょうか。

また、面談の際には管理部長を同席させていただきたいと考えますが、いかがでしょうか。話題が人事の領域に及ぶ場合には、当部署の担当者は席を外します。

● 通報者 → RHL【通報者返答】(メール)

▷内部通報担当者様

ご連絡ありがとうございました。

まずは内部通報担当部署との面談および管理部との情報共有につき、了承いたします。

● 会社側 → RHL【共有】(メール)

▷本件について、その後の状況をお伝えします。

1. 関連規程の説明と通報者(前回通報にて被通報者とされた元札幌支社部長代理、以下「本件通報者」)の反応

→内部通報担当部署より、現行の関連規程を説明し、当部署としては本件通報者が以前、被通報者とされた事案については当該規程に則した対応を行い、通報者を含む調査協力者からヒアリングを行い、すでに会社経営陣への報告および(前回の)通報者に対するフィードバックを終えていることを伝えました。本件通報者とのやり取りは以下の通りです。

・「(前回の)被通報者である私へは何もないのか。自分が悪かったのかどうかもわからない。秘密裏に進められるこの内部通報制度の仕組みに問題がある。内部通報規程にある守秘義務とは何か？ 嘘八百を並べる者に内部通報制度が悪用されている。私のように弁明

の機会も与えられない被通報者は何もできない」

　・「内部通報担当部署から会社経営陣への報告の日付がわかれば、私の人事異動発令との関連が明らかになるので、報告時期を知りたい」

2. 本件通報者の要望・意見

→本件通報者の要望・意見は以下の3点にまとめられました。

①前回通報内容について、なぜ本件通報者に非があると判断されたのかを知りたい。当然、当人は非があったとは思っていない。

②本件通報者の異動事由が前回の通報にかかる調査・是正措置の結果を受けたものなのかを知りたい。社内では、結果が異動に影響しているとされている。

③内部通報制度の改善をしてほしい。

会社として検討したうえで、改めて面談の場を持つこととしました。

●会社側 → RHL【共有】（メール）

▷本件について、その後の状況をお伝えします。

　別日に、再度、本件通報者と面談し、内部通報担当部署の考え方を伝えたものの、未だ、納得されていません。

　面談以降、本件通報者が被通報者となった前回通報内容にかかる調査・是正措置の結果としての人事異動であるかについて、管理部長と面談を重ねております。内部通報担当部署としては静観しております。

●会社側 → RHL【共有】（メール）

▷本件について、その後の状況をお伝えします。

　札幌支社所属の12名のスタッフに対するヒアリングの結果、本件通報者の言動には「（お前は）アスペルガーか」等、業務の適正な範囲を超えた人格否定と見られる内容が認められました。

　また、「会社を訴える」等の内容があったため、当社顧問弁護士とも相談し、本件通報者からの弁明書を提出させ、ヒアリングの結果などもすべて保管しています。

調査・是正措置のポイント

　本事例は、間接是正型の対応方針が採用されています。特に通報内容の調査に関して、管理部門との共有可否の確認を丁寧にしていることから、内部通報担当部署の独立性が名実ともに実行されていることがうかがえます。加えて、2件目の通報者(元札幌支社部長代理)との面談を設定する過程で、「内容が人事的内容に及ぶ場合には、内部通報担当部署の者は席を外します」とする確認は、当然とはいえ、内部通報担当部署の独立性を示す意味で見逃してはならない対応でしょう。

　一方で、2件目の通報は、実質的には1件目の通報に端を発した元札幌支社部長代理に対する不利益取扱いを中心とする内容です。しかし、2件目の通報の冒頭に「内部通報担当部署の運営について」とある以上、2件目の通報については利益相反関係の排除の観点から、通常の内部通報担当部署が調査・是正措置を行うことには慎重な検討が必要であったとも言えます。すなわち、本件(2件目)に限り、代替の内部通報担当部署を別に設ける方法が考えられます。

フォローアップのポイントと内部通報制度における意義

　利益相反関係の排除を意識する機会は、それほど多くはないと考えられます。それだけに、実際にこうした通報が寄せられたときのためにも事前に想定しておくことが肝要です。このことは、指針の解説においても、「想定すべき「事案に関係する者」の範囲については、内部規程において具体的に例示をしておくことが望ましい」[39]とされています。

通報事例14　利益相反関係の排除【電話通報】

通報内容

　私は、週に3日間勤務しているパートです。私の名前は会社に伝えてください。

---

39)　消費者庁「公益通報者保護法に基づく指針(令和3年内閣府告示第118号)の解説」2021年10月、p.12　④その他に推奨される考え方や具体例

2年前の6月に入社し、その後、有給休暇をもらえていましたので、ときどき使用させていただいていました。今年の4月の給与明細を確認すると、6日間の有給休暇が追加で付与されたため、私は、合計7日間の有休残日数となっていました。そこで、私は、2日間の有休申請を店長に申請しました。

　しかし、2、3日前に、人事部の方と、私と仲が良い職場の先輩Aがたまたま私の話をしたようで「○○さん（通報者）の有給休暇で、4月に付与された6日間はなくなります」と言ったようです。先輩は有休がなくなった理由がわからず、そんなことがあるのかとびっくりして、私に教えてくれていました。

　そのことを聞いて、私も気になったため、今日の16時頃、本社人事に電話をしました。最初は女性が受けてくれましたが、途中で男性に代わって「あなたの有休残日数は1日で、今回有給休暇の申請が出ていますので、有休残日数は0日になります。次は8月に付与されます。このようになった理由を書面で店舗に郵送していますので、店長に郵送物の確認をしてもらってください」と言われました。

　私は、週に3日間の勤務なので、店長と毎回顔を合せるわけではありませんし、店長もお忙しいと思います。それに、わざわざ直接担当部署に電話をかけたのに、教えてくれなかったことも、腹立たしく思います。私は、困ってしまい、別の社員に相談をしたら、「リスクホットラインに電話をした方がいい」と言われたので、電話をしました。

　まずは、有給休暇を本人へ何の説明もなく、会社が勝手に消滅させたことに、納得がいきません。理由をしっかりと説明していただきたいと思います。また、私は、入社の何か月後に、何日有給休暇が付与されたのでしょうか。次の有給休暇の付与は、8月と言われましたが、それまでの間はどうなるのかについての説明もお願いいたします。

通報のフロー
●RHL → 通報者【通報受理および調査の必要性検討結果の通知】（メール）

▷通報者様

　今回の通報は内部通報担当部署が受け付けました。

　本件について、どの部署が対応したかなど調査を進めたいと思います。いくつか質問がありますので教えてください。

　①有給休暇のことについて電話をした日付はいつでしょうか。

　②途中で男性と電話を代わったとありますが、電話をかけたとき、最初に電話に出た人には、なんと伝えていただいたのでしょうか。

　ご返事お待ちしております。よろしくお願いいたします。

● 通報者 → RHL【通報者返答】（メール）

▷内部通報担当者様（会社側、以下同じ）

　質問について回答させていただきます。

　①有給休暇の件でのお電話は○月○日16時頃です。

　②3月時点で有給残日数が7日あったのに、ゼロになっていたことについて説明していただきたいと申し上げました。

　あと、別件ですが、通勤手当も何の予告もなく、5月に突然打ち切られておりました。何らかの方法で知らせていただきたかったです。

● RHL → 通報者【会社側回答伝達】（メール）

▷通報者様

　ご回答いただきありがとうございました。

　現在、調査を進めていますのでわかり次第連絡します。もう少しお待ちください。お願いいたします。

● 会社側 → RHL【共有】（メール）

▷本件について、当社人事部から内部通報担当部署へ報告された内容をお伝えします。

　①先輩Aから、「有給休暇の日数が、他の同期と異なるのはなぜか」という問い合わせが人事部へ入りました。そこで、その店舗の有給休暇

第2章　通報事例

の日数について確認をしていたところ、通報者の（雇用契約における）
更新月が誤って入力されていました。そのため、2回分付与されてい
たことが判明しました。

② 先輩Ａと通報者は、有給休暇設定が間違っていたため人事部におい
てデータを修正しました。

③ 人事部から通報者の有給休暇設定について更新月が違っているため
に多く付与されている内容を通報者の所属店舗に郵送しました。

④ 通報者から、有給休暇について7日あった残数がゼロになっているこ
とについての質問電話が人事部に入りました。データを修正した影響
のためであるものの、詳細は人事部から書面で説明していることから、
まずは書面の内容を確認するように伝えました。

⑤ 内部通報担当部署から、有給休暇の説明が曖昧になっている旨の連
絡が入りました。

● **会社側 → RHL【共有】（メール）**

▷ 本件について、その後の状況をお伝えします。

内部通報担当部署からではなく、人事部より直接通報者へ電話にて回答
しました。通報内容に関する回答および労務担当の不手際を謝罪しました。

【通報内容の原因】

・有給休暇日数の削除について

　有給休暇は一斉付与をしております。しかし、有給休暇のデータ入力
の際に、通報者のデータが間違って登録されてしまいました。そのこ
とが判明したため、修正した結果、多く付与されていた日数が削除さ
れました。

・通勤手当が何の予告もなく打ち切られた件について

　昨年度より自転車通勤者の手当の是非を検討しており、検討した結果、
本年度より自転車通勤者の通勤手当を廃止すると決めました。その後、
店舗への案内は店長宛に労務担当からメールと対象者リストが送られ
ていましたが、店長から通報者に対して説明がされていなかったこと

141

が原因でした。

【通報者への謝罪内容】

・有給休暇の件については、本来、間違って付与したことに対して、直接通報者へ謝罪をしなければいけないところ、書面での説明を優先させたことを申し訳なく思っております。

・また、わざわざ連絡をいただいていたにもかかわらず、説明がされなかったことも労務担当としての職務に不備があったと思っております。申し訳ありませんでした。

・通勤手当については、通報者に説明し、納得していただきましたが、「給与に関わる連絡については書面と同時に、直接本人に連絡が入るようにしていただきたい」との申し出もありましたので、今後そのような場合は本人に間違いなく連絡されるような方法を取らせていただきます。

以上の内容で本人にお伝えし、理解していただきました。また、本社の労務担当については改めて指導します。

● RHL → 通報者【是正措置の必要性検討結果および是正結果の通知】（メール）

▷通報者様

有給休暇の件と通勤手当の件について、本社の人事部から「通報者様に直接説明しました」と連絡がありましたが、ご理解いただけましたでしょうか。

また、通報者様に対して適切にお答えできなかった本社の人事部労務担当者に対しては、上席者が指導をするとのことです。

その後、いかがでしょうか。

● 通報者 → RHL【通報者返答】（メール）

▷内部通報担当者様

相談させていただきました件、人事の方からの丁寧な説明があり、とてもよくわかりました。ただ、かなり時間がかかったことと、やはり前もっ

第2章　通報事例

ての説明が欲しかったというのが正直な気持ちです。

　パートスタッフは人数が多いため、一人ひとりの対応は難しいのかもしれませんが、お金に関わること等はきちんと対応していただきたいです。

●RHL → 通報者【会社側回答伝達】（メール）

▷通報者様

　早速ご返答いただきありがとうございます。本社人事部の説明にご理解いただいたようで、よかったです。

　また何かあればご連絡ください。

受付時のポイント

　本事例は、一見すると不可解な通報のようです。有給休暇についてのトラブルは比較的多いため、受付担当者としても一般的な有給休暇の付与（日数およびタイミング）、比例付与や一斉付与、あるいは2年での時効消滅についての基本的な知識はあります。だからこそ、通報者の勘違いではないかという点を確認しながら受け付けしています。通報者の勘違いの可能性を排除しても、不可解な部分があるため、本事例の通報受付に際しては、確実な時系列の確認が求められました。具体的には、いつの時点で何日分が付与されており、いつの時点で消滅したのかを整理することが肝要です。

　同時に、通報者が人事部に問い合わせたときのやり取りについても、なるべく詳細にヒアリングすることが重要だったと言えます。

調査・是正措置のポイント

　本事例は、間接是正型の対応が取られています。内部通報担当者からは、通報者に対して適宜調査状況の通知が行われています（「現在、調査を進めていますのでわかり次第連絡します。もう少しお待ちください。お願いいたします」）。また、「有給休暇の件と通勤手当の件について、本社の人事部から『通報者様に直接説明しました』と連絡がありましたが、ご理解いただけましたでしょうか」として、通報者の感情に配慮した対応が取られています。人事

143

部から通報者への電話の後、内部通報担当部署からフォローアップのメールがあったことも、通報者の納得性を高め、溜飲を下げるために有効だったと言えます。

フォローアップのポイントと内部通報制度における意義

本事例は人事部の対応が問題視されている通報でありながら、調査・是正措置の過程が人事部に委ねられている点は、検討が必要かもしれません。場合によっては利益相反関係と取られかねない部分については一定の工夫が求められる可能性があります。間接是正型の対応が取られていますが、可能であれば内部通報担当部署が直接是正していくことも考えられます。または間接的に是正措置を講じるのであれば、内部監査部門を経由することも考えられるところです。

通報事例15　通報者の特定を前提とした是正措置【電話通報】

通報内容

私は店舗で契約社員として勤務しています。

母の手術が近いため、一昨日と今日、店長に許可を取ってお休みをいただきました。しかし、昨日の午後、店長から電話がかかってきて、「明日は病院が終わったら出勤してください。それができないようなら、他のスタッフを探してください」と高圧的に言われました。脳の大きな手術だということもあり、「有給休暇は使えないのですか？」と確認をすると、「有給休暇はよほどの事情でなければ無理です！」と言われました。以前、忌引きのときは使えたのですが、今回はなぜ無理なのでしょうか。

また、会社に確認したいことがあります。近くの店舗の人に話を聞くと、コンサートへ行くといった理由でも有給休暇を使えるそうです。私の店舗では、病気で有給休暇を使いたいときにも、店長から、何の病気なのかいちいち聞かれます。有給休暇は店長の考え方次第なのでしょうか。会社はどう思っているのか、教えてほしいです。

母の手術の日が近く緊急を要します。そのため、本当は言いにくいので

すが、まずは私からエリア長に電話してみます。匿名希望ですが、エリア長に言ってもダメなら、私の名前をお伝えして、この窓口を通して何とかしてもらいたいと思います。

通報のフロー

●通報者 → RHL【追加】（電話）

▷内部通報担当者様(会社側、以下同じ)

　エリア長に先ほど電話で確認したのですが、「契約社員なのに、母親のことなんかでは、有給休暇は使えない」と言われました……。先月、私から店長に「手術予定日のあたりはお休みが欲しい」と伝えたところ、店長は、私が休んでも大丈夫な日を提示してくれました。その日に休んだのに、店長とエリア長から「有給休暇は使えない」と言われるし。有給休暇は30日ぐらい残っているのに……。

　契約社員は正社員と同じ仕事をしているのに、ボーナスはないし、有給休暇は取れないし……。休むと仕事が滞るので、本来であれば私も出勤したいです。人手が足りていないことも理解できます。でも、すでに父は他界していますし、母の面倒を見るのは私しかいないのです。母にも「ごめんね」と気を遣わせてしまっています。休みをもらうたびに、こんな嫌な気持ちになるようでしたら、明日にでも同居している長男に電話してもらって、会社を辞めようと思っています。長男は地元の中小企業の人事部で働いています。

　母の手術については、1か月ぐらいで落ち着きます。本心を言えば、その後は、また頑張って働きたいと思っているのです。

　エリア長に言ってもダメでしたので、この窓口を通してお願いします。私は○○店の○○です。

●RHL → 通報者【通報受理および調査の必要性検討結果の通知】（メール）

▷通報者様

　今回の通報は内部通報担当部署が受け付けました。

店舗名・氏名を開示していただき、ありがとうございます。お母様の手術が近づいているとのこと、心配しております。通報内容を拝見したところ、有給休暇を使えないとのことですが、有給休暇はルールに則って取得していただけるものです。

それで少し確認したいことがあるので教えてください。

・店長から提示された「通報者様が休んでも大丈夫な日」というのは、いつのことですか。

・通報者様は、就業規則に有給休暇の取得について書かれていることはご存知でしたか。

調査をして早く改善をするために、お答えいただきたいので、よろしくお願いいたします。

●通報者 → RHL【通報者返答】（メール）

▷内部通報担当者様

店長から提示されたのは○日、○日、それと○日です。

有給休暇についての就業規則は知らないです。

それとエリア長からは「手術が終わった後も、多少は休むつもりかもしれないけど、基本的に代わりを探してもらうし、土日と祝日は絶対に出てよ」と言われました。私は一人しかいないのに……何もかもはできません。

内部通報窓口のお世話になるなんて、少し後ろめたくて退職を考えました。でも、それでは他の皆さんに迷惑がかかりますし、お客様とも親しくさせてもらっています。私たちのお店は、一丸となって取り組んだ重点商品の販売が全国トップクラスで、社長さんから表彰状をもらいました。皆で頑張った結果ですので、できることなら、仕事は続けたいと思っています。

●RHL → 通報者【会社側回答伝達】（メール）

▷通報者様

質問にお答えいただきありがとうございました。

今回の有給休暇取得について、店長やエリア長の発言について調査をして、事実認定ができたらエリア長のさらに上席者からこの2人に対して是正措置をしてもらおうと思います。その調査をするにあたり、今回の通報のことを開示することになりますが、よろしいでしょうか。

もちろん、そのことで通報者様に不利益がないよう配慮しますので、安心してください。もし、不利益を被ることや報復行為を受けるようなことがありましたら会社はすぐに対応します。

お返事をお待ちしています。よろしくお願いいたします。

●通報者 → RHL【通報者返答】（メール）

▷内部通報担当者様

ありがとうございます。でも、お返事は少し待ってもらえますでしょうか。

●RHL → 通報者【会社側回答伝達】（メール）

▷通報者様

通報者様のお考えについて、承知しました。会社として、今回ご相談いただいた内容について、早急に改善すべきだと考えております。

つきましては、前回会社側から通報者様へ「店長およびエリア長に『通報』のことを開示したうえで指導したい」と申し上げましたが、店長には「通報」のことを伏せて指導することも可能です。

●通報者 → RHL【通報者返答】（メール）

▷内部通報担当者様

無事手術も終わり、母ももうすぐ退院できる予定です。

しかし、公休でお休みしていた日の午後、容態が急変したため、すぐ店長に「明日は休みをもらいたい」と電話をしたのですが、店長はそんな日でさえも、「えぇ？休まなきゃダメなの？」と。私は、前から、容態が急変したら休ませてほしいと言っていたので、「前から休むと伝えていたので休

みます」と伝えて、やっと休みをもらえました。

　電話を隣で聞いていた長男は、「母親が大きな手術をするっていうのに、何でそんなに頼まないといけないのか」と憤り、長男がエリア長に電話しました。その電話で、長男は有給休暇について、エリア長に説明しているようでした。

　その後、出勤したときにエリア長と店長がいて、「しばらくは休んでも大丈夫です」と言われました。店長は上から言われると何も言えない人なので、私にはもう何も言いませんでした。

　従業員が少ないのもわかりますし、人件費を抑えないといけないのもわかります。それでも、有給休暇を使うときに、病気の詳細まで店長に説明しないといけなかったり、冠婚葬祭でも休みにくかったりするのは、おかしいと思っています。他の従業員からは、「エリア長が『（通報者の）他の兄弟は何をしているのか』と言っていた」と聞きました。

　今後のことを考えると改善してほしいとは思いますが、有給休暇が使えないことを不満に思っている人は他にもいると思いますので、匿名で通報があったということで対応してもらえませんでしょうか。

●RHL → 通報者【会社側回答伝達】（メール）
　▷通報者様

　お母様の手術のご成功、おめでとうございます。私たちも安心しました。そして今回の通報は匿名にしてほしいとのこと、了解しました。

　すぐエリア長の上席者に報告して対応するように伝えました。エリア長に通報のことを話せば通報者様が特定されてしまう可能性が高いと思いますが、決して通報者探しをしないように伝えました。このように伝えましたが、万が一、通報者探しをされたり、今回のご相談のことで不利益を被ったりすることがあれば、窓口を通じてご連絡ください。

●RHL → 通報者【会社側回答伝達】（メール）
　▷通報者様

今回のご相談について、エリア長の上席者から指導・教育をしました。エリア長も「不適切な発言および有給休暇の取得に関して間違った認識が一部あったことを反省します」と言っております。

今後はこのようなことはないと思いますが、もし何かあればご連絡ください。よろしくお願いいたします。

受付時のポイント

本事例は、通報後の対応について通報者に迷いがありました。そのため、受付担当者が複数の選択肢を提示し、通報者に選択を促すようにしたことが特徴的です。

また、内容が有給休暇に関するものであるため、雇用形態を確認することは必須でした。もちろん勤務歴も聞いておきたいところでしたが、当初通報者が特定を恐れて氏名や店舗名の開示に消極的であったことから、必要以上には尋ねない方針で受け付けを続けていました。有給休暇の取得については、全体発信という形で従業員の取得に関して適切な運用を促すことが考えられます。しかし、本事例は母親の手術という状況であることから全体発信の形式では時間的にも効果としても不十分であることが懸念されました。そのため、受付担当者は通報者保護について説明し、守秘義務、不利益取扱いの禁止について説明し、氏名・店舗名の開示を促す対応を取っています。

初回通報の最後に「職制を通じて解決を図ってみる」という通報者からの申し出があったため、その時点では氏名開示は不要となりましたが、氏名開示を促す理由を明確にして、通報者に判断の材料を提供することも受付担当者のスキルと言えるでしょう。

調査・是正措置のポイント

本事例は、間接是正型の対応が取られています。通報者に対して、丁寧に確認しながら進められています。通報内容からすると、通報者の身の回りで個別に起きていることがきっかけとなっているため、匿名にしていても通報者が特定されてしまうことが予測されるためです。

149

まず、「調査をするにあたり、今回の通報のことを開示することになりますが、よろしいでしょうか。もちろん、そのことで通報者様に不利益がないよう配慮しますので、安心してください。もし、不利益を被ることや報復行為を受けるようなことがありましたら会社はすぐに対応します」として、被通報者に対して「通報の事実」を伝えることの可否を確認しています。続けて「エリア長に通報のことを話せば通報者様が特定されてしまう可能性が高いと思いますが、決して通報者探しをしないように伝えました。このように伝えましたが、万が一、通報者探しをされたり、今回のご相談のことで不利益を被ったりすることがあれば、窓口を通じてご連絡ください」としています。

　ある意味で「特定されてもやむを得ないことを前提」にしながらも不利益取扱いを防ぐことに主眼を置いた調査・是正措置となっていることが特徴的と言えます。

フォローアップのポイントと内部通報制度における意義

　フォローアップに際しては、当該店舗およびエリア長の管轄する店舗における有給休暇の取得状況確認が必要です。ただし、研修のような一方通行の指導のみならず、エリア長を統括する上席者から、エリア長に対して管轄下の各店舗の事情に即した運用が行われているかを確認・指導する必要があります。なぜなら、本事例は店長のみならずエリア長にも有給休暇に対する誤った認識が見受けられるためです。

　また、通報者が少し触れていた「契約社員は正社員と同じ仕事をしているのに、ボーナスはないし、有給休暇は取れないし」という部分は調査の必要性を検討すべき点とも考えられます。いわゆる同一労働同一賃金の問題として、人員不足を理由として契約社員が正社員と同等の責任の範囲で、同等の業務量を行わなければ店舗運営が立ち行かない状況にまで至っている状況が懸念されます。

150

第2章　通報事例

通報事例16　店長への不満【メール通報】

通報内容

　私はこの店舗で10年働くパート社員です。

　今回、店長のパワハラについてご相談させてください。店長が異動して
きて今年で5年になります。店長は私に対して特に言動がきつく、私は何
年もずっと我慢してきました。しかし、耐え切れなくなり、去年、エリア
長に店長のことを何度か相談しました。エリア長に相談したときは、ただ
ただ私の話を受け流すように聞くだけで、何のアドバイスもありませんで
した。最終的には、「店長と2人で直接話し合ってほしい」と言われてしま
いました。

　その後、エリア長が店長に伝えたようで、後日、店長から面談を持ちか
けられ、2人で話し合うことになりました。しかし、店長に直接このこと
を話せるのであれば、わざわざエリア長に相談などしませんでした。結局、
面談では店長に思っていることを伝えられず、状況は変わらないままです。

　店長は物言いがきつく、人によって態度を変えるのです。店長はある一
人のパートを可愛がっており、他のパートたちとそのパートでは態度が全
然違います。私は店長に、自身の発言の「きつさ」について聞いたことがあ
るのですが、本人も自覚し認めているようです。「私は友達や家族にもそ
うだから」と言い切られてしまいました。しかし、私は店長の友達でも家
族でもありません。きつい言い方ばかりされたら誰だって気分が沈むと思
います。

　重点商品のキャンペーンについて、お客様に声かけをして販売できると
嬉しくて、店長に「売れました！」と報告しても無反応です。しかし、気に
入っているパートが同じことをすると「すごい！」などと店内に響き渡るよ
うな大声で褒めます。歴然とした差があります。そんな状況で従業員はモ
チベーションがなくなりつつあり、キャンペーンで実績を挙げようという
意欲がなくなっています。

　また、店長は言うことがころころと変わります。去年の大晦日は営業時

151

間が20時までで、私と他のパートは朝から21時までのシフトでした。朝礼時に店長は、「帰り時間が20時になるか21時になるかは、お二人次第だから」と言ったので、私たちは「頑張れば早く帰れる！」と喜びました。自分たちの効率次第で早く帰れると言われたので、私たちはどんどん作業を進め、こなしていきました。しかし、20時の閉店近くに、店長が怒った顔で近づいてきて、突然、「20時に帰るつもりなら、エリア長にシフト訂正のFAX送るけど！　どうするの？　20時30分までかかるようなら21時勤務のままにしておくけど！」と言い出しました。朝は私たちに期待を持たすような言い方をしておいて、その言葉を励みに頑張っていたら、いきなり怒られるのでは、あまりにも理不尽だと思いますし、どういうことなのか訳がわかりませんでした。

　このような毎日でストレスがたまり、最近では仕事のことを考えると頭やお腹が痛くなります。この間は出勤前に体調が悪くなり、嘔吐が続いて、熱も出てしまったため、シフト当日の朝7時頃、店長にメールで休ませてほしいと伝えました。すると、店長から「代わりスタッフを探してから休んでください」と返信が来ました。店長は以前から、「代わりのスタッフを自身で探せば有給休暇を使わせてやってもいい」と言っています。しかし、代わりのスタッフを探すのは店長の仕事だと思います。このようなことをパートにさせるのは会社の方針なのでしょうか？　お答えいただきたいと思います。

　この前の面談時に店長から「リスクホットラインができたから何かあればそちらに相談してください。でも、相談する前に私に一声かけてから連絡するようにしてください」と言われました。これもどうかと思います。

　店舗には、店長のことを相談できる社員の方がいます。一昨日、その社員の方が、直接エリア長に「店長のことで皆が困っています。エリア長は店長のことをどう考えていらっしゃいますか？」と話を切り出したところ、「一応、会議のときに部長には伝えておくから」と、のらりくらりとかわされたそうです。しかも最終的には「しかし、（人員配置は）今まで通りで行くつもりだ」と答えられたそうです。

私はそれを聞いて失望し、また、前回エリア長に相談した際に、「問題が解決しないようなら私よりも内部通報窓口に連絡した方がよい」と言われたのもあって、今日こちらに相談をしました。

　この店舗のパートが辞める原因のひとつは店長です。今年もあるパートの方が辞める前は、店長は私とそのパートの方に交互に嫌がらせをしていました。今は私だけがターゲットになっているようです。相談できる社員の方も、「あなたに対する店長の言い方は特にひどい」と言っているくらいです。誰に相談しても何も改善されないし、もう辞めるしかないのかな、もうだめなのかなと思っています。店長の物言いは私や他のパートだけではなく、お客様に対しても同様で、実際、「あんな物言いする店長がいる店には行きたくない」「店長がいないときを狙って買い物に来ている」とお客様からのクレームを何件か受けています。

　私は仕事に行くのが苦痛で眠れなくなり、現在、睡眠導入剤を飲まなければ眠れません。

　会社側の方と直接お話ししても構いませんので、この状況を改善してほしいと思っています。

　会社からのご回答をお待ちしております。お手数をおかけしますが、よろしくお願いいたします。

通報のフロー

●RHL → 通報者【通報受理および調査の必要性検討結果の通知】（メール）

▷通報者様

　今回の通報は、内部通報担当部署が受け付けました。

　通報内容の報告によれば会社側の担当者と直接話をすることにご同意いただいているとのことでよろしいでしょうか。まずは当部署の担当者が直接お話をお聞きしたく存じます。

　つきましては、面談の日時や場所を決めるためにも携帯電話等の連絡先をお教え願えないでしょうか。よろしくお願いいたします。

● 通報者 → RHL【通報者返答】（メール）

▷内部通報担当者様（会社側、以下同じ）

　面談の件ですが、こちらは大丈夫です。携帯電話番号もお伝え下さい。来月の勤務がまだ決まっていないので……なかなか連絡がつかないかもしれませんが。

● RHL → 通報者【面談実施後　是正措置の必要性検討結果の通知】（メール）

▷通報者様

　先日は面談のためにお時間をいただき、ありがとうございました。

　通報者様との面談後、当部署担当者がエリア長との面談も実施しました。会社として調査をした結果、通報者様からの通報内容および面談内容について、大筋において事実に相違はないと判断しました。その結果、会社としては通報者様のご希望に沿う形でもありますので、店長を他店に異動させ、改めて教育を施していくことを考えております。

　つきましては「なぜ異動することになったのか」について店長に話をすることにご同意いただきたく存じます。根本的な問題を解決するためにも、店長に対しては今回の問題について認識させ、言動を改めることを指導していかなければならないと考えております。

　もちろんその話を聞いた店長が、通報者様に対して何らかの不利益を生じさせることがないよう十分に指導します。万が一何か気になることが起きましたらすぐに対応いたしますので、その場合はご連絡をいただきたく存じます。

　本件通報内容を通じて、いろいろなことがわかり、改善活動につなげることができております。ありがとうございます。さらなる改善活動の遂行のため、店長に対して話をすることにご同意いただければ幸いに存じます。ご検討の程、よろしくお願いいたします。

● 通報者 → RHL【通報者返答】（メール）

▷内部通報担当者様

返信遅くなって申し訳ございません。お世話になっております。

「異動理由を店長に伝えてよいか？」とのことですが、正直迷っております。どなたが店長に話をされるのか……。直属の上司であるエリア長がお話しすると思いますが、それでは店長が素直に聞き言動を改めるとは思えません。今までも同じようなことが何度もあったと聞いています。しかし、結局同じことを繰り返している状態です。そのときにも、エリア長から注意されてきたと思いますが、改善されていません……。

「通報者様に対して何らかの不利益を生じさせることがないよう十分に指導します」とのことですが、店長の性格上、改善されたように見えたとしても、それは表面的なものでしかなく、実際には逆恨みして今回のことを言いふらし、地区内の店舗ほぼ全員に伝わると思います。そうなると私にとってこれからの人間関係に影響を及ぼすことが心配です。店長に問題を伝えることが私にも店長にも会社にも良い解決法なのか……。もう少し考えさせていただきたいです。お手数おかけして申し訳ございませんが、よろしくお願いいたします。

●RHL → 通報者【会社側回答伝達】（メール）

▷通報者様

その後お変わりなくお過ごしでしょうか。先日はご返信いただきまして、ありがとうございました。ご返信の中で「異動理由を店長に伝えてもよいか」について迷いがある、とのことでした。それについて、通報者様の「判断」の参考になればと思います。

まず「誰が店長に話をするのか」は、これまでの経緯もございますので、「直属の上司であるエリア長」ではなく、人事部教育担当部門の然るべき者から話をする予定としております。人事部教育担当部門は、エリア長へのヒアリングに同席し、状況も問題も把握・共有しておりますので、しっかりとお話しできるものと思っております。

また、「店長の性格上、改善されたように見えたとしても（中略）実際には逆恨みして今回のことを言いふらし（中略）私にとってこれからの人間関

係に影響を及ぼすことが心配です」とのことですが、これこそが通報したことによる「不利益」であり、このようなことは許されません。これについては当然のことながら、店長に対して強く指導します。面談のときにもお伝えしましたが「通報者が通報したことによる不利益を生じさせない」ということを最も重要視して対応しております。

　これらのことを「判断」の材料に加えていただければと存じます。ご回答をお待ちしております。よろしくお願いいたします。

● **通報者 → RHL【通報者返答】（メール）**
▷内部通報担当者様

　会社側からの回答をいただき、ずっと考えてきました。十分、配慮していただけると思いますが、正直まだ不安があります。私自身、10年間勤務し、いろいろと噂話を耳にしてきました。5年近く店長の下で働いてきて、目を疑うこともいろいろありました。そうした中で、店長は折に触れて「私は、縦と横のつながりを大切にしてきたから、パイプラインはしっかりしている」と言っています。

　電話で他店の店長さんたちと話していることがあります。漏れ聞こえてくる内容からして、大体の内容がわかってしまいます。逆に相手側も同じ状況だと、私みたいに話の内容がわかってしまうのではないかと……。そうなると噂話として広がっていきます。「店長に対して強く指導します」とのことですが、店長自身が気づかないうちに話を広げていくといったことも考えられます。

　もし万が一、今回のことが知れ渡ってしまった場合、会社側はどのように対処していただけるのかお聞きしたいです。店長のパイプラインは本当に怖いです。店長たちは横のつながりが強く、仕事のこと、プライベートのことをよく電話で話しているのを見聞きしているので……。そのため、大丈夫なのか本当に不安で怖いです。異動理由を店長に話したとして、それからどのくらいで異動するのでしょうか？　よろしくお願いいたします。

●RHL → 通報者【会社側回答伝達】（メール）

▷通報者様

　今回の件につきましては通報者様のご不安が大きいことを考慮して、以下のように対応させて頂きます。

・異動告知から実際の異動までにかかる期間について

　異動は通常、異動理由の告知後に実施します。ただし今回は通報者様のお気持ちのこともありますので、異動先の店舗に着任した後でその理由を告げ、同時に指導を行うこととします。よって異動告知（その時点では1店舗に長くいることを主たる理由として伝えます）から実際に別の店舗に異動するまでの期間（7〜10日程度）は顔を合わすこととなりますが、ご心配されているような状況にはならないはずです。

・「噂が広まった場合」について

　ご心配されている内容自体が、今回の異動理由のひとつですので、異動した後で厳しく指導します。今回の通報内容は、店舗運営部長も把握しており、「噂が広まった場合」のリスクを当該店長だけでなくエリア長にも厳しく伝え、ご心配されていることが起きないように指導します。なお、店長の異動が遅くなることで、結果的に通報者様の職場環境改善が遅れていることが気になっております。通常の異動は月初となっておりますので、通報者様にご納得いただける方法が決まり次第、できる限り早く対応を取っていきたいと考えております。ご検討の程、よろしくお願い致します。

●通報者 → RHL【通報者返答】（メール）

▷内部通報担当者様

　お世話になっております。会社側からの内容を読み十分に配慮していただけることがよくわかりましたので、同意することにします。今回、貴重なお時間を割いてくださり、希望通り店長を異動させていただけることに本当に感謝いたします。

　5年近く店長に悩まされ、いろいろと我慢してきましたが、ようやく店

長というストレスから解放されることに心から感謝いたします。正直不安が消えたわけではありませんが、会社を信じてみます。「異動理由を店長に伝えてよいか？」との会社側のご提案につきまして、同意させていただきます。よろしくお願いいたします。

●RHL → 通報者【是正結果の通知】（メール）
▷通報者様

現状報告いたします。すでに店長からお聞きになったかもしれませんが、店長は予定通り異動します（現時点では定期人事異動としております）。異動後、店長に対しての指導を実施する予定です。よろしければこの件についての対応はこの異動をもっていったん終了とし、また気になることがございましたらご連絡をいただく、ということでいかがでしょうか。

●通報者 → RHL【通報者返答】（メール）
▷内部通報担当者様

いろいろとお時間を割いていただき、ありがとうございます。相談してよかったです。本当にありがとうございます。お世話になりました。

（調査・是正措置のポイント）

本事例は、間接是正型に近い対応が取られています。被通報者の異動という方法を見据えた中、被通報者の異動先の店舗全体および通報者が所属する店舗のマネジメント体制の見直しという視点で、職制のラインを通じた是正措置が望ましいでしょう。

一方で、通報者に対しての回答には「会社としては通報者様のご希望に沿う形でもありますので、店長を他店に異動させ、改めて教育を施していくことを考えております」とあります。こうした回答によって通報者の溜飲を下げることが期待されるものの、通報者が周囲のスタッフにこの文面を見せた場合、誤った解釈をされてしまうことが懸念されます。すなわち、「嫌な店長を異動させるために内部通報は利用できる」といった認識を生みかねない

158

という点です。実際に、通報者からは「希望通り店長異動させていただけることに本当に感謝いたします」と返答がありましたが、通報者の希望とは切り離して「通報内容を受けて調査をした結果、通報者の所属する店舗のマネジメントおよび定期異動の観点および総合的に状況を勘案して異動後の指導という是正措置が検討された」とする内容の回答も考えられます。

フォローアップのポイントと内部通報制度における意義

本事例は上席者が内部通報窓口への通報を促すことの是非について考えさせられる通報と言えるでしょう。本来の職制のラインを通じた解決を図ることができない一因が「問題が解決しないようなら私よりも内部通報窓口に連絡した方がよい」という発言に表れています。仮に通報者が相当に改善の余地のある勤務態度だったとしても、上席者の発言としては疑問が残ります。

そしてこのことは、通報者からの回答においても見受けられます。「直属の上司であるエリア長がお話しすると思いますが、それでは店長が素直に聞き言動を改めるとは思えません。今までも同じようなことが何度もあったと聞いています。しかし、結局同じことを繰り返している状態です。そのときにも、エリア長から注意されてきたと思いますが、改善されていません……」とあり、通報者としては、店長のみならず以前から相談しても何もしてくれなかったエリア長への不信感もうかがえます。こうした風潮が店舗全体、エリア全体あるいは会社全体に蔓延していることが懸念される場合には、例えば匿名のアンケート等による意識調査の実施などを通じた是正措置が望まれます。

通報事例17 マタニティハラスメント【電話通報】

通報内容

私は副店長として勤務しています。今、妊娠4か月です。

妊娠がわかったときには、店長（男性）やエリア長（女性）にも報告しました。毎日つわりがあって、病院に行くほどではないのですが、気持ちが悪くなったり、お腹が張ったりするのです。今までと同じ業務を続けるのが

辛くなってきたので、仕事の軽減や部署異動などについてエリア長に相談しました。本来であれば、まず店長に相談するべきでしたが、たまたま店長とはシフトがすれ違ってしまい、しばらく会えなかったので、ちょうど来店されたエリア長に相談しました。

でも、エリア長からは心ない言葉が……。「副店長はいざとなったら店長の代理として店舗をマネジメントするポジションでしょ。副店長として勤務している以上、妊娠は病気じゃないんだし、あなただけを特別扱いすることはできない。安定期に入れば楽になるよ。私も産前休業直前まで脚立に上る仕事もしたし、普通通り働いたんだから、あなたもできるでしょ。最近の子は甘えすぎなのよね」と私に言い、さらに「○○さんは、病院から切迫流産の診断書をもらってきていたから休ませたけど、あなたは（診断書が）ないから、無理ね」と、他の人と比べられました。私は、みんなになるべく迷惑をかけないように頑張ってきたつもりなので、エリア長の発言はすごくショックでした。

エリア長は訪店回数が少ないので、今はほとんど話す機会がないのですが、以前エリア長が店長だったときに同じ店舗で働いたことがあります。当時から、グサグサ刺さる言い方をするとは感じていたのですが、今回はショックでなりません。

翌日、店長にエリア長に言われた内容を伝えると、「ごめん。思っていたより元気そうだったから、僕もあなたに甘えていたところがある。無理していたんだね」と言ってくださいました。今後のシフトや業務量は店長が勘案してくださると思うのですが、エリア長の発言は許せないです。

勝手なことを言っているとは思いますが、私や店長に不利益がないようにご配慮いただければと思います。

通報のフロー

●RHL → 通報者【通報受理および調査の必要性検討結果の通知】（メール）

▷通報者様

今回の通報は内部通報担当部署が受け付けました。

内容を拝見して、すぐに店舗運営本部長に報告しました。店舗運営本部長がエリア長に確認して、事実確認ができましたら、その場で注意・指導させます。

よろしくお願いいたします。お身体を大事にしてください。

● 通報者 → RHL【通報者返答】（メール）
▷内部通報担当者様（会社側、以下同じ）

ありがとうございます。よろしくお願いいたします。

● 通報者 → RHL【後日　通報者から返答】（電話）
▷内部通報担当者様

昨日、店舗運営本部長とエリア長が来店し謝罪されました。店舗運営本部長からは、「エリア長に厳重注意した。すぐには許せない気持ちもあるとは思うけど、今後のエリア長の振る舞いを見てほしい」と言われました。

直接謝られるとは思っていなかったので、なんだか複雑な気持ちです。店長や私に対して後から報復行為がないかと思うと不安です。

● RHL → 通報者【会社側回答】
▷通報者様

すぐには、エリア長のことは許せないという気持ちはお察しします。それだけ通報者様がエリア長の発言について、過去から傷ついていたのかもしれません。今回の謝罪に関してはエリア長の気持ちですから、今は、受け止めるだけ受け止めておくというスタンスでいていただきたいと思います。

● 通報者 → RHL【通報者返答】
▷内部通報担当者様

そうですね。元気な赤ちゃんを産むことを考えたいと思います。

受付時のポイント

　通報者が妊娠中であることへの配慮が必要です。また、可能であれば、受付担当者に女性が含まれる方が望ましいとも考えられます。知識として妊娠やつわりのことを知っていても、最後の最後は女性の方が寄り添えるのではないでしょうか。妊娠やそれに伴うつわりに限らず、出産後の産後うつなどの問題でも同様です。そうした面からも受付時のみならず調査・是正措置、そしてフォローアップの担当者に女性がいてくれることを心強く感じる方もいるでしょう。

　このことは指針の解説でも触れられており、「実効性の高い内部公益通報制度を運用するためには、公益通報者対応、調査、事実認定、是正措置、再発防止、適正手続の確保、情報管理、周知啓発等に係る担当者の誠実・公正な取組と知識・スキルの向上が重要であるため、必要な能力・適性を有する者を従事者として配置することが重要である」[40]とあります。傾聴スキルや調査方法の多様性のみならず、女性特有の悩みに対応できる体制整備もまた重要だと考えます。

　また本事例は、通報者の「辛い」という感情へ配慮が求められる通報でした。副店長という役職上、周囲に迷惑をかけることができないことは通報者自身がよくわかっていました。その中でエリア長から言われたことがショックだったという思いをくみ取る必要があると言えます。

調査・是正措置のポイント

　本事例につきましては、母体保護の観点から、緊急性があると判断され、通報者に対して調査内容を確認せずに調査・是正措置を開始していたことが特徴的です。原則的な内部通報における対応のフローとは別に、特に妊産婦への配慮が求められることを考えての行動として評価されるべき点です。

---

40)　消費者庁「公益通報者保護法に基づく指針（令和3年内閣府告示第118号）の解説」2021年10月、p.5　注7

第2章 通報事例

フォローアップのポイントと内部通報制度における意義

　是正措置の段階における「エリア長からの直接謝罪」についての是非は別の議論として、通報者があるべき姿に向かったことが本事例の通報に対応したことへの意義だったように思います。マタニティハラスメントは、男性の理解不足によるものと同時に、同性からの嫌がらせも少なくありません。

　マタニティハラスメントを抑止する動機づけは、まず母体保護となります。そして次には、女性スタッフが妊娠・出産・子育てをして、また戦力として戻ってくることのできる職場環境づくりの視点が与えられることです。

　フォローアップについては、当該エリア長との話し合いが不可欠です。このエリア長は、かつて妊娠・出産に関して、それこそ強い精神力で乗り越えたものと推察されます。また、出産後も不断の努力によりエリア長にまで登りつめたことは否定されるものではありません。しかし、その裏では、エリア長と同じような状況で退職を余儀なくされていたスタッフがいたかもしれないことに思い至ることも重要です。フォローアップの視点においては、当該エリア長に対して叱責することなく、当該エリア長が率先して育児と仕事が両立できる職場づくりの形成に寄与することのできる働きかけが会社としても必要です。そのことがより働きやすい職場づくりへの全社的な取組みに大きく寄与するものと考えます。

通報事例18　懲戒処分対象事実の告白【メール通報】

通報内容

　私は正社員として働いています。現在私は入社5年目で接客業務を担当しています。

　メールをする前に、このような件をお伝えしていいのかどうか自分自身の中で葛藤がございました。

　私は懲戒規程違反をしました。

　本日、私はあるお客様の口座に、私自身の口座から30万円を振り込みました。特にお客様より脅されたということではありません。明らかにこちらのミスでした。そのミスによりお客様からは事前にいただいた売上金

163

25万円の返却、さらに精神的苦痛に対して5万円（お客様から言われました）を追加するように言われました。

　ミスがあったとしても上司に報告せずにお客様に金銭を支払うということは今まで一度もしたことはありませんでした。このようなことは懲戒解雇に該当することも認識しております。ただし理由がありました。

　①商品指示書自体の不備によるミスであったこと

　②上記の商品指示書に不備があることを商品開発本部の担当者に電話したが、前例がないと言われて何も対応してくれなかったこと

　③直属の上司に今回のミスの原因（商品指示書の不備）を説明したが、その指示書の不備に気づかなかった私に責任があると言われたこと

　④今回のことをお客様に説明して、返金の要望があったことを上司に伝えたが、上司からは「不可」とだけ言われたこと

　以上の4点から、商品開発本部の担当者からの指示書に不備があるにもかかわらず、その誤った情報が原因でミスを起こしてしまった私の責任にさせるという会社のやり方に疑問と怒りと不満を感じ、懲戒解雇を覚悟のうえ、お金を振り込みました。

　このことは誰にもお伝えしていません。上司へ相談するのが筋かと思いますが、上司は、私がインターンのときからお世話になっている方です。私の行為により上司にも懲戒処分が及んでしまうのは避けたいと感じ、まずはリスクホットラインにお伝えした次第でございます。

　このようなことで懲戒解雇されたケースを何度も社内報で見てきました。ただし、誰しもがやりたくてやっているわけではなく、誰にも相談できずに行き場を失っての苦し紛れの行動だったということを、本社の方には理解してほしいです。

通報のフロー

●RHL → 通報者【通報受理および調査の必要性検討結果の通知】（メール）

　▷通報者様

　　今回の通報は、内部通報担当部署が受け付けました。

事実確認を行うために、まずは当部署の担当者が直接通報者様よりお話をうかがいたいと考えておりますが、いかがでしょうか。

●通報者 → RHL【通報者返答】（メール）

▷内部通報担当者様（会社側）

では会社側からのご提示に従いたく存じます。

仕事中は忙しいので、この件を思い出すことはありませんが、帰宅途中や休日に、このことで考え込んでしまい、今後また同じような出来事あったらどうしようかと……。もやもやしています。

現時点でできることと言えば、本来であればこのようなことを再発させないことだと思いますし、それが一番です。

まとまりがなくて申し訳ありません。せっかく面談をしていただいても、意味があるのかわかりませんが、どうかよろしくお願いします。

●会社側 → RHL【面談後　共有】（メール）

▷本件について、その後の状況をお伝えします。

通報者の要望は「返金も望まないし、上司に知られたくないので、このままでよい。ただこのような件があることを、上層部（本社）に知ってもらいたい」ということでした。しかし、内部通報担当者から説得し、直属の上司とその上席者には開示せずに、部門を統括する事業部長との面談の場を設けるということになりました。

通報者が振り込んだ分は会社が損害として負担し、本人には労いと注意を与え、今後類似案件を防止するようにしていきます。

なお、これをもって通報対応の終了とすることもできました。しかし、事業部長の考えもあり、再発防止のため直属の上司にも指導することが望ましいと考えました。懲戒処分を目的としたものではなく、あくまでも注意喚起と再発防止策のための対応を検討しました。通報者としてはかなり悩んでいましたが、最終的には「再発防止」ということで了承してくれました。通報者からは「事業部長と話をしてよかった」という言葉もありました。

調査・是正措置のポイント

　本事例は、間接是正型の対応だったと言えます。通報対応の終了後の、通報者の就業環境の安定化のためには、最終的に職制のラインを通じた解決が図られるべきだと言えます。通報者は直属の上司に対して相談しながらも対応してもらえなかったとする一方で、上司に対しては、「上司は、（通報者が）インターンのときからお世話になっている方です。私の行為により上司にも懲戒処分が及んでしまうのは避けたい」としており、複雑な心境がうかがえます。それでも今後就業していく中では上司に対しても「注意喚起と再発防止」を働きかけ、本来の上司と部下の関係性に戻れるような施策が取られている点が特徴的です。

フォローアップのポイントと内部通報制度における意義

　本事例は、いわゆるリニエンシー制度の必要性を検討するうえで興味深いものでした。第1章でも少し言及していますが、社内リニエンシー制度とは、懲戒規程違反行為を自ら告白した通報者に対して、処分の一定の減免を考慮するものです。何をもってどの程度減免するのかについて、事前に詳細に規定することは困難であるため、その都度総合的に勘案するとしか言いようのない内容であるものの、こうした通報が寄せられること自体は、「組織の自浄作用の維持・強化」という観点からは望ましいものと捉えるべきと考えます。

　また、この後同様の事象を発生させないためにも、商品指示書について徹底した見直しとともに、通報内容が事実であれば通報者に対して応答した商品指示書を所管する部門の従業員に対しても指導が必要ではないかと考えられます。同時に、他にもこの商品指示書によるトラブルが発生していないかについても調査が必要かもしれません。

通報事例19　障害者雇用【電話通報】

通報内容

　私には精神疾患があり、障害者雇用枠で働いています。

気圧が関係しているのか、雨が降る日の前は頭痛でお休みすることもあり、少ないときで月に3日、多いときには月に5日程お休みをいただいています。

　昨日、人事部長（男性）、障害者雇用担当者（女性）と私の3人で面談がありました。

　面談では、人事部長から、私の休みについて詰問されました。さらに「他の人からしたらどう思うか考えてほしい。あなただけこんなに休みを取ることはまかり通らない」とまで言われました。私は詳しく説明しましたが、わかってもらえませんでした。今まで、障害者雇用担当者には私の状態を話していたのですが、昨日の人事部長との面談は、他の従業員から私の休みの多さに対して意見が出たことへの対応の一環だったのだと推測しています。

　私は8年前、前職で、同僚からひどいセクハラと長期間にわたるストーカー被害を受けたことで精神疾患になりました。もちろん警察に届け出て、転居もしましたが、今でも後をつけられたり、郵便受けに細工がされたりしています。今でも怖いです。悲しむと思って、両親にも言っていません。雨の前日の頭痛は、精神疾患を併発するので、休みが長引いてしまいます。

　しかし、私は、昨日の面談でその当時を思い出し、過去の辛いことまで話さないといけないのかと悩みました。結局、セクハラとストーカー被害のことは言えませんでしたが、辛くてその場から逃げ出したくなりました。他の従業員が私の休みについて何か言うのであれば、私が受けたような思いをしてから言ってほしいです。

　私は、会社に、病気の発作について、どこまで話せばよいのでしょうか。どこまで説明をしたら、会社は理解してくれるのでしょうか。私はすべてを忘れたいのです。もう、一番辛い時期を思い出したくないのです。

　障害者雇用担当者には、採用のときに、精神疾患の原因として「セクハラとストーカー被害」ということだけを伝えています。社会人として、体調不良の原因を会社に説明しないといけないということはわかっています。この会社で働き続けたいです。

今回は、かなり個人的な内容が含まれているので、第三者機関（リスクホットライン）に話すことを決めました。他の従業員、人事部長あるいは障害者雇用担当者に対して不満があるわけではありません。私は、もう過去のことは忘れて明日からは新しく生まれかわりたいのです。今日お話ししたことは、もう思い出したくありません。これ以上は誰にも打ち明けたくないと思っています。

通報のフロー

●会社側 → RHL【共有】（メール）

▷本件について、その後の状況をお伝えします。

　通報者へ電話しました。最終的には、本件についてすべて人事部長に話をすることに同意をいただき、秘密保持と周辺の女性社員への対応をもお願いされたため、人事部長にその旨を伝え、対応を依頼しました。

　その後、通報者は出社しておりますので、もう少し静観いたします。

受付時のポイント

　本事例の通報者は泣いていました。8年前のことや人事部長と障害者雇用担当者との面談のこと、あるいは「自分はすべてをリセットしたいのにできない」ことへのやりきれない思いなどがあったものと推察されますが、感情が溢れて言葉に詰まる場面が幾度となくありました。それでも、そのたびに持ち直し、落ち着こうと努力し、そしてこの通報で通報者が何を求めているのかをしっかり伝えようとする気持ちが伝わってきました。

　一方で、非常に冷静に、そして相手にわかりやすく説明している点、受付担当者からの質問に対しての受け答えからは、非常に聡明な印象を受けました。

　受付担当者として、通報者の感情に流されることなく、通報者が伝えたいことを的確に聞き取ることの重要性と困難さを同時に感じた事例でした。

調査・是正措置のポイント

　本事例の調査・是正措置段階で特に留意が必要な点は、通報者がカウンセ

リングを求めているわけではないということです。通報者が第三者機関（リスクホットライン）に求めていること、そして会社側に求めていることなど、要望は非常に明確です。「今後も就業を継続していきたい」という部分に呼応する是正措置が求められます。

　なお、本事例は間接是正型の対応が取られています。一見すると被通報者に対して是正措置を委ねるという対応に問題があるのではないかとも思われましたが、被通報者が人事部長であったことがかえって奏功したものと思われます。加えて、人事部長に対して通報者が過去からの経緯を打ち明ける決心をしてくれたことが人事部長に対する最大の是正措置となりました。

フォローアップのポイントと内部通報制度における意義

　本事例では、通報者の事情を知っているのが人事部長、障害者雇用担当者および内部通報担当者のみとなります。そのため、日常的なケアはやはり障害者雇用担当者が継続すべきと考えます。

　こうした通報を通じて、内部通報制度の課題のみならず、全社的なダイバーシティとは何かについて考えるきっかけとなるものだと言えます。人事部長、障害者雇用担当者および内部通報担当者らが中心となり啓発活動を始めるとよいでしょう。啓発活動と言うと研修や外部講師を招いたセミナー等が考えられますが、それ自体の有用性を活かしつつ、より徹底していくには草の根活動も必要となります。

　草の根活動の具体的な内容は、いろいろな意見がありますが、少なくとも、個人差を認めること、個別の得手不得手を認めたうえで役割分担することが必要です。本事例の通報者は、通報中にどんなに感情が高ぶっても、「相手（受付担当者）に自分（通報者）に起きた出来事、そして自分では今の状況を改善することが難しいが、就業を継続したい」という思いを伝えることは一貫していました。さらに根拠を添えて相手がわかりやすいように話していました。障害者雇用で採用されたと通報者自身が言っていることから、通報者は何らかの障害で、特定の業務には支障があるのかもしれません。しかし、「障害者雇用枠」であることにとらわれてしまい、こうした理路整然と根拠を添え

て相手に伝えていく力を持っていることを見逃してはなりません。このことを認め、通報者が仕事を通じて組織、社会の一員として生きていける環境こそが「ダイバーシティの草の根活動」のヒントとなり得ます。

通報事例20　ブラックバイト【メール通報】

通報内容

　僕はアルバイトとして勤務しています。名前を会社に伝えてもらって構いません。今回お伝えしたいことは3点です。

　まず、定時に帰ることができません。店長のときは大体定時に帰ることができるのですが、問題なのは副店長です。副店長は自分の気分次第で僕たちアルバイトに閉店後の残業をさせます。今日も残業をさせられ、店を出たのは22時30分でした。遅いときは23時近くなることもしばしばあります。ちなみに店舗の閉店時間は21時です。

　次に、社員間の連携が取れていないことです。うちの社員は報告・連絡・相談ができていません。その理由は副店長が店長のことを「ものすごく嫌い」と言っているからです。そのせいもあり、連携が取れず、仕事が終わらず、そしてアルバイトに残業をさせます。

　最後に、労働時間が著しく長いことです。僕は大学生です。店長や他の社員にも年間の総支給額が103万円を絶対に超えたくないと言っていたのですが、先月分（7月）の給料ですでに88万円、今月も125時間もシフトが組まれています。前々から社員に「103万円を超えないですよね？」と聞いているのですが、全く改善される様子がありません。というのも、副店長が「この日出られない？」と毎日のように言ってくるからです。副店長はとてもヒステリックな人なので、なかなか断れません。休日願は半分くらいしか認めて（シフトに反映して）もらえません。

　本部の方にお聞きしたいのですが、アルバイトって、休日願を出した日以外は全部働かないといけないのですか？　レポートを書く時間や勉強する時間も取れません。来年は教育実習もあるのに……。

　以上のことから僕が求めているのは、副店長の異動です。諸悪の根源で

第2章　通報事例

| ある副店長の異動をお願いします。

通報のフロー

●RHL → 通報者【通報受理および調査の必要性検討結果の通知】（メール）

▷通報者様

　今回の通報は、内部通報担当部署が受け付けました。

　店舗運営本部に報告させていただき、店舗スタッフへのヒアリング等調査対応をスーパーバイザーに依頼したいと考えていますが、いかがでしょうか。

　ご返事お待ちしております。よろしくお願いいたします。

●通報者 → RHL【通報者返答】（メール）

▷内部通報担当者様（会社側、以下同じ）

　ありがとうございます。ぜひお願いします。

●会社側 → RHL【共有】（メール）

▷本件について、その後の状況をお伝えします。

　通報者より希望のあった副店長の異動については、この件が起こる前からスーパーバイザーとしても考えており、今回の件を踏まえ次回定期人事異動にて異動させることになります。

　副店長とのコミュニケーションや指示不足など、店長自身にも問題があるため、スーパーバイザーより指導を行います。改善が見られない場合は異動を検討します。

　直近の勤怠記録を確認しましたが、他店への応援以外で勤務終了が遅くなっている日はございません。改善されております。

●RHL → 通報者【是正措置の必要性検討結果および是正結果の通知】（メール）

▷通報者様

171

スーパーバイザーより、今回の件について報告がありました。本件について、対応を行ったことを確認いたしました。

また、店舗環境改善のための指導も継続的に行うとのことです。今回の件はこれをもって終了とさせていただきますが、何か意見等ございましたらご連絡いただければと思います。

よろしくお願いいたします。

● 通報者 → RHL【通報者返答】（メール）

▷内部通報担当者様

長時間のシフトが減りました。ありがとうございます。

調査・是正措置のポイント

本事例における調査では、勤怠管理を確認することや店舗（事務所を含む）の防犯カメラを確認すること等で、長時間労働の実態の裏付けを行うことができます。

しかし、調査結果を受けて是正措置をしようとしても、普段からスーパーバイザーが人件費や人員配置、アルバイト・パートスタッフの年間支給総額について指導していないと、通報者の特定そして不利益取扱いにつながりかねません。日常の管理監督の中で、こうしたきめ細やかな指導が行われていれば、そもそも本事例の通報には至らなかったのではないかと思われます。

本事例のような場合には、ひとつの方法として、スーパーバイザーから指導する際に、「人事部門から注意喚起があった」あるいは「定期監査の際、異常値が認められたとして注意喚起があった」などとして通報者の特定に至りにくい名目の設定が考えられます。

フォローアップのポイントと内部通報制度における意義

ブラックバイト問題が取り扱われる際、店舗（会社）の考え方としては「人員不足」や「（いわゆるゆとり教育の弊害とも言われる）優秀な学生の不足・偏在」があるでしょう。しかし、人員不足を招いたのは、こうしたシフトや店

172

舗マネジメントに対してケアをしてこなかったことも原因のひとつではないでしょうか。店舗の人件費について、計画と実態の検証を定期的（日別・週別・月別・四半期別）に行うことと、各アルバイト・パートスタッフの事情（社会保険における被扶養者の範囲内、あるいは、学生のテスト前のシフト等）を考慮せずにシフトを組み、アルバイト・パートとのコミュニケーションを疎かにしてきた結果であるという側面も排除しきれません。

　「この日出られない？」だけでは離職率の低下に歯止めをかけることは到底できません。離職率の低下に歯止めをかけられない副店長が店長そしてスーパーバイザーになったとしても、おそらく同じことを言うでしょう。店長・副店長の問題として捉えることなく、企業の人材育成の面からブラックバイト問題（人員不足、人材の偏在）に取り組むべきであることを本事例は示唆しています。

通報事例21　勤務日数（シフト）削減【電話通報】

通報内容

　私は新宿店（飲食店）のパート社員です。私の名前は会社側に開示してくださって結構です。

　私のシフトが減らされていることについて相談したいです。

　入社当時は、週5日・1日5時間の勤務でしたが、5年前にパート社員が増え、店長からは「平均的にシフトを入れるためです」と言われ、週4日・1日4時間の勤務になりました。その際に、店長から「1日4時間勤務は保障します」と言われました。

　2020年4月に、店長から「新型コロナウィルス感染拡大に伴い、お客さんの数が激減したため、2020年5月から全員のシフトを減らします」と言われ、私は週2日のシフトになりました。このこと自体は仕方のないことだと理解しています。

　しかし、同じ店舗の中に、シフトが減っていないパート社員がいることは納得できません。業務の内容は私と同じなので、業務の都合で仕方なくということでもないと思います。

173

また、店長と面談を行った際に、「お客さんの数が増えてきたらシフトを週4日に戻して欲しいです」と伝えたところ、店長の了承を得られました。そして、その場で店長に「なぜシフトが減っていないパート社員がいるのですか」と質問したところ「偶然です」と言われました。

ところが、その後、約1年間シフトの組み方が変わっていません。東京の新型コロナウィルスの感染状況は、収まったり悪化したりを繰り返しているので、完全に元の週4日に戻してもらうことは難しいと理解していますが、店長が面談で言っていた「偶然」シフトが減っていないパート社員がいることは納得できません。「偶然」ではないと思います。

その人以外にも、店長に「子供の学費を稼ぐ必要があるので」と言って、シフトを1日増やしてもらったパート社員がいました。このような理由がまかり通るなら、私も家計の事情が苦しいので、店長に「1日シフトを増やして欲しいです」とお願いしましたが、店長からは「週に2日しか入れられません」と言われてしまいました。

そういえば、店長は私に対する態度が悪かったです。私から挨拶しても返事がぞんざいですし、他の人もやっていることなのに、私だけ注意されることも多いです。シフトのことは生活に関わる大事なことなのに、店長の好き嫌いで社員ごとに差をつけるのは間違っていると思います。

この件は、エリアマネージャーが新宿店に来るときに相談したいと思っていたのですが、周りの目が気になって相談できていません。

エリアマネージャーと直接お話しできる機会を設けていただくなど、本社の方のお力添えをいただきたいです。この電話の内容は、必要に応じてエリアマネージャーと店長にも共有していただいて結構です。

よろしくお願いいたします。

通報のフロー

●RHL → 通報者【通報受理および調査の必要性検討結果の通知】（メール）
　▷通報者様
　　今回の通報は、内部通報担当部署が受け付けました。

状況把握のため、以下の点についてお聞かせください。

1. 通報者様に店長から改善などの要望はありましたか。
2. 通報者様ご自身のシフトがなぜ減っているのかについて、新型コロナウィルス感染拡大による客数の減少以外に考えられる原因はありますか。
3. エリアマネージャーに直接相談できる機会をご希望と存じますが、エリアマネージャーとの1対1の面談をご希望でしょうか。必要に応じて、その場に店長も同席するのはいかがでしょうか。
4. 上記の他、詳しく状況を確認するため、内部通報担当部署の担当者から直接お電話させていただくことは可能でしょうか。可能でしたら、お電話番号とご連絡差し上げるのに都合の良い日時をご教示いただけますと幸いです。

●通報者 → RHL【通報者返答】（メール）

▷内部通報担当者様（会社側、以下同じ）

ご連絡ありがとうございます。ご質問について回答いたします。

1. 店長から改善などの要望はありませんでした。
2. 特に思い当たりません。
3. 店長も一緒で構いません。店長の考えを聞いてみたいです。
4. 電話番号は○○○です。都合の良い日時ですが、○月○日の夕方でしたら大丈夫です。

●RHL → 通報者【会社側回答伝達】（メール）

▷通報者様

ご回答ありがとうございます。

それでは、○月○日の夕方にお電話いたします。よろしくお願いいたします。

●会社側 → RHL【共有】（メール）

▷本件について、その後の状況をお伝えします。

　先日、通報者、エリアマネージャー、店長の三者面談が行われました。エリアマネージャーがファシリテーターとなって、通報者と店長がお互いの考えを述べ合い、今後どうするのかを確認しました。確認した内容について通報者は理解したと思いますが、納得したかどうかは定かではありません。今後の通報者の勤務態度の観察が必要です。面談の内容は以下のとおりです。

1. 店長の通報者への接し方について
   ⇒　通報者から「他の人と比べて態度が悪い。挨拶もぞんざい」との主張があった。店長は他の人と差をつけている自覚はなかったが、しっかり挨拶できていない時があったことは認めたため、エリアマネージャーが通報者に「気になることがあったら我慢せずに言ってほしい。嫌な思いをさせて申し訳ない。エリアマネージャーとして状況を把握できておらず申し訳ない」と話した。
   ⇒　また、通報者から「私だけ注意される」との主張があった。エリアマネージャーが具体的なシチュエーションを確認すると、「従業員が利用しても良いと思っていた店内のスペースを利用したことについて注意を受けた」とのことだった。店内のスペースの利用方法について明確なルールがなかったことに起因するため、エリアマネージャーから店長にルール作りを指示した。

2. シフトの変更について
   ⇒　エリアマネージャーより、元の週4日に戻すことは難しいこと、現在の「週2日」から「週2～3日」に変更することを提案。通報者と店長は了承。

3. シフトの削減理由について
   ⇒　通報者のシフト削減の理由としては、新型コロナウィルス感染拡大による客数の減少だけではなく、通報者自身の作業が遅いことも理由だったため、店長から通報者に課題（各作業の時間の目安）を提示した。通報者は「イレギュラーなことがない限り、この課

題の内容は既にできている」と主張したが、エリアマネージャーから「店長が課題として挙げたということは、店長が求めるレベルに達していない可能性が高く、イレギュラーな事情でできないのならそれをしっかり伝えるべき。一旦はこの課題を受け入れてもらって、おかしいと思ったら1つずつ意見交換して改善してほしい」と話した。

●RHL → 通報者【是正結果の通知】（メール）

▷通報者様

　先日、通報者様、エリアマネージャー、店長の三者面談が行われ、当日は通報者様より、店長の通報者様への接し方について確認をされ、またエリアマネージャー、店長からは通報者様のシフトや課題の要望等の話があったものと存じます。

　全てを解決するにはお互いの努力が必要ですし、時間がかかる場合もあり、暫く様子を見ていただければと存じます。

　したがいまして、通報者様のご相談については、一旦終了とさせていただきたく存じます。

　どうぞよろしくお願いいたします。

●通報者 → RHL【通報者返答】（メール）

▷内部通報担当者様

　お力添えいただいたおかげで、三者面談を実施していただきました。ありがとうございました。

　店長の態度については、エリアマネージャーから謝罪していただいたのですが、課題についてはきちんとやっていることを出されたので納得できないものでした。

　エリアマネージャーからは「やっている"つもり"じゃないか」と言われたので「やっています」と言ったのですが、「1ヶ月後店長と確認し合ったらどうですか」と言われ、「これから会議なので」と面談を打ち切られてしま

いました。

　まだまだ話し足りないですが、エリアマネージャーは忙しく、滅多に会えず、残念です。

　新宿店は昔から虐めや差別があります。それに耐えられなくて辞めてしまった人がいます。このままではいけないと思い、本社の方へご連絡した次第です。

　内部通報担当者様にはお世話になり、ありがとうございました。

● 会社側 → RHL【共有】（メール）

▷本件については、一旦終了で結構です。

● 通報者 → RHL【是正要望】（電話　会社側通知から１ヶ月後）

▷内部通報担当者様

　私のシフトについて、１ヶ月前の三者面談では「週４日は入れられないから、週３日入れる」ということになったはずですが、その後も、週２日しか入れてもらえませんでした。

　店長に「面談では週３日シフトに入れると言われたのに、週２日しか入っていません」と言いましたが、店長から「いや、面談では週２日です。メモに書いてあります」と言われてしまいました。

　パート社員の私の立場では、エリアマネージャーと直接お話ができません。

　このままでは、週２日のまま働き続けることになってしまうので、早めにエリアマネージャーとお話する機会を設けていただけないでしょうか。

● RHL → 通報者【会社側回答伝達】（メール）

▷通報者様

　念のため、通報者様のシフトを確認させていただきましたが、２日の週もあれば、３日の週もあります。

　三者面談では、「週２〜３日」にすることが確認されたと存じますので、

約束は守られているようです。

　なお、三者面談では、シフトが減っている理由として、作業上の問題点を、改善課題として提示されていたと存じます。

　つきましては、再び三者面談の場を設けさせていただきたいと存じます。実施にあたり、日程調整が必要ですので、今しばらくお待ちください。

● **会社側 → RHL【共有】（メール）**

▷本件について、その後の状況をお伝えします。

　先日、2回目の三者面談（通報者、エリアマネージャー、店長）が行われ、前回の面談での約束事の振り返りが行われました。本件はこれにて対応完了となります。面談の内容は以下のとおりです。

1.　店長の通報者への接し方について

　　⇒　通報者より「約束は守られている」とのこと。

　　⇒　誤解が生じないように、店長が店内のスペースの利用方法についてのルールを作った。

2.　シフトの変更について

　　⇒　エリアマネージャーより、通報者に「前回の三者面談では週2日〜3日とすることとし、週3日を確約したわけではない」と念押し。

　　⇒　通報者が「面談で約束した週3日になっていない」と店長に確認した際に、店長から「面談で週2日になったはずだ」と言われた件については、エリアマネージャーから店長に確認したところ、店長は「面談で週2日になったはずだ」ではなく「週2日の人は他にもいる」と言ったのであって、「面談で週2日になったはずだ」は通報者の聞き間違いと主張。エリアマネージャーより「どちらが正しいか調べようがないため、今後は通報者がおかしいと感じたことがあるならその場で直接店長に確認するように」と話した。

3.　シフトの削減の理由について

　　⇒　エリアマネージャーより通報者に「他の人と比べないこと。昔はこうだったと言わないこと」と指導。

⇒ また、シフト削減の理由として、前回の面談で通報者に改善課題として提示したが、通報者が店長からの指示に従おうとしないため、エリアマネージャーより「店長からの指示は謙虚に受け止め文句を思わないようにすること。分からないことがあるならその都度質問のメモを残すこと」と指導。通報者が時間をかけすぎている作業の改善度合いについては、店長と確認しながら行うこととした。

4. 最後に

⇒ 通報者に、異論や質問がないかを確認したが、特になかった。

調査・是正措置のポイント

本事例は、間接是正型の対応が取られています。通報者から「エリアマネージャーと直接話をしたい」と職制のラインで解決する意向が示されているため、本社の内部通報担当者がそのための仲介をしています。店舗のマネジメント体制の見直しという観点で、職制のラインを通じた是正措置が望ましい事例と言えます。また、通報者と店長の関係性を修復し、その後も継続して状況確認するためには、エリアマネージャーが両者の仲立ちとなることが好ましいでしょう。

勤務日数（シフト）の削減理由について、店長は通報者に「新型コロナウィルス感染拡大に伴い、お客さんの数が激減したため」としか説明しておらず、通報者が他のパート社員には削減されていない人がいることを指摘しても「偶然」と答えていましたが、実際は通報者自身の作業上の問題点が理由でした。内部通報担当者は通報受付当初からシフト削減の本当の理由が存在することを想定し、通報者に「店長から改善などの要望があったか」「新型コロナウィルス感染拡大による客数の減少以外に考えられる原因はあるか」と確認をしていました。このように、通報の原因となった事象の背景と考えられる事項をできるだけ具体的に把握したり、それに関する通報者の認識を確認しておくことも、調査・是正のプロセスにおいては、必要になる場合があります。その意味では、内部通報の受付を行うスタッフも、調査の際のポイント

180

を理解しておくことで、適切な質問が可能となります。

　勤務日数（シフト）の調整が必要であるのなら、社員の同意が得られるかどうかは別として、現状の店舗運営の方針について十分な説明が必要と考えます。「新型コロナウィルス感染拡大」という当たり障りのない理由だけを説明するのではなく、他に理由があるのであれば、それも含めて説明が必要と考えます。特に、社員本人の業務遂行上の問題があったのであれば、まずは指導を行うべきと言えます。本事例では、通報者、エリアマネージャー、店長の三者面談が行われ、通報者と店長双方の改善すべき点を1つ1つ確認していき、是正に繋げていきました。

フォローアップのポイントと内部通報制度における意義

　本事例は、通報者、エリアマネージャー、店長の三者面談の後に、通報者から「三者面談で約束したことが守られていない」と2回目の通報がありました。三者面談では勤務日数（シフト）を「週2〜3日」とすることが約束されましたが、通報者は「週3日にする約束だった」と主張しました。勤務日数（シフト）のような重大な労働条件に関わる約束事は、書面を残し、労働者と使用者側用として2通用意しておくべきものと考えます。

　また、1回目の三者面談で通報者と店長双方の課題が確認されたため、一定期間経過後に改善できているかフォローアップする必要がある事例であると言えます。

　フォローアップについては指針の解説において、フォローアップの判断基準について「解決に関する公益通報者の認識と事業者の認識が一致しないことがあるが、解決しているか否かの判断は可能な限り客観的に行われることが求められる。また、一見、法令違反行為が是正されたように見えても、案件自体が再発する場合や、当該再発事案に関する新たな情報が寄せられる場合もあること等から、解決済みといえるか、寄せられた情報が以前の案件と同一のものといえるかについては慎重に検討する必要がある」[41]とされ、

---

41)　消費者庁「公益通報者保護法に基づく指針（令和3年内閣府告示第118号）の解説」2021年10月、p.10　③指針を遵守するための考え方や具体例

フォローアップの方法については「是正措置から一定期間経過後に能動的に改善状況に関する調査を行う、特定の個人が被害を受けている事案においては問題があれば再度申し出るよう公益通報者に伝える等が考えられる」[42]とされています。

これらの指摘を踏まえると、通報窓口の担当者としては、受付・調査のみならず、フォローアップについても能動的に関与するとともに、企業としても、内部通報制度の見直し、強化の一環として、通報案件のフォローアップの実施要領や基準等を整備することが求められます。

通報事例22　家族からの通報【メール通報】

通報内容

　私は社員の妻です。

　明らかに法令違反と思われることがあり、メールさせていただきました。

　主人は、以前一般職として働いていましたが、残業代が多くなると会社は、すぐに主人を課長にしました。なので、主人には管理職手当がつくようになりましたが、代わりに残業代が一切出なくなりました。

　主人の部署は、季節に関わりなく業務が多く、それなのに人員が不足しているようで、毎朝6時過ぎに家を出て、帰りは24時30分過ぎです（通勤時間は片道40分程度です）。また、休日についても、先月は2日しか取れておりません。会社側では3日となっているようですが、半日出勤しておりますので、丸1日休めたのは2日間となります。

　この件について、主人は執行役員に相談したらしいのですが、何も改善されません。労働基準監督署等に言うか、会社の仕組みがよくわからないので人事部に直接言おうか迷いましたが、ひとまずこちら（リスクホットライン）に相談させていただきました。当初、主人は私がこちらへ通報することには反対していました。上司の責任が問われるようなことがあってはならないと。しかし、何とか私が説得しましたので、とにかく早急な対

---

42)　消費者庁「公益通報者保護法に基づく指針（令和3年内閣府告示第118号）の解説」2021年10月、p.10　③指針を遵守するための考え方や具体例

応を望みます。

　このような日が続き、主人はいつも疲れていて家で機嫌が悪く、私とすぐに言い合いになります。また、休みの日は疲れていて、趣味だった映画を見ることもなく、外に出ることもなく、ひたすら家で寝ている状態です。子どもも主人に遊んでほしいのを我慢していると感じ、母親として、このまま家族がバラバラになってしまうのではないかと不安です。職場で主人の代わりはいると思いますが、家族にとっては主人の代わりはいません。倒れたら困ります。また最近では体重も減ってきているので心配しています。

　実は、私たち夫婦は職場結婚ですので、以前私も同じ部署にいました。そのため、主人の辛さは理解できますが、私にはどうすることもできません。会社には今の状況を伝えてほしいのですが、主人が今後働きづらくならないように、配慮していただきたいと思います。

　今後このような通報をすることのないよう笑顔で働ける職場になるようよろしくお願いします。

通報のフロー

●**RHL → 通報者【通報受理および調査の必要性検討結果の通知】（メール）**

　▷通報者様

　　今回の通報は、内部通報担当部署が受け付けました。

　　調査を開始します。

●**通報者 → RHL【通報者返答】（メール）**

　▷内部通報担当者様（会社側、以下同じ）

　　早速ありがとうございます。良くなることを期待しております。引き続きよろしくお願いします。

●**RHL → 通報者【是正措置の必要性検討結果および是正結果の通知】（メール）**

183

▷通報者様

　奥様におかれましては、ご主人の体調がご心配とのこと、当社におきましても大切な従業員であることに変わりはございません。

　実はこの問題につきましては、会社として最重要課題と認識し、今月の幹部会議で「人員不足解消に向けた取組み」の詳細な対応策の説明を行い、現在その取組みの最中である旨お話をいたしました。

　具体的には、新たに自社ホームページ採用情報のリニューアル、人材紹介会社を複数活用した人員募集、そして他部署からの応援など、あらゆる方法を使って推進しております。

　ただ、ご主人は今月の幹部会議にご出席されていないため、執行役員から欠席者に今回の対応策について順次説明をしているところでございます。このように、現在「要員不足解消」に向け、一生懸命取り組んでおり、何卒どうかご理解の程、よろしくお願い申し上げます。

● 通報者 → RHL【通報者返答】（メール）

▷内部通報担当者様

　ご連絡ありがとうございました。また主人とも今回の件について話をして、また明日明後日のうちにお返事させていただきます。

　ありがとうございました。

● 通報者 → RHL【後日　通報者返答】（メール）

▷内部通報担当者様

　主人と話しました。昨日執行役員から話を聞いたそうです。人員補充して過重労働の解消につなげるという内容でした。

　しかしその話は主人が参加した以前の幹部会議でも議題で出ていたそうです。

　また、新たに人材を入れてもすぐに生産性が上がるわけではないので、ある程度のスキルのある社内の方を異動させてほしいと訴えていたようです。確かにあまり関わってない無知な私でさえ納得のいく内容でした。「た

とえ人数は少なくても、スキルのある方が来てくれれば」と主人は話していました。

　転勤するたびに成果を挙げ、部署のメンバーとの仲も良くして、これからっていうときにいつも転勤で、いつも貧乏くじです。もう少し認めていただいてもいいのではないでしょうか？　主人が成果を挙げているということはわかってくださっていると思います。釣った魚にもエサをあげて、「逃がした魚はあまりにも大きかった」とならないよう、きちんと見てほしいです。最後は今までのことが溢れ出てきて愚痴のようになってしまい失礼しました。

　以上のこと、どうかよろしくお願いします。

●通報者 → RHL【さらに後日　通報者返答】（メール）

▷内部通報担当者様

　こんにちは！

　リスクホットラインのお陰で今月はお休みが4日（今のところ）、また2日増えるかもしれないみたいです。これも皆様の迅速な対応のお陰だと思っています！！

　ただ今月だけにならないようもう少し待ちたいと思います。ありがとうございました。

調査・是正措置のポイント

　家族からの通報は、従業員本人が知らないところで行われることもあり、確認が必要です。本事例については従業員本人との話し合いがうかがえる内容となっていましたが、そうでない場合には、通報者（家族）に対して、家族から通報することの合意や、連絡の有無を確認する必要があります。

フォローアップのポイントと内部通報制度における意義

　従業員の心身の健康を最も危惧する人物として、まずは近しい家族が想定できます。それだけに安全配慮義務の観点からも、家族からの通報を「ほぼ

従業員本人からの通報」と受け止めて扱うことは、内部通報制度の意義・目的に適うものと考えます。

4. 本章のまとめ

通報事例を通して、「通報の対応」に必ずしも正解がないことや、また内部通報担当者の経験がものを言うことがおわかりいただけたと思います。しかし、共通して大切なことは、「この通報に対応することが、通報者や被通報者のコミュニティ、会社全体、そして内部通報制度の意義・目的にとってどのように寄与するのか」を意識することです。

ここで、内部通報制度が果たす役割について、座談会において言及された内容を紹介します。

●【座談会】内部通報が寄せられたときに、まずは外部流出の前に対応できることに安堵します。通報者にも改善の余地があると思うこともももちろんありますが、通報者がそもそも内部通報制度を利用しないまま、外部にそのような問題が流出してしまうよりは、会社として対応できます。例えば職場でトラブルがあって、通報者が強烈なストレスにさらされていた場合には、(何ができるかはケースバイケースとはいえ)内部通報担当者として直接向き合って話をしてあげたい。まずはストレスを解消してもらって、それからあるべき職場の姿に戻して、また元気に働いてもらいたいと考えています(D社)。

●【座談会】内部通報してくれているうちは、まだこちらで何とかしてあげられる。決して上から目線で言っているわけではなく、それが誤った形で外部に、例えばSNS等で拡散してしまったら、もうどうにもできなくなります……。かえって通報者、被通報者そして職場の従業員がより良くなるための選択肢が狭まってしまうことが懸念されます(H社)。

●【座談会】最初は「通報した人がすべて正しい」といった誤った風潮になりか

けてしまったことがあり、そうならないように通達で注意喚起したことがあります。そうするとやはり、思い込みだけの一方的な感情論の通報は減ったような気がしています。通報者と被通報者のどちらにも有利にならないように、当社では配慮しています(C社)。

　通報事例から読み取れることとして共通しているのは、「ミドルクライシス®(若干の危機)のさらに前段階の事象に対する不作為、あるいは対応の不備」ということになるでしょう。「まえがき」にてミドルクライシス®についてご紹介した際には、内部通報案件をミドルクライシス®として捉えることの必要性について言及しました。しかし、いずれの通報も、過去からの連続性の中で何らかのきっかけ(トリガー)となる事象が発生したことにより、内部通報として寄せられているように見受けられます。こうした事象に対して適切に対応しない(できない)まま、何らかのトリガーを合図に一気に噴出したものを内部通報と捉えることもできます。そして、通報のフローにおける調査・是正措置、フォローアップを経て、通報者、被通報者そして周辺の従業員の就業は将来につながっていきますが、このとき重要なのは、内部通報に至った過去からの経緯とトリガーを踏まえ、検証することだと考えられます。通報者、被通報者そして周辺の従業員の職場環境改善、ひいては「自浄作用の維持・強化」に資することが内部通報案件に対応する一側面と捉えられます。

　内部通報担当者に求められる役割のひとつは、通報のトリガーのさらに前、ミドルクライシス®に至らない事象の中から、ボタンのかけ違いとなった事象(各種ハラスメントや同僚の勤務態度に関する内容であればコミュニケーションの行き違いが始まったと推察される時点、不正行為に関する内容であれば不正行為の温床となる環境が作られる直前等)を知ろうとすること、あるいは確認することです。その後通報に至るまでのやり取りを公平にジャッジし、将来のあるべき姿を解決の方向性として見定めることにあります。誰にもほどけなくなった「絡まった糸」を根気よくほどいたうえで、紡ぎ直していくこととも言えるでしょう。

そして、このノウハウは、一人の内部通報担当者が蓄積していけばいいというものではありません。企業が存続する限り、内部通報に至らない事象はあらゆる場面で発生しています。内部通報案件に対応することはもちろん、こうした内部通報に至らない事象への不作為の低減を職制のラインに働きかけていくことは、内部通報担当部署が組織として、会社が存続する限り実施していかなければなりません。

第3章 内部通報制度の現状

　これまで見てきた通り、公益通報者保護法改正により、2022年6月から従業員数301名以上の企業に対し、通報受付体制の整備が義務化されます。これに対応するために、各社ではどの程度体制整備が進んでいるのでしょうか。

　その実態を把握するため、当社では全国の内部通報窓口業務に携わる担当者287名を対象にインターネット上でアンケートを実施しました。

　第3章では、アンケートの結果から見えてきた内部通報窓口運用の現場における現状や課題と、当社の見解を紹介します。

1．回答者の属性

業種

	回答数	％
建設業	15	5.2%
製造業	87	30.3%
卸売・小売業	28	9.8%
鉄鋼業	1	0.3%
出版・印刷関連産業	2	0.7%
電気・ガス・熱供給・水道業	4	1.4%

運送・輸送業		18	6.3%
旅行業		1	0.3%
電気通信業		4	1.4%
飲食店		2	0.7%
金融業		18	6.3%
保険業		13	4.5%
不動産業		9	3.1%
サービス業		32	11.1%
放送業		1	0.3%
ソフトウェア・情報サービス業		21	7.3%
調査業・広告代理業		0	0.0%
医療業		13	4.5%
協同組合・教育関連・公務員		9	3.1%
その他		9	3.1%

【Q1】上場・未上場

	回答数	%
株式上場している	142	49.5%
株式上場していない（上場を検討していない・わからない）	119	41.5%
株式上場していないが、上場を準備・検討している	26	9.1%

【Q2】従業員数

	回答数	%
〜50人	22	7.7%
51人〜100人	17	5.9%
101人〜300人	43	15.0%
301人〜1,000人	72	25.1%
1,001人〜3,000人	48	16.7%
3,001人〜	85	29.6%

2．内部通報制度の利用状況

【Q3】利用範囲　n=287

「正社員」が98.6%で最も多く、次いで30ポイント以上開いて「契約社員」（61.0%）、「パート・アルバイト」（50.5%）、「嘱託社員」（49.1%）の順でした。

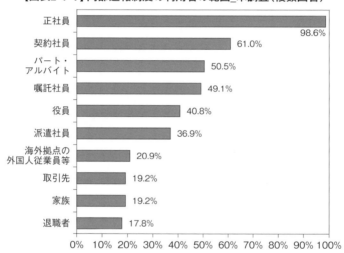

【図表2-1-1】内部通報制度の利用者の範囲_本調査（複数回答）

従業員数別にみると、従業員数の多い事業者ほど、「海外拠点の外国人従業員等」「取引先」「家族」「退職者」を通報者の範囲に含めている割合が高い傾向が見られました。

【図表2-1-2】従業員数（Q2）／内部通報制度の利用者の範囲（Q3）

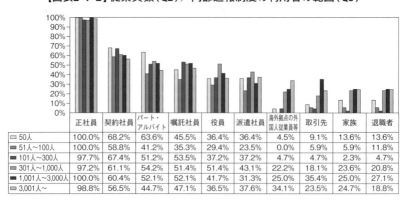

　役員と退職者（退職後1年以内に限る）は改正公益通報者保護法のもとで新たに保護対象となりますが、本調査によるとまだ窓口の利用対象に含めていない事業者も多いことが分かります。

　単に利用対象に含めていないことを理由に内部通報窓口で「内部通報」として扱わないと判断し、通報者を門前払いしてしまうと、外部に告発されるリスクも高まります。利用対象範囲外であったとしても一旦は通報内容を聞き、問題事象や問題の所在を的確に把握し、リスクレベルに応じて対応を検討することも想定しておくべきでしょう。内部通報は、企業内のリスク情報を吸い上げ、自浄作用を働かせるためのものであり、誰が通報したかよりも、何があったかを把握することが重要なのです。

　もちろん、公益通報者保護法では、現在進行中かどうか不確かな情報に振り回されたり、調査が困難なものに過剰な負荷がかかったりすることを回避するため、退職者も1年以内のものに限定しています。そのため、第1章でも言及した通り、無限定に内部通報を受け付ける必要はありませんが、調査・対応に限界があることを伝えたり、情報提供として対応する姿勢を示すなど、門前払いをするような対応を回避する配慮は検討しておくことをお勧めします。

【図表2-1-3】内部通報制度の利用者の範囲_本調査・SPNアンケート2018の比較

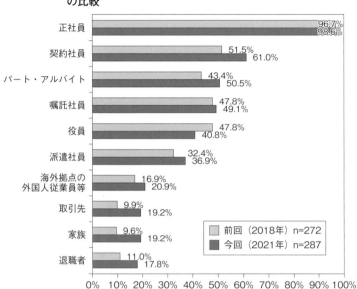

2018年度に当社で実施した結果と比較すると、概ね対象範囲が広がっている傾向がみられます。

【Q4】内部通報制度の利用者の人数　n=287

【図表2-2-1】内部通報制度の利用者の人数_本調査（数値回答）

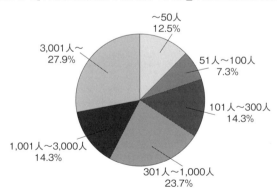

従業員数と内部通報利用者数を比較すると、必ずしも従業員全員を窓口利用対象にしていないことが分かりました。平均すると、窓口利用者数は従業員数の97.5%にとどまります。

【Q5】通報件数（直近1年間）　n=287

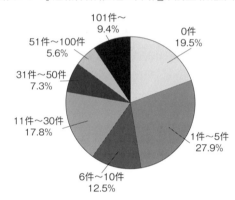

【図表2-3-1】通報件数（直近1年間）_本調査（数値回答）

SPNアンケート2018と比較すると、0件と回答した事業者が減少し、通報件数が増加しています。

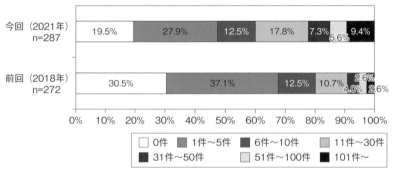

【図表2-3-2】通報件数（直近1年間）_本調査・SPNアンケート2018の比較

2016年に発表された消費者庁のガイドラインにて「通報を積極的に受けるべき」という認識が示された影響などから、内部通報制度に対する社会的な認知が進んだことが、個々の事業者における通報窓口の浸透にも繋がったと考えられます。

従来、内部通報がゼロであることがよいとされる時期もありましたが、最近では、リスクの早期発見や組織の風通しの観点から、一定の通報が寄せられることが好ましいとされています。その意味で通報件数がゼロである企業は、改めて、内部通報制度が機能しているか等を検証することが望まれます。

なお、当社では、内部通報件数の適否を判断する一つの基準として、通報比率を提示しています。雇用形態や業種によりばらつきはあるものの、おおよその基準を示せば、1年間で従業員100人当たり0.75件となります。通報件数の妥当性を判断する指標がない企業は、当社の通報比率等を参考に、内部通報制度の見直しの方向性を検討されてはいかがでしょうか。

通報比率に比して通報件数が著しく少なければ、内部通報制度の運用や周知状況に問題があると推察される一方で、著しく多ければ、本来職制で解決すべき問題が職制で適切に対処されずに内部通報として寄せられている可能性があり、職制の問題解決機能(管理職のマネジメント力や職制における報告・連絡・相談の体制)が低下している可能性が示唆されます。

3. 内部通報制度の導入年数と担当者の経験

【Q6】内部通報制度の導入年数　n=287

「10年以上」が33.4%で最も多く、次いで「5年以上10年未満」(26.5%)、「3年以上5年未満」(19.2%)、「1年以上3年未満」(12.2%)の順でした。

【図表3-1-1】内部通報制度の導入年数_本調査(単数回答)

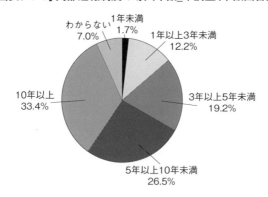

　SPNアンケート2018と比較すると、窓口の導入から10年以上経過している事業者が12.4ポイント上昇しています。

【図表3-1-2】内部通報制度の導入年数_本調査・SPNアンケート2018の比較

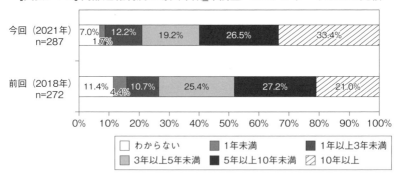

【Q7】内部通報担当者の経験年数　n=287

　「1年以上3年未満」が34.5％で最も多く、次いで「3年以上5年未満(26.8％)」、「5年以上10年未満」(16.4％)、「10年以上」(11.8％)の順でした。

【図表3-2-1】内部通報担当者の経験年数_本調査（単数回答）

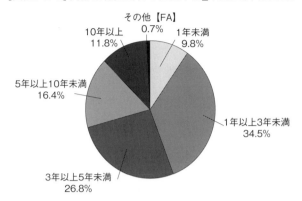

SPNアンケート2018と比較すると、経験が1年未満の担当者が10.8ポイント減少し、1年以上3年未満の担当者が9.1ポイント上昇しています。

【図表3-2-2】内部通報担当者の経験年数_本調査・SPNアンケート2018の比較

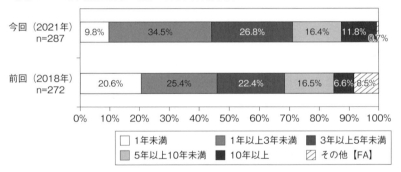

5年以上も経験のある担当者が40%強に上ることから、内部通報制度の運用は特定の熟練者に依存している企業も相当数存在していることが示唆されます。公益通報者保護法の改正により、内部通報制度についてはより高いレベルでの運用が求められることから、一層この傾向が強まる可能性があります。公益通報対応従事者に守秘義務が課せられ、大きな心理的負荷になることも考え合わせると、内部通報制度を担当するスタッフ（特に新しい担当者）

の育成・スキルアップをどのように継続的に実施していくかがいままで以上に重要になってくるのではないでしょうか。

4．窓口の設置・経営陣からの独立ルート

【Q8】窓口の設置場所　n=287

「社内と社外の両方に設置している」が54.0％で最も多く、次いで「社内にのみ設置している」（41.1％）、「社外にのみ設置している」（4.9％）の順でした。

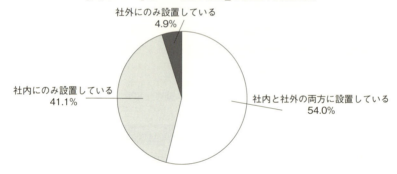

【図表4-1-1】窓口の設置場所_本調査（単数回答）

SPNアンケート2018と比較すると、「社内と社外の両方に設置している」が4.7ポイント増加する一方で、「社内にのみ設置している」が3.8ポイント減少しました。社外にも窓口を併設する事業者が増えていることが確認できます。

【図表4-1-2】内部通報制度の導入年数_本調査・SPNアンケート2018の比較

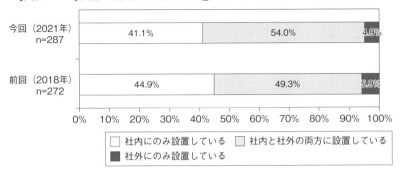

社外窓口を設置することのメリットとして、通報者の匿名性や独立ルートを確保しやすいという点、また、先入観にとらわれずフラットに対応できることなどが挙げられます。

本調査では、内部通報の社外窓口を併設することで、内部通報制度の実効性が増すという結果も出ています(通報窓口設置による効果【Q16】)。

【Q9】社内窓口の設置場所　n=273

社内窓口を設置していると回答した者(n = 273)に設置場所を質問したところ、「法務・コンプライアンス」が62.3%で最も多く、次いで「人事・総務」(54.9%)、「内部監査・監査役」(41.4%)の順でした。

【図表4-2-1】社内窓口の設置場所_本調査(複数回答)

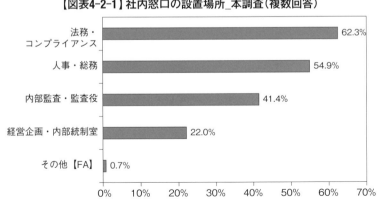

社内窓口を設置している事業者のうち、社外窓口や他部門に設置せず、人事・総務部門のみで受け付けているという回答は18.6%ありました。指針の解説では、人事部門に窓口を設置する場合は、通報をすることを躊躇する者がいること、そのために通報対象事実の早期把握を妨げる恐れがあることにも留意する必要がある旨指摘されています[43]。特に人事部門が窓口となっている場合、通報をすることで人事評価に悪影響を与えるのではないかという懸念を抱かれることがあるというのがその理由と考えられます。これは、実際には人事部が直接の人事評価者でない場合にも同様です。

　ただし、主に中小企業では人的リソースの問題で一人が人事と法務・総務などを兼任していることも稀ではありません。大企業でも、ほかの業務と通報窓口業務を兼任しているケースがほとんどです。どの部門に設置する場合でも、不利益取扱いや通報者探しが禁止されているルールの継続周知など、窓口の信頼感を高めるための活動は必須です。もっとも、何より重要なのは、1件1件の通報に真摯に向き合う姿勢を見せていくことであり、その継続が信頼感を醸成すると言えます。

【Q10】社外窓口の設置場所　n=169

　社外窓口を設置していると回答した者（ n = 169）に設置場所を質問したところ、「会社の顧問弁護士」が61.5%で最も多く、次いで「会社の顧問以外の法律事務所」（35.5%）、「親会社や関連会社」（32.0%）、「通報受付の専門会社」（30.8%）の順でした。

43）　消費者庁「公益通報者保護法に基づく指針（令和3年内閣府告示第118号）の解説」2021年10月、p.8　④その他に推奨される考え方や具体例

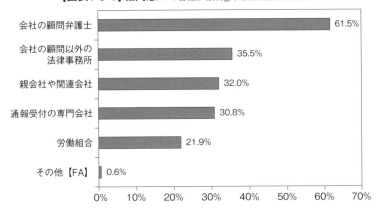

【図表4-3-1】社内窓口の設置場所_本調査（複数回答）

　会社の顧問弁護士が窓口担当を兼任することは禁止されていませんが、利益相反の観点から積極的には推奨されていません。指針の解説では、人事部門と同様に、顧問弁護士に通報を躊躇する者が存在し、課題の早期発見を妨げるおそれがあると指摘しています[44]。企業の顧問弁護士と経営陣との間には利害関係があるとの認識のもと、通報をしても、会社側の有利になるように動くだろうという懸念が生じやすくなるというのがその主な理由であると考えられます。

　今や内部通報制度は、法令違反に限らず、広く社内のリスク情報を吸い上げることを期待されており、窓口を弁護士事務所にしなければいけない必然性は薄れています。通報者に疑念を持たせないような通報窓口とすべく適切な社外窓口の選定が望まれます。

　なお、社外窓口を選定する際には、後にトラブルになった場合でも、公正・公平に選定されたということが説明できるよう、どのような検討過程を経て決定したかを記録に残すことをお勧めします。

　また、窓口委託先との契約書に通報者側・被通報者側のいずれにも偏らず、常に中立・公正な立場で業務を提供するという趣旨の条項を入れる取組みをしている企業もあります。

---

44) 消費者庁「公益通報者保護法に基づく指針（令和3年内閣府告示第118号）の解説」2021年10月、P.12、④その他に推奨される考え方や具体例

【Q11】経営陣からの独立ルート　n=169

　社外窓口を設置していると回答した者（n = 169）に、経営陣から独立した報告ルートをどこに設定しているかを質問したところ、「監査機関（監査役・監査等委員会・指名委員会など）」が57.5%で最も多く、次いで「顧問弁護士」（45.6%）、「社外取締役など」（27.9%）、「顧問弁護士が所属する法律事務所の弁護士」（24.7%）の順でした。

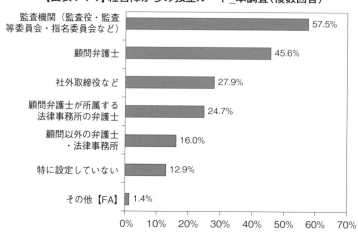

【図表4-4-1】経営陣からの独立ルート_本調査（複数回答）

　とりわけガバナンスという観点からは、顧問弁護士は経営と一体と考えられるため、経営陣からの独立ルートとしては機能しないことが見込まれます。独立ルートを選定する際には、ガバナンスの観点を重視して設計することが望まれます。

　また、「特に設定していない」旨の回答が12.9%ありますが、組織の長やその他幹部からの独立性を保ったルートを設定することで、従業員の安心感が高まり、重要なリスク情報も上がりやすくなると考えられます。

　第1章でも触れた通り、独立ルートの設定は、規模が大きい事業者だけの課題ではなく、中小企業においても特に対応を検討すべきです。

　なお、ただ独立ルートを設定するだけではなく、社外取締役や監査役等が

内部通報の案件の調査・是正勧告等をどのように行うかなど、平時にシミュレーションを行っておくことも重要です。

5．通報の受付手段

【Q12,13】社内窓口及び社外窓口の通報受付手段

社内窓口の通報受付手段では、「電子メール」が92.3%で最も多く、次いで「電話」(77.3%)、「WEBフォーム」(56.0%)と続きます。

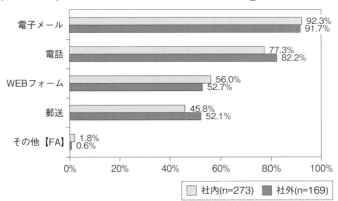

【図表5-1-1】社内窓口及び社外窓口の通報受付手段_本調査(複数回答)

社外窓口では、「電話」が82.2%と、社内窓口よりも4.9ポイント高くなっています。社内窓口の場合は、電話を受け付ける際に周囲に会話が聞こえないよう配慮する必要があることなどが影響している可能性があります。

なお、当社の運営する第三者窓口「リスクホットライン®」では、電話、電子メール、郵送での受付を行っています。そのうち、活用率が最も高い受付手段は電話、次いで電子メールとなっています。

店舗を展開している企業では、電話による通報が当該企業の通報の8割以上を占めることもあります。窓口自体は設置しているものの、なかなか通報が上がらない場合は、受付手段が自社の業態に合っていない可能性も含めて

点検をする必要があります。

【図表5-1-2】リスクホットライン®受付内訳

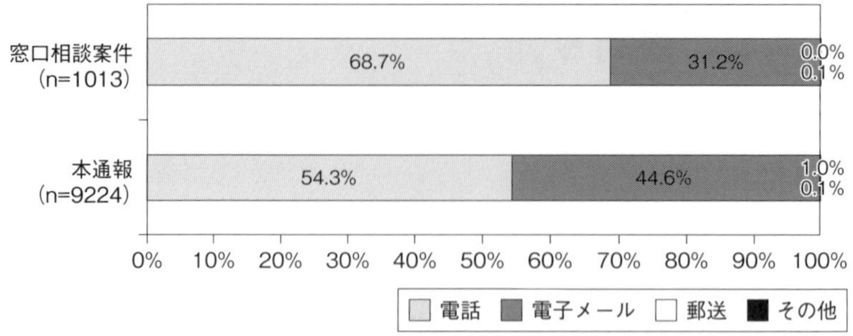

窓口相談案件 (n=1013): 電話 68.7%、電子メール 31.2%、郵送 0.0%、その他 0.1%
本通報 (n=9224): 電話 54.3%、電子メール 44.6%、郵送 1.0%、その他 0.1%

※窓口相談案件：会社側に通報内容を伝えずに終了する案件
　本通報　　：通報者の許諾を得て、当社窓口から会社側に通報内容を報告する案件

6．受付後の調査

【Q14】調査の担当部門　n=287

「内部通報受付担当部門」が77.4%で最も多く、次いで「コンプライアンス委員」(65.9%)、「内部監査・監査機関」(62.4%)、「各エリア・部門の担当者」(37.3%)の順でした。

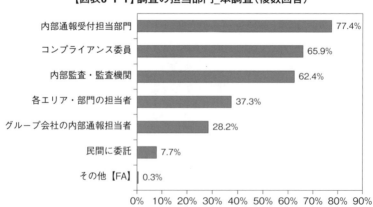

【図表6-1-1】調査の担当部門_本調査（複数回答）

- 内部通報受付担当部門 77.4%
- コンプライアンス委員 65.9%
- 内部監査・監査機関 62.4%
- 各エリア・部門の担当者 37.3%
- グループ会社の内部通報担当者 28.2%
- 民間に委託 7.7%
- その他【FA】 0.3%

第3章　内部通報制度の現状

　内部通報受付担当部門は、内部通報の受付のみならず、調査も担当していると回答した事業者が多く、この結果からも内部通報担当者の負担増が推察されます。

　調査は受付以上に時間がかかることが多く、受付と調査を分けずに、担当部門がやると負荷が大きすぎ、事案への対応も遅くなりかねません。事案への対応が遅れれば、通報者に会社は調査・改善に消極的との印象を与えかねず、内部通報制度への信頼低下を招きかねません。内部通報担当者が業務過多になり過ぎないよう、適切な役割分担も視野に入れた制度設計を検討すべきです。

7．窓口担当者が社外窓口に求めること

【Q15-1】窓口を社外に設置する際に重視すること　n=287

窓口担当者が重視する項目（いくつでも）は、「通報対応担当者の心理的負担を軽減できること」が57.1％で最も多く、次いで「内部通報制度の独立性や中立性が確保できること」（53.7％）の順でした。

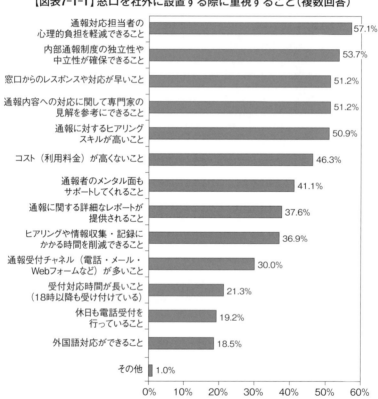

【図表7-1-1】窓口を社外に設置する際に重視すること（複数回答）

SPNアンケート2018における「社外窓口を設置した理由」に関する質問でも、中立性や担当者の負担減に関する事項が比較的多く選択されていました。

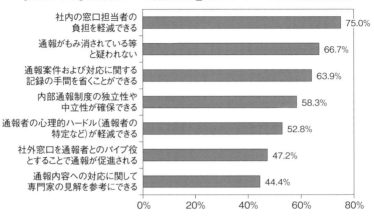

社外窓口の導入を検討する際、コスト面が決裁のハードルとなることも多いと思われますが、持続可能な内部通報制度の運用のためには、窓口担当者の負担軽減も重要な要素です。経営レベルでは、どうしてもコストを重視する傾向にありますが、担当者はコストよりも負担軽減や対応への支援を求めている傾向が見受けられます。

内部通報制度の実効性確保には担当者の意向も無視できません。コストと対応面のクオリティを検証し、バランスのとれた外部窓口を選定することが、実効性のある体制構築には不可欠です。

【Q15-2】窓口を社外に設置する際に最も重視すること　n=287

窓口担当者が最も重視する項目は、「内部通報制度の独立性・中立性が確保できること」が16.7%で最も多く、次いで「通報内容への対応に関して専門家の見解を参考にできること」(16.4%)、「通報対応担当者の心理的負担を軽減できること」(15.7%)の順でした。

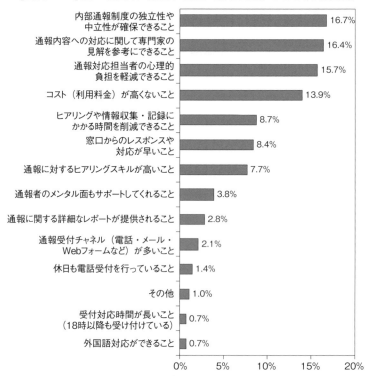

【図表7-2-1】窓口を社外に設置する際に最も重視すること（単数回答）

項目	割合
内部通報制度の独立性や中立性が確保できること	16.7%
通報内容への対応に関して専門家の見解を参考にできること	16.4%
通報対応担当者の心理的負担を軽減できること	15.7%
コスト（利用料金）が高くないこと	13.9%
ヒアリングや情報収集・記録にかかる時間を削減できること	8.7%
窓口からのレスポンスや対応が早いこと	8.4%
通報に対するヒアリングスキルが高いこと	7.7%
通報者のメンタル面もサポートしてくれること	3.8%
通報に関する詳細なレポートが提供されること	2.8%
通報受付チャネル（電話・メール・Webフォームなど）が多いこと	2.1%
休日も電話受付を行っていること	1.4%
その他	1.0%
受付対応時間が長いこと（18時以降も受け付けている）	0.7%
外国語対応ができること	0.7%

　上位項目を見ると、「信頼できる第三者の専門家を外部窓口に選定したい」と考える企業が多いことがうかがえます。

　通報対応においては、労務や業法に関する問題に直面することもあり、社労士や弁護士などに意見を求めるべき場面もあります。また、法的な面だけでなく、心の問題を抱える通報者への対応や、通報者の心情に配慮しつつ会社方針を伝える返信文案の作成、どのように調査を進めていくべきかなどは悩みが生じやすい点と言えます。

　内部通報窓口の重要性が増すにつれて、内部通報窓口に求められる役割もより高度になってきます。通報者が通報しやすい窓口であり、また内部通報担当者が適切に対応していくために、専門的な知見が必要であれば、そのような実務上の要請を満たせる外部事業者の選定も重要になることは言うまで

もありません。

　外部窓口の全てが、対応に関する参考意見を提示しているわけではありませんが、適宜、必要なアドバイスや支援を受けられるように複数の社外窓口を専門性ごとに使い分けている企業もあります。本調査からは、そのような環境整備の必要性も示唆されています。

8．通報窓口設置による効果

【Q16】通報窓口設置による効果　n=287

　「コンプライアンス違反が早期に発見できた」が54.7%で最も多く、通報受付窓口を設置した事業者のうち半数以上が、実際に組織内の問題の早期発見ができたという結果になっています。

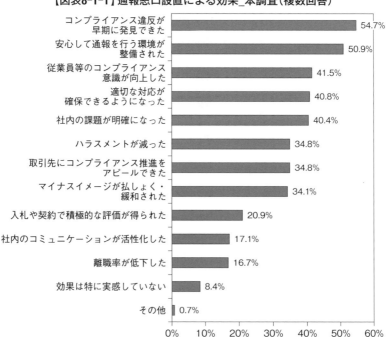

【図表8-1-1】通報窓口設置による効果_本調査（複数回答）

窓口の設置場所別にみると、「社内と社外の両方に設置」している事業者は、「社内のみに設置」している事業者よりも、すべての項目で内部通報窓口導入の効果を実感している傾向にある結果となりました。

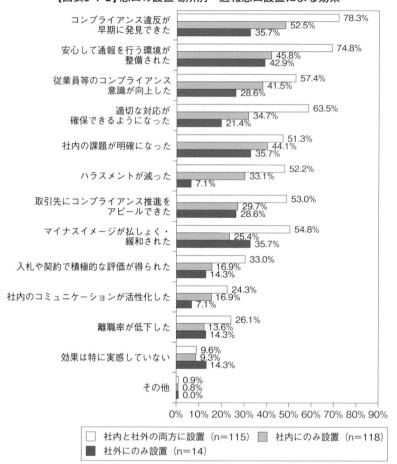

【図表8-1-2】窓口の設置場所別　通報窓口設置による効果

　「平成28年度　民間事業者における内部通報制度の実態調査」(以下「消費者庁調査2016」)でも、多くの項目で「社内外いずれにも設置」している事業者で窓口導入効果を確認できている傾向にありました。

210

【図表8-1-3】通報窓口を設置したことによる効果_消費者庁調査2016（複数回答）

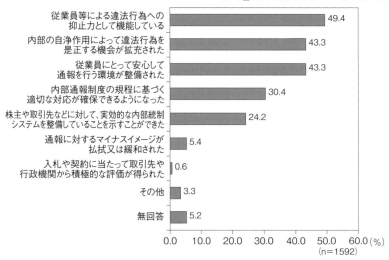

【図表8-1-4】通報窓口を設置したことによる効果／通報窓口の設置場所別_消費者庁調査2016（複数回答） (%)

通報窓口の設置場所		n	内部の自浄作用によって違法行為を是正する機会が拡充された	従業員等による違法行為への抑止力として機能している	株主や取引先などに対して、実効的な内部統制システムを整備していることを示すことができた	入札や契約に当たって取引先や行政機関から積極的な評価が得られた	通報に対するマイナスイメージが払拭又は緩和された	従業員にとって安心して通報を行う環境が整備された	内部通報制度の規程に基づく適切な対応が確保できるようになった	その他	無回答
	全体	1592	43.3	49.4	24.2	0.6	5.4	43.3	30.4	3.3	5.2
	社内外いずれにも設置	963	49.6	51.5	26.8	0.2	5.4	45.5	32.4	2.6	4.2
	社内のみに設置	516	34.3	46.5	20.2	1.4	6.2	37.0	27.5	5.0	6.2
	社外のみに設置	113	31.0	45.1	20.4	—	1.8	54.0	26.5	1.8	9.7
	制度は導入しているが、特定の通報受付窓口は社内外いずれにも設置していない	—	—	—	—	—	—	—	—	—	—

9．トップメッセージの発信・社内周知

【Q17】経営トップの内部通報に関するメッセージ発信　n=287

「社内報・イントラネット等で発信している」が71.8％で最も多く、次い

で「コンプライアンス委員会など、会議の場で発信している」(51.9%)、「企業の公式ホームページなどに掲載している」(42.9%)の順でした。

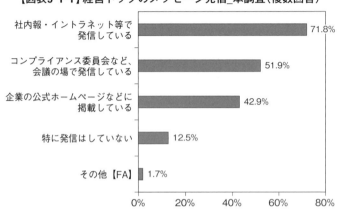

【図表9-1-1】経営トップのメッセージ発信_本調査（複数回答）

発信媒体別に窓口導入効果を見ると、「特に発信はしていない」と回答した層では、内部通報制度の実効性を感じにくいことが明らかになりました。

逆に、複数の媒体でトップメッセージを発信している企業では、発信していない企業よりも窓口導入効果を感じている結果となりました。

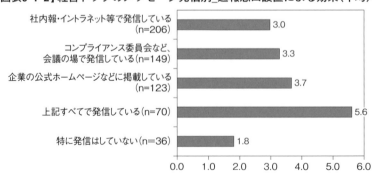

【図表9-1-2】経営トップのメッセージ発信別_通報窓口設置による効果（平均）

※Q16（内部通報窓口導入の効果）の選択肢1つを1点として換算した場合の平均値（満点12点、「効果は特に実感していない」を除く）

トップメッセージを複数の媒体で継続して発信することで、内部通報制度の従業員への浸透・理解の定着が図られるということが示唆されています。窓口の周知の際にはトップメッセージを添えることが望ましいと言えます。

なお、経営トップが内部通報制度の意義や重要性についてメッセージ発信をすることは、「内部通報制度認証(WCMS)」の取得審査においても必須項目となっています。発信の方法は、定期的な研修やポスター掲示、カード配布等で対応している事業者もあります[45]。

【Q18】社内周知　n=287

「定期的な研修会や説明会」が61.0%で最も多く、次いで「入社時の説明」(59.9%)、「社内報など」(50.9%)の順でした。

SPNアンケート2018と比較すると、すべての周知方法において増加していました。各社で窓口の周知活動に力を入れていることがうかがえます。

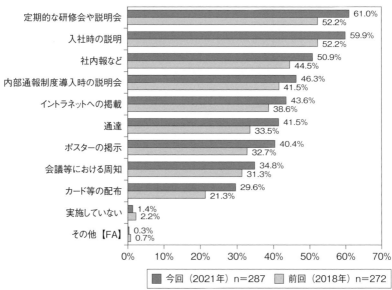

【図表9-2-1】社内周知_本調査・SPNアンケート2018の比較(複数回答)

---

45)　商事法務研究会「内部通報制度認証(WCMS)申請・審査の実態概況報告－登録事業者100社の概況と審査の概要」2021年3月

近年の動向として、単に窓口を設置するということから、いかに実効的に運用するかに課題がシフトしています。さまざまな方法で窓口の周知をすることで窓口の浸透を促し、リスクマネジメントに役立てようとする姿勢がうかがえます。

　消費者庁調査2016と比較すると、定期的な社内研修と通報制度の周知を兼ねる事業者が増えていることが分かります。

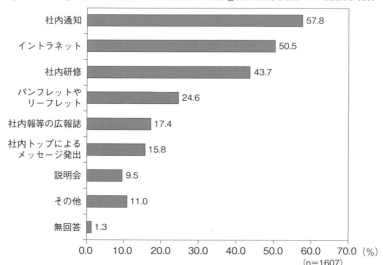

【図表9-2-2】内部通報制度の周知活動・全体_消費者庁調査2016（複数回答）

10．通報の受付方法

【Q19】執務環境（受付時の情報漏洩の防止）　n=287

　「都度会議室等を利用する」が34.1％で最も多く、次いで「パーテーション等で仕切られた担当者の自席で受けている」（33.8％）、「専用の部屋がある」（33.1％）、「特に仕切られていない担当者の自席で受けている」（29.3％）の順でした。

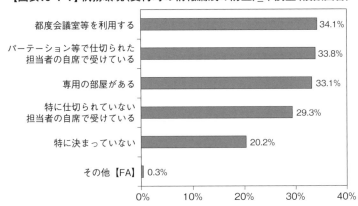

【図表10-1-1】執務環境（受付時の情報漏洩の防止）_本調査（複数回答）

SPNアンケート2018と比較すると、「パーテーション等で仕切られた担当者の自席で受けている」が9.5ポイント増加し、「専用の部屋がある」が7.7ポイント増加しました。

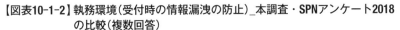

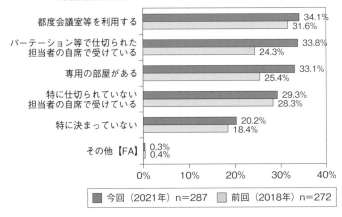

【図表10-1-2】執務環境（受付時の情報漏洩の防止）_本調査・SPNアンケート2018の比較（複数回答）

「内部通報の担当者が会議室等に移動する」という行動自体が、内部通報が入ったことを周囲に知らせてしまうことになりかねないため、専用の部屋な

ど、秘密保持可能な環境の自席で受け付けることが望ましいと言えます。

公益通報者保護法の改正により、通報者が特定される情報の管理の徹底が強く求められますし、公益通報対応業務従事者の選任と共有範囲内での厳格な内部通報情報の管理など、今まで以上に、内部通報に関する情報の管理体制強化が重要になります。情報管理の徹底には物理的対策も不可欠ですので、内部通報担当者の執務環境の整備も、今後一層推進していく必要があります。

オフィスの構造の問題もあり、対応が困難な場合もありますが、情報管理の観点からは最低限パーテーションなどを用意するべきでしょう。

【Q20】匿名通報の受付　n=287

「受け付ける」が91.3％で、「受け付けない」は8.4％でした。

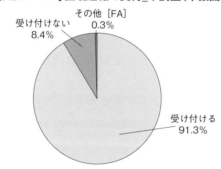

【図表10-2-1】匿名通報の受付_本調査（単数回答）

その他［FA］ 0.3%
受け付けない 8.4%
受け付ける 91.3%

消費者庁調査2016の全体結果と比較すると、「受け付ける」旨の回答が88.9％→91.3％と2.4ポイント上昇しています。匿名通報を受け付けることが年々浸透していることがうかがえます。

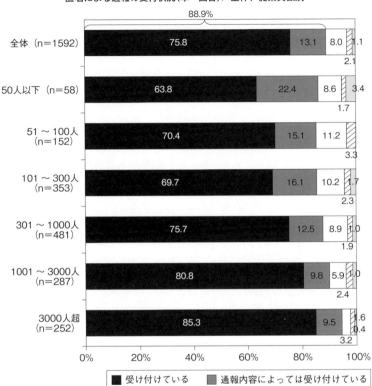

【図表10-2-2】消費者庁調査2016（単数回答）
匿名による通報の受付状況（単一回答）／全体、従業員数別

　公益通報者保護法では実名（顕名）通報を前提としていますが、企業の内部通報制度の場合は、密室等でのハラスメントの事例を除いては匿名通報でもそれなりの調査ができる場合も少なくありません。リスク情報をできるだけ広く拾い企業の自浄作用を働かせる内部通報制度の趣旨からも、匿名通報も受け付けることが望ましいと考えられます。

11．内部通報制度に関する課題

【Q21】内部通報制度に関する課題　n=287

「通報に対応する担当者の法令・ビジネス等の知識」が最も多く、49.1%が課題を感じていると回答しました。次いで「通報を受付ける人員の確保・育成」（48.8%）、「通報に対応する担当者のメンタルケア」（48.4%）、「通報受付担当者のヒアリングスキル」（48.4%）の順でした。

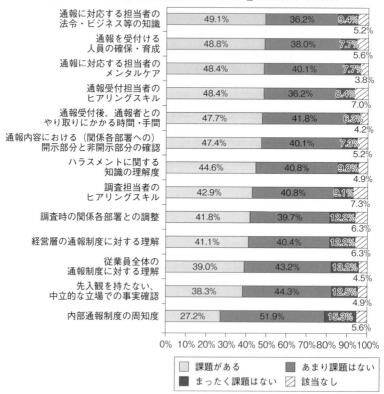

【図表11-1-1】内部通報制度に関する課題_本調査（単数回答）

項目	課題がある	あまり課題はない	まったく課題はない	該当なし
通報に対応する担当者の法令・ビジネス等の知識	49.1%	36.2%	9.4%	5.2%
通報を受付ける人員の確保・育成	48.8%	38.0%	7.7%	5.6%
通報に対応する担当者のメンタルケア	48.4%	40.1%	7.7%	3.8%
通報受付担当者のヒアリングスキル	48.4%	36.2%	8.4%	7.0%
通報受付後、通報者とのやり取りにかかる時間・手間	47.7%	41.8%	6.3%	4.2%
通報内容における（関係各部署への）開示部分と非開示部分の確認	47.4%	40.1%	7.3%	5.2%
ハラスメントに関する知識の理解度	44.6%	40.8%	9.8%	4.9%
調査担当者のヒアリングスキル	42.9%	40.8%	9.1%	7.3%
調査時の関係各部署との調整	41.8%	39.7%	12.2%	6.3%
経営層の通報制度に対する理解	41.1%	40.4%	12.2%	6.3%
従業員全体の通報制度に対する理解	39.0%	43.2%	13.2%	4.5%
先入観を持たない、中立的な立場での事実確認	38.3%	44.3%	12.5%	4.9%
内部通報制度の周知度	27.2%	51.9%	15.3%	5.6%

この結果に関して言及しておきたいのは、3位タイの「通報に対応する担当者のメンタルケア」についてです。

通報対応はメンタル不調の相談者への対応や通報者特定を避けるための様々な配慮など、精神的負担の大きい業務です。さらに今回の公益通報者保護法の改正により、公益通報対応業務従事者には刑事罰付きの守秘義務が課されることに対する心理的負担は計り知れません。その意味で、内部通報窓口の運営に従事する担当者のメンタルケアは、今後更に重要な課題になってきますので、相談できる仲間もおらず一人で抱え込むことになってしまっては、対応への悩みや何かあった場合の責任を考えてしまう等心理的な負荷になる要因が更に多くなります。

したがって、メンタルケアとしては、まずは担当者が一人だけという状況は避けること、複数名いる場合でも、それぞれが孤独にならないよう連携を取りやすい環境を維持することが重要です。

また、担当者が自覚なくストレスを溜めていることもありますので、会社側が主導してカウンセラー等との面談を定期的に設定している企業もあります。このような方法もケアの一環として一定の効果はあると考えられます。

【Q22】内部通報制度に関する改善策　n=287

所属組織で、内部通報制度に関連して実施済み・実施予定の取組みについて質問したところ、「従業員等(利用者)に向けて内部通報制度の内容を含む研修をした(する予定)」が48.8%で最も多く回答がありました。次いで「窓口担当者に研修をした(する予定)」(34.1%)、「通報受付窓口や通報案件への対処(受付・調査・是正措置・フォローアップ)に関する業務の見直しをした(する予定)」(29.3%)、「特に実施していない・する予定はない」(28.6%)の順でした。

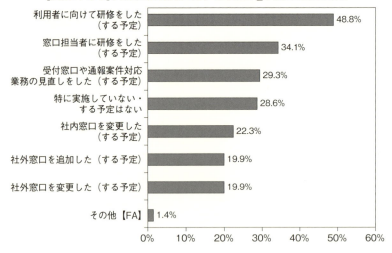

【図表11-2-1】内部通報制度に関する取組み_本調査（複数回答）

法改正を控えるなか、「従事者」に当たる従業員への研修が急務です。また、改正法では、広く公益通報者保護法や内部通報制度、あるいはその運用についての社内研修、役員への研修も求められています。内部通報制度に関しては、コンプライアンス研修の一部で少し触れる程度という会社も少なくないと思いますが、公益通報者保護法改正や内部通報制度の重要性を考えると、内部通報制度に関する研修を独立させて、担当者以外にも定期的に開催することも検討すべきです。

なお、内部通報制度の実効性を担保する上でも、内部通報制度へのトップの理解と、トップが内部通報を利用した組織体制の強化に取り組むこと、内部通報窓口を積極的に利用して欲しい等のメッセージを発することが重要です。内部通報制度に関する研修を定期的に開催し、その中でトップメッセージを役員や社員にしっかりと伝えていくことで、トップメッセージを継続的に発信していくことができます。

また、通報窓口に関する従業員アンケートなどで、利用者の声を吸い上げる取組みをしている企業もあります。アンケート後には窓口に対する不満や不安に応えるかたちで社内報を発信するなど、やりっぱなしにしないことが

信頼性の向上にとって重要です。

【Q23】内部通報制度の強化・見直しの方法　n=287

　内部通報制度の強化・見直しをする場合に、どのような方法をとるか質問したところ、「自社内で対応する」が71.4%で最も多く、次いで「弁護士からの助言」（45.6%）、「コンサルティング会社に依頼」（38.0%）の順でした。

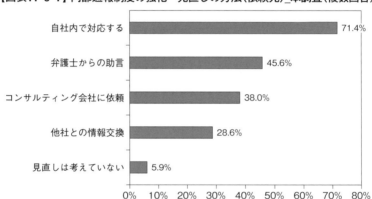

【図表11-3-1】内部通報制度の強化・見直しの方法（依頼先）_本調査（複数回答）

　自社内の課題を把握できている場合は、それを踏まえて改善することが望ましいでしょう。もっとも、公益通報者保護法の改正もあり、社会的に求められる各種の要請も踏まえた見直しが不可欠であることから、「自社内で対応する」場合、社会的に求められる水準を満たさない可能性もあります。その意味では、客観的な外部の知見も含めて検証・改善を検討することもひとつの手段です。

【Q24】他社と意見交換したいこと　n=287

　他社の内部通報担当者と情報交換の機会があるとした場合に、どのようなテーマで話し合いたいか質問しました。特にない等の回答を除くと、「通報者の保護・ケア」が11.5%で最も多く、次いで「情報管理・秘密保持等」（9.8%）、

「事実確認・調査・ヒアリング」(5.2%)の順でした。

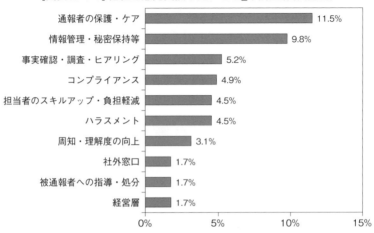

【図表11-4-1】他社と意見交換したいこと_本調査(自由記述)

- 通報者の保護・ケア　11.5%
- 情報管理・秘密保持等　9.8%
- 事実確認・調査・ヒアリング　5.2%
- コンプライアンス　4.9%
- 担当者のスキルアップ・負担軽減　4.5%
- ハラスメント　4.5%
- 周知・理解度の向上　3.1%
- 社外窓口　1.7%
- 被通報者への指導・処分　1.7%
- 経営層　1.7%

　当社では、リスクホットライン®契約企業担当者限定で定期的に座談会を開催しています。2021年12月現在で全7回開催されていますが、座談会では、「先入観を持たずに通報に対応するための工夫」や「通報の多い店舗や部署についての指導・改善方法」などのテーマが度々取り上げられており、通報対応実務で悩みが生じやすいことが分かります。

　窓口導入から年数が経過して内部通報体制が成熟し、通報件数も多い企業では、通報者の保護だけでなく、窓口運用の効率化についても具体的な検討が進んでいる様子がうかがえました。

　直近の座談会では、公益通報対応業務従事者に関する話題もありました。このテーマについては、各社非常に関心が高いものと思われます。

第3章 内部通報制度の現状

12．設問一覧

Q1 お勤めの会社の株式上場についてお聞きします。『単数回答』

1 株式上場している

2 株式上場していない（上場を検討していない・わからない）

3 株式上場していないが、上場を準備・検討している

Q2 お勤めの会社のおおよその従業員数（アルバイト、派遣を含む）を教えてください。『数値回答』

Q3 お勤めの会社で内部通報制度を利用できる範囲を教えてください。『複数回答』
※どなたが利用できるかをお答えください。

1 役員

2 正社員

3 契約社員

4 嘱託社員

5 パート・アルバイト

6 海外拠点の外国人従業員等

7 派遣社員

8 家族

9 退職者

10 取引先

11 その他【FA】

Q4 お勤めの会社で、内部通報制度を利用できる対象のおおよその人数を教えてください。『数値回答』

Q5 お勤めの会社の直近1年間のおおよその内部通報件数を教えてく

223

ださい。『数値回答』

Q6　内部通報制度の導入からの年数を教えてください。『単数回答』

1　1年未満

2　1年以上3年未満

3　3年以上5年未満

4　5年以上10年未満

5　10年以上

6　わからない

7　その他【FA】

Q7　あなたの内部通報担当経験はどのくらいですか。『単数回答』

1　1年未満

2　1年以上3年未満

3　3年以上5年未満

4　5年以上10年未満

5　10年以上

6　その他【FA】

Q8　内部通報受付窓口の設置場所を教えてください。『単数回答』

1　社内にのみ設置している

2　社外にのみ設置している

3　社内と社外の両方に設置している

4　その他【FA】

Q9　通報受付窓口を「社内」に設置している場合、どちらに設置していますか。『複数回答』

1　人事・総務

2　法務・コンプライアンス

3 内部監査・監査役

4 経営企画・内部統制室

5 その他【FA】

Q10 通報受付窓口を「社外」に設置している場合、どちらに設置していますか。『複数回答』

1 会社の顧問弁護士

2 会社の顧問以外の法律事務所

3 親会社や関連会社

4 通報受付の専門会社

5 労働組合

6 その他【FA】

Q11 トップや役員に関する通報や「組織ぐるみ」が疑われる通報の報告先(独立ルート)はどこ(誰)を設定していますか。『複数回答』

1 監査機関(監査役・監査等委員会・指名委員会など)

2 社外取締役など

3 顧問弁護士

4 顧問弁護士が所属する法律事務所の弁護士

5 顧問以外の弁護士・法律事務所

6 その他【FA】

7 特に設定していない

Q12 「社内窓口」の通報受付手段を教えてください。『複数回答』

1 電話

2 電子メール

3 WEBフォーム

4 郵送

5 その他【FA】

225

Q13 「社外窓口」の通報受付手段を教えて下さい。『複数回答』

1 電話
2 電子メール
3 WEBフォーム
4 郵送
5 その他【FA】

Q14 通報に関する調査を行う方・部門をすべて教えてください。『複数回答』

1 内部通報受付担当部門
2 コンプライアンス委員
3 内部監査・監査機関
4 各エリア・部門の担当者
5 グループ会社の内部通報担当者
6 民間に委託
7 その他【FA】

Q15 担当者の目線から、窓口を社外に設置する場合に求める項目はありますか。以下の中から重視するものをすべてお選びください。

また、その中から最も重視するものをひとつだけお選びください。

1 コスト（利用料金）が高くないこと
2 ヒアリングや情報収集・記録にかかる時間を削減できること
3 通報対応担当者の心理的負担を軽減できること
4 通報内容への対応に関して専門家の見解を参考にできること
5 窓口からのレスポンスや対応が早いこと
6 通報に対するヒアリングスキルが高いこと
7 通報に関する詳細なレポートが提供されること

8 通報者のメンタル面もサポートしてくれること

9 内部通報制度の独立性や中立性が確保できること

10 通報受付チャネル（電話・メール・Webフォームなど）が多いこと

11 外国語対応ができること

12 受付対応時間が長いこと（18時以降も受け付けている）

13 休日も電話受付を行っていること

14 その他

Q16 通報受付窓口を設置したことによる効果はどのようなものがありましたか。『複数回答』

1 従業員等によるコンプライアンス違反が早期に発見できた

2 社内の課題が明確になった

3 株主や取引先などに対して、コンプライアンス推進の企業姿勢をアピールできた

4 入札や契約にあたって取引先や行政機関から積極的な評価が得られた

5 通報をすること自体に対するマイナスイメージが払しょく・緩和された

6 従業員にとって安心して通報を行う環境が整備された

7 内部通報制度の規程に基づく適切な対応が確保できるようになった

8 離職率が低下した

9 ハラスメントが減った

10 役員・従業員のコンプライアンス意識が向上した

11 社内のコミュニケーションが活性化した

12 その他【FA】

13 効果は特に実感していない

Q17 経営トップは、内部通報制度の利用促進・活性化に向けたメッセージを発信していますか。『複数回答』

1 企業の公式ホームページなどに掲載している

2 社内報・イントラネット等で発信している

3　コンプライアンス委員会など、会議の場で発信している

4　その他【FA】

5　特に発信はしていない

Q18　内部通報制度の社内周知は、どのように実施していますか。『複数回答』

1　内部通報制度導入時の説明会

2　定期的な研修会や説明会

3　入社時の説明

4　社内報など

5　通達

6　ポスターの掲示

7　カード等の配布

8　イントラネットへの掲載

9　会議等における周知

10　その他【FA】

11　実施していない

Q19　内部通報担当者の通報に関する業務（通報受付や通報者等へのメール作成時）における執務環境を教えてください。『複数回答』

1　専用の部屋がある

2　パーテーション等で仕切られた担当者の自席で受けている

3　特に仕切られていない担当者の自席で受けている

4　都度会議室等を利用する

5　その他【FA】

6　特に決まっていない

Q20　「匿名」の通報への対応について教えてください。『単数回答』

1　受け付ける

2 受け付けない

3 その他【FA】

Q21 お勤めの会社の内部通報制度について、以下の項目について課題はありますか。『それぞれ単数回答』

Q21-1 通報を受付ける人員の確保・育成

Q21-2 通報受付担当者のヒアリングスキル

Q21-3 通報内容における(関係各部署への)開示部分と非開示部分の確認

Q21-4 通報に対応する担当者の法令・ビジネス等の知識

Q21-5 通報に対応する担当者のメンタルケア

Q21-6 通報受付後、通報者とのやり取りにかかる時間・手間

Q21-7 調査担当者のヒアリングスキル

Q21-8 先入観を持たない、中立的な立場での事実確認

Q21-9 調査時の関係各部署との調整

Q21-10 経営層の通報制度に対する理解

Q21-11 従業員全体の通報制度に対する理解

Q21-12 内部通報制度の周知度

Q21-13 ハラスメントに関する知識の理解度

1 課題がある

2 あまり課題はない

3 まったく課題はない

4 該当なし

Q22 お勤めの企業で実施した・今後実施する予定があることはありますか。『複数回答』

1 社内窓口を変更した(する予定)

2 社外窓口を変更した(する予定)

3 社外窓口を追加した(する予定)

4 従業員等(利用者)に向けて内部通報制度の内容を含む研修をした(する

予定)

5 窓口担当者に研修をした(する予定)

6 通報受付窓口や通報案件への対処(受付・調査・是正措置・フォローアップ)に関する業務の見直しをした(する予定)

7 その他【FA】

8 特に実施していない・する予定はない

Q23 お勤めの会社で内部通報制度の強化・見直しをする場合、どのような方法をとりますか。『複数回答』

1 自社内で対応する

2 コンサルティング会社に依頼

3 他社との情報交換

4 弁護士からの助言

5 見直しは考えていない

Q24 もしお勤めの会社以外の内部通報担当者との情報交換の機会があるとしたら、どのようなテーマ(課題や悩みとなっている点を含む)を望みますか。『自由記述』

巻 末 資 料

〈巻末資料1〉
公益通報者保護法第11条第1項及び第2項の規定に基づき
事業者がとるべき措置に関して、その適切かつ有効な実施を
図るために必要な指針

令和3年8月20日 内閣府告示第118号

第1 はじめに

　この指針は、公益通報者保護法(平成16年法律第122号。以下「法」という。)第11条第4項の規定に基づき、同条第1項に規定する公益通報対応業務従事者の定め及び同条第2項に規定する事業者内部における公益通報に応じ、適切に対応するために必要な体制の整備その他の必要な措置に関して、その適切かつ有効な実施を図るために必要な事項を定めたものである。

第2 用語の説明

　「公益通報」とは、法第2条第1項に定める「公益通報」をいい、処分等の権限を有する行政機関やその他外部への通報が公益通報となる場合も含む。

　「公益通報者」とは、法第2条第2項に定める「公益通報者」をいい、公益通報をした者をいう。

　「内部公益通報」とは、法第3条第1号及び第6条第1号に定める公益通報をいい、通報窓口への通報が公益通報となる場合だけではなく、上司等への報告が公益通報となる場合も含む。

　「事業者」とは、法第2条第1項に定める「事業者」をいい、営利の有無を

問わず、一定の目的をもってなされる同種の行為の反復継続的遂行を行う法人その他の団体及び事業を行う個人であり、法人格を有しない団体、国・地方公共団体などの公法人も含まれる。

「労働者等」とは、法第2条第1項に定める「労働者」及び「派遣労働者」をいい、その者の同項に定める「役務提供先等」への通報が内部公益通報となり得る者をいう。

「役員」とは、法第2条第1項に定める「役員」をいい、その者の同項に定める「役務提供先等」への通報が内部公益通報となり得る者をいう。

「退職者」とは、労働者等であった者をいい、その者の法第2条第1項に定める「役務提供先等」への通報が内部公益通報となり得る者をいう。

「労働者及び役員等」とは、労働者等及び役員のほか、法第2条第1項に定める「代理人その他の者」をいう。

「通報対象事実」とは、法第2条第3項に定める「通報対象事実」をいう。

「公益通報対応業務」とは、法第11条第1項に定める「公益通報対応業務」をいい、内部公益通報を受け、並びに当該内部公益通報に係る通報対象事実の調査をし、及びその是正に必要な措置をとる業務をいう。

「従事者」とは、法第11条第1項に定める「公益通報対応業務従事者」をいう。

「内部公益通報対応体制」とは、法第11条第2項に定める、事業者が内部公益通報に応じ、適切に対応するために整備する体制をいう。

「内部公益通報受付窓口」とは、内部公益通報を部門横断的に受け付ける窓口をいう。

「不利益な取扱い」とは、公益通報をしたことを理由として、当該公益通報者に対して行う解雇その他不利益な取扱いをいう。

「範囲外共有」とは、公益通報者を特定させる事項を必要最小限の範囲を超えて共有する行為をいう。

「通報者の探索」とは、公益通報者を特定しようとする行為をいう。

第3　従事者の定め(法第11条第1項関係)

1　事業者は、内部公益通報受付窓口において受け付ける内部公益通報に

関して公益通報対応業務を行う者であり、かつ、当該業務に関して公益
通報者を特定させる事項を伝達される者を、従事者として定めなければ
ならない。

2　事業者は、従事者を定める際には、書面により指定をするなど、従事
者の地位に就くことが従事者となる者自身に明らかとなる方法により定
めなければならない。

第4　内部公益通報対応体制の整備その他の必要な措置(法第11条第2項関
係)

1　事業者は、部門横断的な公益通報対応業務を行う体制の整備として、
次の措置をとらなければならない。

(1)　内部公益通報受付窓口の設置等

　　内部公益通報受付窓口を設置し、当該窓口に寄せられる内部公益通
報を受け、調査をし、是正に必要な措置をとる部署及び責任者を明確
に定める。

(2)　組織の長その他幹部からの独立性の確保に関する措置

　　内部公益通報受付窓口において受け付ける内部公益通報に係る公益
通報対応業務に関して、組織の長その他幹部に関係する事案について
は、これらの者からの独立性を確保する措置をとる。

(3)　公益通報対応業務の実施に関する措置

　　内部公益通報受付窓口において内部公益通報を受け付け、正当な理
由がある場合を除いて、必要な調査を実施する。そして、当該調査の
結果、通報対象事実に係る法令違反行為が明らかになった場合には、
速やかに是正に必要な措置をとる。また、是正に必要な措置をとった
後、当該措置が適切に機能しているかを確認し、適切に機能していな
い場合には、改めて是正に必要な措置をとる。

(4)　公益通報対応業務における利益相反の排除に関する措置

　　内部公益通報受付窓口において受け付ける内部公益通報に関し行わ
れる公益通報対応業務について、事案に関係する者を公益通報対応業

務に関与させない措置をとる。

2　事業者は、公益通報者を保護する体制の整備として、次の措置をとらなければならない。

(1) 不利益な取扱いの防止に関する措置

イ　事業者の労働者及び役員等が不利益な取扱いを行うことを防ぐための措置をとるとともに、公益通報者が不利益な取扱いを受けていないかを把握する措置をとり、不利益な取扱いを把握した場合には、適切な救済・回復の措置をとる。

ロ　不利益な取扱いが行われた場合に、当該行為を行った労働者及び役員等に対して、行為態様、被害の程度、その他情状等の諸般の事情を考慮して、懲戒処分その他適切な措置をとる。

(2) 範囲外共有等の防止に関する措置

イ　事業者の労働者及び役員等が範囲外共有を行うことを防ぐための措置をとり、範囲外共有が行われた場合には、適切な救済・回復の措置をとる。

ロ　事業者の労働者及び役員等が、公益通報者を特定した上でなければ必要性の高い調査が実施できないなどのやむを得ない場合を除いて、通報者の探索を行うことを防ぐための措置をとる。

ハ　範囲外共有や通報者の探索が行われた場合に、当該行為を行った労働者及び役員等に対して、行為態様、被害の程度、その他情状等の諸般の事情を考慮して、懲戒処分その他適切な措置をとる。

3　事業者は、内部公益通報対応体制を実効的に機能させるための措置として、次の措置をとらなければならない。

(1) 労働者等及び役員並びに退職者に対する教育・周知に関する措置

イ　法及び内部公益通報対応体制について、労働者等及び役員並びに退職者に対して教育・周知を行う。また、従事者に対しては、公益通報者を特定させる事項の取扱いについて、特に十分に教育を行う。

ロ　労働者等及び役員並びに退職者から寄せられる、内部公益通報対

応体制の仕組みや不利益な取扱いに関する質問・相談に対応する。

(2) 是正措置等の通知に関する措置

　　書面により内部公益通報を受けた場合において、当該内部公益通報に係る通報対象事実の中止その他是正に必要な措置をとったときはその旨を、当該内部公益通報に係る通報対象事実がないときはその旨を、適正な業務の遂行及び利害関係人の秘密、信用、名誉、プライバシー等の保護に支障がない範囲において、当該内部公益通報を行った者に対し、速やかに通知する。

(3) 記録の保管、見直し・改善、運用実績の労働者等及び役員への開示に関する措置

　イ　内部公益通報への対応に関する記録を作成し、適切な期間保管する。

　ロ　内部公益通報対応体制の定期的な評価・点検を実施し、必要に応じて内部公益通報対応体制の改善を行う。

　ハ　内部公益通報受付窓口に寄せられた内部公益通報に関する運用実績の概要を、適正な業務の遂行及び利害関係人の秘密、信用、名誉、プライバシー等の保護に支障がない範囲において労働者等及び役員に開示する。

(4) 内部規程の策定及び運用に関する措置

　　この指針において求められる事項について、内部規程において定め、また、当該規程の定めに従って運用する。

〈巻末資料2〉
公益通報者保護法に基づく指針（令和3年内閣府告示第118
号）の解説

令和3年10月 消費者庁

内容
第1 はじめに……………………………………………………… 237
第2 本解説の構成………………………………………………… 238
第3 指針の解説…………………………………………………… 240
Ⅰ 従事者の定め（法第11条第1項関係）………………………… 240
　1 従事者として定めなければならない者の範囲………………… 240
　2 従事者を定める方法…………………………………………… 242
Ⅱ 内部公益通報対応体制の整備その他の必要な措置（法第11条
第2項関係）……………………………………………………… 243
　1 部門横断的な公益通報対応業務を行う体制の整備 ………… 243
　　(1) 内部公益通報受付窓口の設置等…………………………… 243
　　(2) 組織の長その他幹部からの独立性の確保に関する措置…… 245
　　(3) 公益通報対応業務の実施に関する措置…………………… 247
　　(4) 公益通報対応業務における利益相反の排除に関する措置…250
　2 公益通報者を保護する体制の整備 ………………………… 252
　　(1) 不利益な取扱いの防止に関する措置……………………… 252
　　(2) 範囲外共有等の防止に関する措置………………………… 255
　3 内部公益通報対応体制を実効的に機能させるための措置 …… 259
　　(1) 労働者等及び役員並びに退職者に対する教育・周知に関
　　　する措置………………………………………………………… 259
　　(2) 是正措置等の通知に関する措置…………………………… 262
　　(3) 記録の保管、見直し・改善、運用実績の労働者等及び役
　　　員への開示に関する措置……………………………………… 264
　　(4) 内部規程の策定及び運用に関する措置…………………… 267

236

巻末資料

第1　はじめに

Ⅰ　本解説の目的

　公益通報者保護法(平成16年法律第122号。以下「法」という。)第11条第1項及び第2項は、公益通報対応業務従事者を定めること及び事業者内部における公益通報に応じ、適切に対応するために必要な体制の整備その他の必要な措置をとることを事業者(国の行政機関及び地方公共団体を含む。)に義務付け(以下「公益通報対応体制整備義務等」という。)、内閣総理大臣は、これらの事項に関する指針を定め(同条第4項)、必要があると認める場合には事業者に対して勧告等をすることができる(法第15条)。

　事業者がとるべき措置の具体的な内容は、事業者の規模、組織形態、業態、法令違反行為が発生する可能性の程度、ステークホルダーの多寡、労働者等及び役員や退職者の内部公益通報対応体制の活用状況、その時々における社会背景等によって異なり得る。そのため、法第11条第4項に基づき定められた「公益通報者保護法第11条第1項及び第2項の規定に基づき事業者がとるべき措置に関して、その適切かつ有効な実施を図るために必要な指針」[1](令和3年内閣府告示第118号。以下「指針」という。)においては、事業者がとるべき措置の個別具体的な内容ではなく、事業者がとるべき措置の大要が示されている[2]。

　事業者がとるべき措置の個別具体的な内容については、各事業者において、指針に沿った対応をとるためにいかなる取組等が必要であるかを、上記のような諸要素を踏まえて主体的に検討を行った上で、内部公益通報対応体制を整備・運用することが必要である。本解説は、事業者におけるこのような検討を後押しするため、「指針を遵守するために参考となる考え方や指針が求める措置に関する具体的な取組例」を示すとともに、「指針を遵守するための取組を超えて、事業者が自主的に取り組むことが期待される推奨事項に関する考え方や具体例」についても併せて示すものであ

---

1)　指針において定める事項は、法第11条第1項及び第2項に定める事業者の義務の内容を、その事業規模等にかかわらず具体化したものである。
2)　常時使用する労働者数が300人以下の事業者については、事業者の規模や業種・業態等の実情に応じて可能な限り本解説に記載の事項に従った内部公益通報対応体制を整備・運用するよう努める必要がある。

237

る[3][4]。

Ⅱ　事業者における内部公益通報制度の意義

　　事業者が実効性のある内部公益通報対応体制を整備・運用することは、法令遵守の推進や組織の自浄作用の向上に寄与し、ステークホルダーや国民からの信頼の獲得にも資するものである。また、内部公益通報制度を積極的に活用したリスク管理等を通じて、事業者が適切に事業を運営し、充実した商品・サービスを提供していくことは、事業者の社会的責任を果たすとともに、ひいては持続可能な社会の形成に寄与するものである。

　　以上の意義を踏まえ、事業者は、公正で透明性の高い組織文化を育み、組織の自浄作用を健全に発揮させるため、経営トップの責務として、法令等を踏まえた内部公益通報対応体制を構築するとともに、事業者の規模や業種・業態等の実情に応じて一層充実した内部公益通報対応の仕組みを整備・運用することが期待される。

第2　本解説の構成

　　本解説は、「公益通報者保護法に基づく指針等に関する検討会報告書」（令和3年4月21日公表）（以下「指針等検討会報告書」という。）の提言内容を基礎に、事業者のコンプライアンス経営への取組強化と社会経済全体の利益確保のために、法を踏まえて事業者が自主的に取り組むことが推奨される事項を記載した「公益通報者保護法を踏まえた内部通報制度の整備・運用に関する民間事業者向けガイドライン」（平成28年12月9日公表）（以下「民間事業者ガイドライン」という。）の規定を盛り込んだものである。

　　そのため、本解説には、公益通報対応体制整備義務等及び指針を遵守す

---

3)　本解説は、法第2条第1項に定める「事業者」を対象とするものである。本解説では、一般的な用語として用いられることの多い「社内調査」「子会社」等の表現を用いているが、これらが典型的に想定する会社形態の営利企業のみならず、同様の状況にあるその他の形態の事業者においても当てはまるものである。
4)　本解説では、法が定める内部公益通報への対応体制等について記載しているが、内部公益通報には該当しない、事業者が定める内部規程等に基づく通報についても、本解説で規定する内容に準じた対応を行うよう努めることが望ましい。

るために必要な事項に加え、そのほかに事業者が自主的に取り組むことが推奨される事項が含まれている。指針の各規定の解説を記載した「第3指針の解説」（構成は下記のとおり。）では、両者の区別の明確化のため、前者は『指針を遵守するための考え方や具体例』の項目に、後者は『その他の推奨される考え方や具体例』の項目にそれぞれ記載した。

項目	概要
① 『指針の本文』	指針の規定を項目ごとに記載した項目
② 『指針の趣旨』	指針の各規定について、その趣旨・目的・背景等を記載した項目
③ 『指針を遵守するための考え方や具体例』	指針を遵守するために参考となる考え方（例：指針の解釈）や指針が求める措置に関する具体的な取組例を記載した項目
④ 『その他の推奨される考え方や具体例』	指針を遵守するための取組を超えて、事業者が自主的に取り組むことが期待される推奨事項に関する考え方や具体例を記載した項目

　前述のとおり、指針を遵守するために事業者がとるべき措置の具体的な内容は、事業者の規模、組織形態、業態、法令違反行為が発生する可能性の程度、ステークホルダーの多寡、労働者等及び役員や退職者の内部公益通報対応体制の活用状況、その時々における社会背景等によって異なり得る。公益通報対応体制整備義務等が義務付けられている事業者は、従業員数300名程度の事業者から5万人を超えるグローバル企業まで多種多様であるところ、指針及び本解説において画一的に事業者がとるべき措置を定め、一律な対応を求めることは適切ではなく、また、現実的ではない。そのため、本解説は、指針に沿った対応をとるに当たり参考となる考え方や具体例を記載したものであり、本解説の具体例を採用しない場合であっても、事業者の状況等に即して本解説に示された具体例と類似又は同様の措置を講ずる等、適切な対応を行っていれば、公益通報対応体制整備義務等違反となるものではない。
　事業者においては、まずは『指針を遵守するための考え方や具体例』に記

載されている内容を踏まえつつ、各事業者の状況等を勘案して指針に沿っ
た対応をとるための検討を行った上で、内部公益通報対応体制を整備・運
用することが求められる。他方で、『その他の推奨される考え方や具体例』
に記載されている内容についても、法の理念の達成や事業者の法令遵守の
観点からは重要な考え方や取組であり、事業者がこれらの事項について取
り組むことで、事業者のコンプライアンス経営の強化や社会経済全体の利
益の確保がより一層促進することが期待される。

　なお、本解説に用いる用語の意味は、本解説本文で定義している用語以
外については指針において用いられているものと同様である。

第3　指針の解説
Ⅰ　従事者の定め（法第11条第1項関係）
　1　従事者として定めなければならない者の範囲
　　①　指針本文

　　　　事業者は、内部公益通報受付窓口において受け付ける内部公益
　　　通報に関して公益通報対応業務を行う者であり、かつ、当該業務
　　　に関して公益通報者を特定させる事項を伝達される者を、従事者
　　　として定めなければならない。

　　②　指針の趣旨
　　　　公益通報者を特定させる事項の秘匿性を確保し、内部公益通報を安
　　　心して行うためには、公益通報対応業務のいずれの段階においても公
　　　益通報者を特定させる事項が漏れることを防ぐ必要がある。
　　　　また、法第11条第2項において事業者に内部公益通報対応体制の
　　　整備等を求め、同条第1項において事業者に従事者を定める義務を課
　　　した趣旨は、公益通報者を特定させる事項について、法第12条の規
　　　定により守秘義務を負う従事者による慎重な管理を行わせるためであ
　　　り、同趣旨を踏まえれば、内部公益通報受付窓口において受け付ける[5]
　　　内部公益通報に関して、公益通報者を特定させる事項[6]を伝達される

240

者を従事者として定めることが求められる。

③　指針を遵守するための考え方や具体例[7]
●　内部公益通報の受付、調査、是正に必要な措置の全て又はいずれかを主体的に行う業務及び当該業務の重要部分について関与する業務を行う場合に、「公益通報対応業務」に該当する。
●　事業者は、コンプライアンス部、総務部等の所属部署の名称にかかわらず、上記指針本文で定める事項に該当する者であるか否かを実質的に判断して、従事者として定める必要がある。
●　事業者は、内部公益通報受付窓口において受け付ける内部公益通報に関して公益通報対応業務を行うことを主たる職務とする部門の担当者を、従事者として定める必要がある。それ以外の部門の担当者であっても、事案により上記指針本文で定める事項に該当する場合には、必要が生じた都度、従事者として定める必要がある[8]。

④　その他に推奨される考え方や具体例
●　必要が生じた都度従事者として定める場合においては、従事者の指定を行うことにより、社内調査等が公益通報を端緒としていることを当該指定された者に事実上知らせてしまう可能性がある。そのため、公益通報者保護の観点からは、従事者の指定をせずとも公益

---

5)　内部公益通報を「受け付ける」とは、内部公益通報受付窓口のものとして表示された連絡先（電話番号、メールアドレス等）に直接内部公益通報がされた場合だけではなく、例えば、公益通報対応業務に従事する担当者個人のメールアドレス宛てに内部公益通報があった場合等、実質的に同窓口において内部公益通報を受け付けたといえる場合を含む。

6)　「公益通報者を特定させる事項」とは、公益通報をした人物が誰であるか「認識」することができる事項をいう。公益通報者の氏名、社員番号等のように当該人物に固有の事項を伝達される場合が典型例であるが、性別等の一般的な属性であっても、当該属性と他の事項とを照合させることにより、排他的に特定の人物が公益通報者であると判断できる場合には、該当する。「認識」とは刑罰法規の明確性の観点から、公益通報者を排他的に認識できることを指す。

7)　実効性の高い内部公益通報制度を運用するためには、公益通報者対応、調査、事実認定、是正措置、再発防止、適正手続の確保、情報管理、周知啓発等に係る担当者の誠実・公正な取組と知識・スキルの向上が重要であるため、必要な能力・適性を有する者を従事者として配置することが重要である。

通報者を特定させる事項を知られてしまう場合を除いて、従事者の指定を行うこと自体の是非について慎重に検討することも考えられる。

2　従事者を定める方法
①　指針本文

> 事業者は、従事者を定める際には、書面により指定をするなど、従事者の地位に就くことが従事者となる者自身に明らかとなる方法により定めなければならない。

②　指針の趣旨
　　従事者は、法第12条において、公益通報者を特定させる事項について、刑事罰により担保された守秘義務を負う者であり、公益通報者を特定させる事項に関して慎重に取り扱い、予期に反して刑事罰が科される事態を防ぐため、自らが刑事罰で担保された守秘義務を負う立場にあることを明確に認識している必要がある。

③　指針を遵守するための考え方や具体例
　　●　従事者を定める方法として、従事者に対して個別に通知する方法のほか、内部規程等において部署・部署内のチーム・役職等の特定の属性で指定することが考えられる。後者の場合においても、従事者の地位に就くことを従事者となる者自身に明らかにする必要があ

---

8)　公益通報の受付、調査、是正に必要な措置について、主体的に行っておらず、かつ、重要部分について関与していない者は、「公益通報対応業務」を行っているとはいえないことから、従事者として定める対象には該当しない。例えば、社内調査等におけるヒアリングの対象者、職場環境を改善する措置に職場内において参加する労働者等、製造物の品質不正事案に関する社内調査において品質の再検査を行う者等であって、公益通報の内容を伝えられたにとどまる者等は、公益通報の受付、調査、是正に必要な措置について、主体的に行っておらず、かつ、重要部分について関与していないことから、たとえ調査上の必要性に応じて公益通報者を特定させる事項を伝達されたとしても、従事者として定めるべき対象には該当しない。ただし、このような場合であっても、事業者における労働者等及び役員として、内部規程に基づき(本解説本文第3.Ⅱ.3.(4)「内部規程の策定及び運用に関する措置」参照)範囲外共有(本解説本文第3.Ⅱ.2.(2)「範囲外共有等の防止に関する措置」参照)をしてはならない義務を負う。

242

る。

● 従事者を事業者外部に委託する際においても、同様に、従事者の
地位に就くことが従事者となる者自身に明らかとなる方法により定
める必要がある。

II　内部公益通報対応体制の整備その他の必要な措置（法第11条第2項関係）
　1　部門横断的な公益通報対応業務を行う体制の整備
　（1）　内部公益通報受付窓口の設置等
　　①　指針本文

> 　内部公益通報受付窓口を設置し、当該窓口に寄せられる内部
> 公益通報を受け、調査をし、是正に必要な措置をとる部署及び
> 責任者を明確に定める。

　　②　指針の趣旨
　　　　事業者において、通報対象事実に関する情報を早期にかつ円滑に
　　　把握するためには、内部公益通報を部門横断的に受け付ける[9]窓口
　　　を設けることが極めて重要である。そして、公益通報対応業務が責
　　　任感を持って実効的に行われるためには、責任の所在を明確にする
　　　必要があるため、内部公益通報受付窓口において受け付ける内部公
　　　益通報に関する公益通報対応業務を行う部署及び責任者[10]を明確
　　　に定める必要がある。このような窓口及び部署は、職制上のレポー
　　　ティングライン[11]も含めた複数の通報・報告ラインとして、法令
　　　違反行為を是正することに資するものであり、ひいては法令違反行
　　　為の抑止にもつながるものである。

9）　「部門横断的に受け付ける」とは、個々の事業部門から独立して、特定の部門からだけでは
なく、全部門ないしこれに準ずる複数の部門から受け付けることを意味する。
10）　「部署及び責任者」とは、内部公益通報受付窓口を経由した内部公益通報に係る公益通報対
応業務について管理・統括する部署及び責任者をいう。
11）　「職制上のレポーティングライン」とは、組織内において指揮監督権を有する上長等に対す
る報告系統のことをいう。職制上のレポーティングラインにおける報告（いわゆる上司等への報
告）やその他の労働者等及び役員に対する報告についても内部公益通報に当たり得る。

③ 指針を遵守するための考え方や具体例

● ある窓口が内部公益通報受付窓口に当たるかは、その名称ではなく、部門横断的に内部公益通報を受け付けるという実質の有無により判断される。

● 調査や是正に必要な措置について内部公益通報受付窓口を所管する部署や責任者とは異なる部署や責任者を定めることも可能である。

● 内部公益通報受付窓口については、事業者内の部署に設置するのではなく、事業者外部(外部委託先、親会社等)に設置することや、事業者の内部と外部の双方に設置することも可能である。

● 組織の実態に応じて、内部公益通報受付窓口が他の通報窓口(ハラスメント通報・相談窓口等)を兼ねることや、内部公益通報受付窓口を設置した上、これとは別に不正競争防止法違反等の特定の通報対象事実に係る公益通報のみを受け付ける窓口を設置することが可能である。

● 調査・是正措置の実効性を確保するための措置を講ずることが必要である。例えば、公益通報対応業務の担当部署への調査権限や独立性の付与、必要な人員・予算等の割当等の措置が考えられる。

④ その他に推奨される考え方や具体例[12]

● 内部公益通報受付窓口を設置する場合には、例えば、以下のような措置等を講じ、経営上のリスクにかかる情報を把握する機会の拡充に努めることが望ましい。

---

12) 経営上のリスクに係る情報が、可能な限り早期にかつ幅広く寄せられるようにするため、内部公益通報受付窓口の運用に当たっては、敷居が低く、利用しやすい環境を整備することが望ましい。また、実効性の高い内部公益通報対応体制を整備・運用するとともに、職場の管理者等(公益通報者又は公益通報を端緒とする調査に協力した者の直接又は間接の上司等)に相談や通報が行われた場合に適正に対応されるような透明性の高い職場環境を形成することが望ましい。

> 子会社や関連会社における法令違反行為の早期是正・未然防止を図るため、企業グループ本社等において子会社や関連会社の労働者等及び役員並びに退職者からの通報を受け付ける企業グループ共通の窓口を設置すること[13]

> サプライチェーン等におけるコンプライアンス経営を推進するため、関係会社・取引先を含めた内部公益通報対応体制を整備することや、関係会社・取引先における内部公益通報対応体制の整備・運用状況を定期的に確認・評価した上で、必要に応じ助言・支援をすること

> 中小企業の場合には、何社かが共同して事業者の外部（例えば、法律事務所や民間の専門機関等）に内部公益通報受付窓口を委託すること

> 事業者団体や同業者組合等の関係事業者共通の内部公益通報受付窓口を設けること

● 人事部門に内部公益通報受付窓口を設置することが妨げられるものではないが、人事部門に内部公益通報をすることを躊躇（ちゅうちょ）する者が存在し、そのことが通報対象事実の早期把握を妨げるおそれがあることにも留意する。

(2) 組織の長その他幹部からの独立性の確保に関する措置

① 指針本文

> 内部公益通報受付窓口において受け付ける内部公益通報に係る公益通報対応業務に関して、組織の長その他幹部に関係する事案については、これらの者からの独立性を確保する措置をとる。

---

13) 子会社や関連会社において、企業グループ共通の窓口を自社の内部公益通報受付窓口とするためには、その旨を子会社や関連会社自身の内部規程等において「あらかじめ定め」ることが必要である（法第2条第1項柱書参照）。また、企業グループ共通の窓口を設けた場合であっても、当該窓口を経由した公益通報対応業務に関する子会社や関連会社の責任者は、子会社や関連会社自身において明確に定めなければならない。

② 指針の趣旨

　　組織の長その他幹部[14]が主導・関与する法令違反行為も発生しているところ、これらの者が影響力を行使することで公益通報対応業務が適切に行われない事態を防ぐ必要があること、これらの者に関する内部公益通報は心理的ハードルが特に高いことを踏まえれば、組織の長その他幹部から独立した内部公益通報対応体制を構築する必要がある[15]。

③ 指針を遵守するための考え方や具体例[16]

● 　組織の長その他幹部からの独立性を確保する方法として、例えば、社外取締役や監査機関（監査役、監査等委員会、監査委員会等）にも報告を行うようにする、社外取締役や監査機関からモニタリングを受けながら公益通報対応業務を行う等が考えられる。

● 　組織の長その他幹部からの独立性を確保する方法の一環として、内部公益通報受付窓口を事業者外部（外部委託先、親会社等）に設置することも考えられる[17]。単一の内部公益通報受付窓口を設ける場合には当該窓口を通じた公益通報に関する公益通報対応業務について独立性を確保する方法のほか、複数の窓口を設ける場合にはそれらのうち少なくとも一つに関する公益通報対応業務に独立性を確保する方法等、事業者の規模に応じた方法も考えられる。

---

14)　「幹部」とは、役員等の事業者の重要な業務執行の決定を行い又はその決定につき執行する者を指す。

15)　上記指針本文が求める措置は、内部公益通報受付窓口を事業者の外部に設置すること等により内部公益通報の受付に関する独立性を確保するのみならず、調査及び是正に関しても独立性を確保する措置をとることが求められる。

16)　法第11条第2項について努力義務を負うにとどまる中小事業者においても、組織の長その他幹部からの影響力が不当に行使されることを防ぐためには、独立性を確保する仕組みを設ける必要性が高いことに留意する必要がある。

17)　事業者外部への内部公益通報受付窓口の設置においては、本解説第3. Ⅱ. 1. (4)④の2点目及び3点目についても留意する。

④　その他に推奨される考え方や具体例

● 組織の長その他幹部からの独立性を確保するために、例えば、以下のような措置等をとることが考えられる。

➢ 企業グループ本社等において子会社や関連会社の労働者等及び役員からの通報を受け付ける企業グループ共通の窓口を設置すること[18]

➢ 関係会社・取引先を含めた内部公益通報対応体制を整備することや、関係会社・取引先における内部公益通報対応体制の整備・運用状況を定期的に確認・評価した上で、必要に応じ助言・支援をすること

➢ 中小企業の場合には、何社かが共同して事業者の外部（例えば、法律事務所や民間の専門機関等）に内部公益通報窓口を委託すること

➢ 事業者団体や同業者組合等の関係事業者共通の内部公益通報受付窓口を設けること

(3)　公益通報対応業務の実施に関する措置

①　指針本文

> 　内部公益通報受付窓口において内部公益通報を受け付け、正当な理由がある場合を除いて、必要な調査を実施する。そして、当該調査の結果、通報対象事実に係る法令違反行為が明らかになった場合には、速やかに是正に必要な措置をとる。また、是正に必要な措置をとった後、当該措置が適切に機能しているかを確認し、適切に機能していない場合には、改めて是正に必要な措置をとる。

---

18)　子会社や関連会社において、企業グループ共通の窓口を自社の内部公益通報受付窓口とするためには、その旨を子会社や関連会社自身の内部規程等において「あらかじめ定め」ることが必要である（法第2条第1項柱書参照）。また、企業グループ共通の窓口を設けた場合であっても、当該窓口を経由した公益通報対応業務に関する子会社や関連会社の責任者は、子会社や関連会社自身において明確に定めなければならない（脚注13再掲）。

247

② 指針の趣旨

　法の目的は公益通報を通じた法令の遵守にあるところ(法第1条)、法令の遵守のためには、内部公益通報に対して適切に受付、調査が行われ、当該調査の結果、通報対象事実に係る法令違反行為が明らかになった場合には、是正に必要な措置がとられる必要がある。また、法令違反行為の是正後に再度類似の行為が行われるおそれもあることから、是正措置が機能しているか否かを確認する必要もある。少なくとも、公益通報対応業務を組織的に行うことが予定されている内部公益通報受付窓口に寄せられた内部公益通報については、このような措置が確実にとられる必要がある。

③ 指針を遵守するための考え方や具体例

● 　内部公益通報対応の実効性を確保するため、匿名の内部公益通報も受け付けることが必要である[19]。匿名の公益通報者との連絡をとる方法として、例えば、受け付けた際に個人が特定できないメールアドレスを利用して連絡するよう伝える、匿名での連絡を可能とする仕組み(外部窓口[20]から事業者に公益通報者の氏名等を伝えない仕組み、チャット等の専用のシステム[21]等)を導入する等の方法が考えられる。

● 　公益通報者の意向に反して調査を行うことも原則として可能である。公益通報者の意向に反して調査を行う場合においても、調査の前後において、公益通報者とコミュニケーションを十分にとるよう努め、プライバシー等の公益通報者の利益が害されないよう配慮することが求められる。

● 　調査を実施しない「正当な理由」がある場合の例として、例えば、

---

19) 匿名の通報であっても、法第3条第1号及び第6条第1号に定める要件を満たす通報は、内部公益通報に含まれる。

20) 「外部窓口」とは、内部公益通報受付窓口を事業者外部(外部委託先、親会社等)に設置した場合における当該窓口をいう。

21) 匿名で公益通報者と事業者との間の連絡を仲介するサービスを提供する事業者も存在する。

解決済みの案件に関する情報が寄せられた場合、公益通報者と連絡がとれず事実確認が困難である場合等が考えられる。解決済みの案件か否かについては、解決に関する公益通報者の認識と事業者の認識が一致しないことがあるが、解決しているか否かの判断は可能な限り客観的に行われることが求められる。また、一見、法令違反行為が是正されたように見えても、案件自体が再発する場合や、当該再発事案に関する新たな情報が寄せられる場合もあること等から、解決済みといえるか、寄せられた情報が以前の案件と同一のものといえるかについては慎重に検討する必要がある。

● 是正に必要な措置が適切に機能しているかを確認する方法として、例えば、是正措置から一定期間経過後に能動的に改善状況に関する調査を行う、特定の個人が被害を受けている事案においては問題があれば再度申し出るよう公益通報者に伝える等が考えられる。

● 調査の結果、法令違反等が明らかになった場合には、例えば、必要に応じ関係者の社内処分を行う等、適切に対応し、必要があれば、関係行政機関への報告等を行う。

④ その他に推奨される考え方や具体例

● コンプライアンス経営を推進するとともに、経営上のリスクに係る情報の早期把握の機会を拡充するため、内部公益通報受付窓口の利用者及び通報対象となる事項の範囲については、例えば、以下のように幅広く設定し、内部公益通報に該当しない通報についても公益通報に関する本解説の定めに準じて対応するよう努めることが望ましい。

➢ 通報窓口の利用者の範囲：法第2条第1項各号に定める者のほか、通報の日から1年より前に退職[22]した労働者等、子会社・

---

22) なお、事業者への通報が内部公益通報となり得る退職者は、当該通報の日前1年以内に退職した労働者等である（法第2条1項）。

取引先の従業員（退職した者を含む）及び役員

> 通報対象となる事項の範囲：法令違反のほか、内部規程違反
等

● 内部公益通報受付窓口を経由しない内部公益通報を受けた労働
者等及び役員においても、例えば、事案の内容等に応じて、自ら
事実確認を行い是正する、公益通報者の秘密に配慮しつつ調査を
担当する部署等に情報共有する等の方法により、調査や是正に必
要な措置を速やかに実施することが望ましい。

● 例えば、内部公益通報対応体制の運営を支える従事者の意欲・
士気を発揚する人事考課を行う等、コンプライアンス経営の推進
に対する従事者の貢献を、積極的に評価することが望ましい。

● 法令違反等に係る情報を可及的速やかに把握し、コンプライア
ンス経営の推進を図るため、法令違反等に関与した者が、自主的
な通報や調査協力をする等、問題の早期発見・解決に協力した場
合には、例えば、その状況に応じて、当該者に対する懲戒処分等
を減免することができる仕組みを整備すること等も考えられる。

● 公益通報者等[23]の協力が、コンプライアンス経営の推進に寄
与した場合には、公益通報者等に対して、例えば、組織の長等か
らの感謝を伝えること等により、組織への貢献を正当に評価する
ことが望ましい。なお、その際においても、公益通報者等の匿名
性の確保には十分に留意することが必要である。

(4) 公益通報対応業務における利益相反の排除に関する措置

① 指針本文

> 内部公益通報受付窓口において受け付ける内部公益通報に関
し行われる公益通報対応業務について、事案に関係する者を公
益通報対応業務に関与させない措置をとる。

---

23) 「公益通報者等」とは、公益通報者及び公益通報を端緒とする調査に協力した者（以下「調査
協力者」という。）をいう。

② 指針の趣旨

　　内部公益通報に係る事案に関係する者[24]が公益通報対応業務に関与する場合には、中立性・公正性を欠く対応がなされるおそれがあり（内部公益通報の受付や調査を行わない、調査や是正に必要な措置を自らに有利となる形で行う等）、法令の遵守を確保することができない。少なくとも、内部公益通報受付窓口に寄せられる内部公益通報については、実質的に公正な公益通報対応業務の実施を阻害しない場合を除いて、内部公益通報に係る事案に関係する者を公益通報対応業務から除外する必要がある。

③ 指針を遵守するための考え方や具体例

● 「関与させない措置」の方法として、例えば、「事案に関係する者」を調査や是正に必要な措置の担当から外すこと等が考えられる。受付当初の時点では「事案に関係する者」であるかが判明しない場合には、「事案に関係する者」であることが判明した段階において、公益通報対応業務への関与から除外することが必要である。ただし、「事案に関係する者」であっても、例えば、公正さが確保できる部署のモニタリングを受けながら対応をする等、実質的に公正な公益通報対応業務の実施を阻害しない措置がとられている場合には、その関与を妨げるものではない。

④ その他に推奨される考え方や具体例

● 想定すべき「事案に関係する者」の範囲については、内部規程において具体的に例示をしておくことが望ましい。

● いわゆる顧問弁護士を内部公益通報受付窓口とすることについては、顧問弁護士に内部公益通報をすることを躊躇（ちゅうちょ）する者が存在し、そのことが通報対象事実の早期把握を妨げるお

---

24) 「事案に関係する者」とは、公正な公益通報対応業務の実施を阻害する者をいう。典型的には、法令違反行為の発覚や調査の結果により実質的に不利益を受ける者、公益通報者や被通報者（法令違反行為を行った、行っている又は行おうとしているとして公益通報された者）と一定の親族関係がある者等が考えられる。

それがあることにも留意する。また、顧問弁護士を内部公益通報
受付窓口とする場合には、例えば、その旨を労働者等及び役員並
びに退職者向けに明示する等により、内部公益通報受付窓口の利
用者が通報先を選択するに当たっての判断に資する情報を提供す
ることが望ましい。
● 　内部公益通報事案の事実関係の調査等通報対応に係る業務を外
部委託する場合には、事案の内容を踏まえて、中立性・公正性に
疑義が生じるおそれ又は利益相反が生じるおそれがある法律事務
所や民間の専門機関等の起用は避けることが適当である。

2　公益通報者を保護する体制の整備[25]
（1）　不利益な取扱いの防止に関する措置
　①　指針本文

> イ　事業者の労働者及び役員等が不利益な取扱いを行うことを
> 　防ぐための措置をとるとともに、公益通報者が不利益な取扱
> 　いを受けていないかを把握する措置をとり、不利益な取扱い
> 　を把握した場合には、適切な救済・回復の措置をとる。
> ロ　不利益な取扱いが行われた場合に、当該行為を行った労働
> 　者及び役員等に対して、行為態様、被害の程度、その他情状
> 　等の諸般の事情を考慮して、懲戒処分その他適切な措置をと
> 　る。

　②　指針の趣旨
　　　労働者等及び役員並びに退職者が通報対象事実を知ったとして
　　も、公益通報を行うことにより、不利益な取扱いを受ける懸念があ
　　れば、公益通報を躊躇（ちゅうちょ）することが想定される。このよ
　　うな事態を防ぐためには、労働者及び役員等による不利益な取扱い

---

[25]　（公益通報者だけでなく、）調査協力者に対しても、調査に協力をしたことを理由として解
雇その他の不利益な取扱いを防ぐ措置をとる等、本項の定めに準じた措置を講ずることが望ま
しい。

を禁止するだけではなく、あらかじめ防止するための措置が必要であるほか、実際に不利益な取扱いが発生した場合には、救済・回復の措置をとり、不利益な取扱いを行った者に対する厳正な対処をとることを明確にすることにより、公益通報を行うことで不利益な取扱いを受けることがないという認識を十分に労働者等及び役員並びに退職者に持たせることが必要である。

③　指針を遵守するための考え方や具体例
● 「不利益な取扱い」の内容としては、法第3条から第7条までに定めるものを含め、例えば、以下のようなもの等が考えられる。
　➢　労働者等たる地位の得喪に関すること(解雇、退職願の提出の強要、労働契約の終了・更新拒否、本採用・再採用の拒否、休職等)
　➢　人事上の取扱いに関すること(降格、不利益な配転・出向・転籍・長期出張等の命令、昇進・昇格における不利益な取扱い、懲戒処分等)
　➢　経済待遇上の取扱いに関すること(減給その他給与・一時金・退職金等における不利益な取扱い、損害賠償請求等)
　➢　精神上・生活上の取扱いに関すること(事実上の嫌がらせ等)
● 不利益な取扱いを防ぐための措置として、例えば、以下のようなもの等が考えられる。
　➢　労働者等及び役員に対する教育・周知
　➢　内部公益通報受付窓口において不利益な取扱いに関する相談を受け付けること[26]
　➢　被通報者が、公益通報者の存在を知り得る場合には、被通報者が公益通報者に対して解雇その他不利益な取扱いを行うことがないよう、被通報者に対して、その旨の注意喚起をする等の措置を講じ、公益通報者の保護の徹底を図ること

---

26)　本解説本文第3.Ⅱ.3.(1)③＜仕組みや不利益な取扱いに関する質問・相談について＞参照

● 不利益な取扱いを受けていないかを把握する措置として、例えば、公益通報者に対して能動的に確認する、不利益な取扱いを受けた際には内部公益通報受付窓口等の担当部署に連絡するようその旨と当該部署名を公益通報者にあらかじめ伝えておく等が考えられる。

● 法第2条に定める「処分等の権限を有する行政機関」や「その者に対し当該通報対象事実を通報することがその発生又はこれによる被害の拡大を防止するために必要であると認められる者」に対して公益通報をする者についても、同様に不利益な取扱いが防止される必要があるほか、範囲外共有や通報者の探索も防止される必要がある。

④　その他に推奨される考え方や具体例

● 関係会社・取引先からの通報を受け付けている場合[27]において、公益通報者が当該関係会社・取引先の労働者等又は役員である場合には、通報に係る秘密保持に十分配慮しつつ、可能な範囲で、当該関係会社・取引先に対して、例えば、以下のような措置等を講ずることが望ましい。

　➢　公益通報者へのフォローアップや保護を要請する等、当該関係会社・取引先において公益通報者が解雇その他不利益な取扱いを受けないよう、必要な措置を講ずること

　➢　当該関係会社・取引先において、是正措置等が十分に機能しているかを確認すること

● 公益通報者を特定させる事項を不当な目的に利用した者についても、懲戒処分その他適切な措置を講ずることが望ましい。

---

27)　本解説本文第3. Ⅱ. 1. (1)④参照

（2）　範囲外共有等の防止に関する措置

①　指針本文

> イ　事業者の労働者及び役員等が範囲外共有を行うことを防ぐための措置をとり、範囲外共有が行われた場合には、適切な救済・回復の措置をとる。
> ロ　事業者の労働者及び役員等が、公益通報者を特定した上でなければ必要性の高い調査が実施できないなどのやむを得ない場合を除いて、通報者の探索を行うことを防ぐための措置をとる。
> ハ　範囲外共有や通報者の探索が行われた場合に、当該行為を行った労働者及び役員等に対して、行為態様、被害の程度、その他情状等の諸般の事情を考慮して、懲戒処分その他適切な措置をとる。

②　指針の趣旨

　　労働者等及び役員並びに退職者が通報対象事実を知ったとしても、自らが公益通報したことが他者に知られる懸念があれば、公益通報を行うことを躊躇（ちゅうちょ）することが想定される。このような事態を防ぐためには、範囲外共有や通報者の探索をあらかじめ防止するための措置が必要である[28]。特に、実際に範囲外共有や通報者の探索が行われた場合には、実効的な救済・回復の措置を講ずることが困難な場合も想定されることから、範囲外共有や通報者の探索を防ぐ措置を徹底することが重要である。また、そのような場合には行為者に対する厳正な対処を行うことにより、範囲外共有や通報者の探索が行われないという認識を十分に労働者等及び役員並びに退職者に持たせることが必要である。

---

28)　範囲外共有及び通報者の探索を防止すべき「労働者及び役員等」には内部公益通報受付窓口に関する外部委託先も含む。また、外部委託先も従事者として定められる場合があり得る。

③　指針を遵守するための考え方や具体例

● 範囲外共有を防ぐための措置として、例えば、以下のようなもの等が考えられる[29]。

　> 通報事案に係る記録・資料を閲覧・共有することが可能な者を必要最小限に限定し、その範囲を明確に確認する

　> 通報事案に係る記録・資料は施錠管理する

　> 内部公益通報受付窓口を経由した内部公益通報の受付方法としては、電話、FAX、電子メール、ウェブサイト等、様々な手段が考えられるが、内部公益通報を受け付ける際には、専用の電話番号や専用メールアドレスを設ける、勤務時間外に個室や事業所外で面談する

　> 公益通報に関する記録の保管方法やアクセス権限等を規程において明確にする

　> 公益通報者を特定させる事項の秘匿性に関する社内教育を実施する

● 公益通報に係る情報を電磁的に管理している場合には、公益通報者を特定させる事項を保持するため、例えば、以下のような情報セキュリティ上の対策等を講ずる。

　> 当該情報を閲覧することが可能な者を必要最小限に限定する

　> 操作・閲覧履歴を記録する

● 通報者の探索を行うことを防ぐための措置として、例えば、通報者の探索は行ってはならない行為であって懲戒処分その他の措置の対象となることを定め、その旨を教育・周知すること等が考えられる。

● 懲戒処分その他適切な措置を行う際には、範囲外共有が行われた事実の有無については慎重に確認し、範囲外共有を実際に行っていない者に対して誤って懲戒処分その他の措置を行うことのないよう留意する必要がある。

● 内部公益通報受付窓口の担当者以外の者(いわゆる上司等)も内

---

29)　当該措置の対象には、外部窓口も含む。

部公益通報を受けることがある。これら内部公益通報受付窓口の担当者以外の者については、従事者として指定されていないことも想定されるが、その場合であっても、事業者において整備・対応が求められる範囲外共有等を防止する体制の対象とはなるものであり、当該体制も含めて全体として範囲外共有を防止していくことが必要である。

④　その他に推奨される考え方や具体例

＜受付時の取組等について＞

● 　外部窓口を設ける場合、例えば、公益通報者を特定させる事項は、公益通報者を特定した上でなければ必要性の高い調査が実施できない等のやむを得ない場合を除いて[30]、公益通報者の書面や電子メール等による明示的な同意がない限り、事業者に対しても開示してはならないこととする等の措置を講ずることも考えられる。

● 　公益通報の受付時には、例えば、範囲外共有を防ぐために、通報事案に係る記録・資料に記載されている関係者（公益通報者を含む。）の固有名詞を仮称表記にすること等も考えられる。

● 　公益通報者本人からの情報流出によって公益通報者が特定されることを防止するため、自身が公益通報者であること等に係る情報管理の重要性を、公益通報者本人にも十分に理解させることが望ましい。

＜調査時の取組等について＞

● 　公益通報者を特定した上でなければ必要性の高い調査が実施できない等のやむを得ない場合[31]、公益通報者を特定させる事項を伝達する範囲を必要最小限に限定する（真に必要不可欠ではない限り、調査担当者にも情報共有を行わないようにする）ことは

---

30)　指針本文第4.2.(2)ロ
31)　指針本文第4.2.(2)ロ

当然のこととして、例えば、以下のような措置等を講じ、公益通報者が特定されないよう、調査の方法に十分に配慮することが望ましい。

> 公益通報者を特定させる事項を伝達する相手にはあらかじめ秘密保持を誓約させる

> 公益通報者を特定させる事項の漏えいは懲戒処分等の対象となる旨の注意喚起をする

● 調査等に当たって通報内容を他の者に伝える際に、調査等の契機が公益通報であることを伝えなければ、基本的には、情報伝達される相手方において、公益通報がなされたことを確定的に認識することができず、公益通報者が誰であるかについても確定的に認識することを避けることができる。その場合、結果として、公益通報者を特定させる事項が伝達されるとの事態を避けられることから、必要に応じて従事者以外の者に調査等の依頼を行う際には、当該調査等が公益通報を契機としていることを伝えないことが考えられる。調査の端緒が内部公益通報であることを関係者に認識させない工夫としては、例えば、以下のような措置等が考えられる。

> 抜き打ちの監査を装う

> 該当部署以外の部署にもダミーの調査を行う

> （タイミングが合う場合には、）定期監査と合わせて調査を行う

> 核心部分ではなく周辺部分から調査を開始する

> 組織内のコンプライアンスの状況に関する匿名のアンケートを、全ての労働者等及び役員を対象に定期的に行う

＜その他＞

● 特に、ハラスメント事案等で被害者と公益通報者が同一の事案においては、公益通報者を特定させる事項を共有する際に、被害者の心情にも配慮しつつ、例えば、書面[32)]による等、同意の有

無について誤解のないよう、当該公益通報者から同意を得ることが望ましい。

3 内部公益通報対応体制を実効的に機能させるための措置

(1) 労働者等及び役員並びに退職者に対する教育・周知に関する措置

① 指針本文

> イ　法及び内部公益通報対応体制について、労働者等及び役員並びに退職者に対して教育・周知を行う。また、従事者に対しては、公益通報者を特定させる事項の取扱いについて、特に十分に教育を行う。
>
> ロ　労働者等及び役員並びに退職者から寄せられる、内部公益通報対応体制の仕組みや不利益な取扱いに関する質問・相談に対応する。

② 指針の趣旨

内部公益通報が適切になされるためには、労働者等及び役員並びに退職者において、法及び事業者の内部公益通報対応体制について十分に認識している必要がある。

また、公益通報対応業務を担う従事者は、公益通報者を特定させる事項について刑事罰で担保された守秘義務を負うことを踏まえ、法及び内部公益通報対応体制について、特に十分に認識している必要がある。

そして、労働者等及び役員並びに退職者の認識を高めるためには、事業者の側において能動的に周知するだけではなく、労働者等及び役員並びに退職者が質問や相談を行った際に、適時に情報提供ができる仕組みも必要である。

---

32)　電子的方式、磁気的方式その他人の知覚によっては認識することができない方式で作られる記録を含む。

③ 指針を遵守するための考え方や具体例[33]

＜労働者等及び役員並びに退職者に対する教育・周知について＞

● 公益通報受付窓口及び受付の方法を明確に定め、それらを労働者等及び役員に対し、十分かつ継続的に教育・周知することが必要である[34]。

● 教育・周知に当たっては、単に規程の内容を労働者等及び役員に形式的に知らせるだけではなく、組織の長が主体的かつ継続的に制度の利用を呼び掛ける等の手段を通じて、公益通報の意義や組織にとっての内部公益通報の重要性等を労働者等及び役員に十分に認識させることが求められる。例えば、以下のような事項について呼び掛けること等が考えられる。

  ➢ コンプライアンス経営の推進における内部公益通報制度の意義・重要性

  ➢ 内部公益通報制度を活用した適切な通報は、リスクの早期発見や企業価値の向上に資する正当な職務行為であること

  ➢ 内部規程や法の要件を満たす適切な通報を行った者に対する不利益な取扱いは決して許されないこと

  ➢ 通報に関する秘密保持を徹底するべきこと

  ➢ 利益追求と企業倫理が衝突した場合には企業倫理を優先するべきこと

  ➢ 上記の事項は企業の発展・存亡をも左右し得ること

● 内部公益通報対応体制の仕組みについて教育・周知を行う際には、単に内部公益通報受付窓口の設置先を形式的に知らせるだけではなく、例えば、以下のような内部公益通報対応体制の仕組み全体の内容を伝えること等が求められる。

  ➢ 内部公益通報受付窓口の担当者は従事者であること[35]

  ➢ 職制上のレポーティングライン（いわゆる上司等）においても

---

33) 実効性の高い内部公益通報制度を整備・運用することは、組織内に適切な緊張感をもたらし、通常の報告・連絡・相談のルートを通じた自浄作用を機能させ、組織運営の健全化に資することを、労働者等及び役員に十分に周知することが重要である。

34) 法に定める退職後1年以内の退職者についても教育・周知が必要である。

部下等から内部公益通報を受ける可能性があること

> 内部公益通報受付窓口に内部公益通報した場合と従事者ではない職制上のレポーティングライン（いわゆる上司等）において内部公益通報をした場合とでは公益通報者を特定させる事項の秘匿についてのルールに差異があること[36]等

● 法について教育・周知を行う際には、権限を有する行政機関等への公益通報も法において保護されているという点も含めて、法全体の内容を伝えることが求められる。

● 教育・周知を行う際には、例えば、以下のような実効的な方法等を各事業者の創意工夫により検討し、実行することが求められる。

> その内容を労働者等及び役員の立場・経験年数等に応じて用意する（階層別研修等）

> 周知のツールに多様な媒体を用いる（イントラネット、社内研修、携行カード・広報物の配布、ポスターの掲示等）

> 内部公益通報対応体制の内容、具体例を用いた通報対象の説明、公益通報者保護の仕組み、その他内部公益通報受付窓口への相談が想定される質問事項等をFAQにまとめ、イントラネットへの掲載やガイドブックの作成を行う

● 組織の長その他幹部に対しても、例えば、内部公益通報対応体制の内部統制システムにおける位置付け、リスク情報の早期把握がリスク管理に資する点等について教育・周知することが求められる。

● 退職者に対する教育・周知の方法として、例えば、在職中に、

---

35) 内部公益通報をする先が従事者であることが分かれば、公益通報者を特定させる事項がより慎重に取り扱われるといった安心感により内部公益通報を行いやすくする効果が期待できる。

36) 具体的には、内部公益通報受付窓口に内部公益通報した場合においては、刑事罰付の守秘義務を負う従事者が対応することとなること、職制上のレポーティングライン（いわゆる上司等）への報告や従事者以外の労働者等及び役員に対する報告も内部公益通報となり得るが従事者以外は必ずしも刑事罰で担保された守秘義務を負うものでないこと、従事者以外の者については社内規程において範囲外共有の禁止を徹底させていること等が考えられる。

退職後も公益通報ができることを教育・周知すること等が考えられる。

＜従事者に対する教育について＞
● 　従事者に対する教育については、例えば、定期的な実施や実施状況の管理を行う等して、通常の労働者等及び役員と比較して、特に実効的に行うことが求められる。法第12条の守秘義務の内容のほか、例えば、通報の受付、調査、是正に必要な措置等の各局面における実践的なスキルについても教育すること等が考えられる。
● 　従事者に対する教育については、公益通報対応業務に従事する頻度等の実態に応じて内容が異なり得る。

＜仕組みや不利益な取扱いに関する質問・相談について＞
● 　内部公益通報対応体制の仕組みの質問・相談(不利益な取扱いに関する質問・相談を含む。)については、内部公益通報受付窓口以外において対応することや、内部公益通報受付窓口において一元的に対応することのいずれも可能である。

④ 　その他に推奨される考え方や具体例
● 　内部公益通報対応体制の利用者を労働者等及び役員以外に対しても広く認めている場合には(例：企業グループ共通のホットラインを設ける。)、その体制の利用者全て(例：子会社の労働者等及び役員)に対して教育・周知を行うことが望ましい。

(2) 　是正措置等の通知に関する措置
① 　指針本文

　書面により内部公益通報を受けた場合において、当該内部公益通報に係る通報対象事実の中止その他是正に必要な

措置をとったときはその旨を、当該内部公益通報に係る通報対象事実がないときはその旨を、適正な業務の遂行及び利害関係人の秘密、信用、名誉、プライバシー等の保護に支障がない範囲において、当該内部公益通報を行った者に対し、速やかに通知する。

② 指針の趣旨

内部公益通報をした者は、事業者からの情報提供がなければ、内部公益通報について是正に必要な措置がとられたか否かについて知り得ない場合が多いと考えられ、行政機関等に公益通報すべきか、調査の進捗を待つべきかを判断することが困難である。そのため、利害関係人のプライバシーを侵害するおそれがある等[37]、内部公益通報をした者に対してつまびらかに情報を明らかにすることに支障がある場合を除いて、内部公益通報への対応結果を内部公益通報をした者に伝える必要がある。

③ 指針を遵守するための考え方や具体例[38]

● 通知の態様は一律のものが想定されているものではなく、通知の方法として、例えば、公益通報者個人に通知をする、全社的な再発防止策をとる必要がある場合に労働者等及び役員全員に対応状況の概要を定期的に伝える等、状況に応じた様々な方法が考えられる。

● 事業者は、内部公益通報受付窓口の担当者以外の者(いわゆる上司等)が内部公益通報を受ける場合においても、例えば、公益通報者の意向も踏まえつつ当該内部公益通報受付窓口の担当者以

---

37) 調査過程において誰が何を証言したか、人事処分の詳細な内容等はプライバシーに関わる場合もあるため、公益通報者に内部公益通報への対応結果を伝えるべきではない場合も想定される。

38) 是正措置等の通知を行わないことがやむを得ない場合としては、例えば、公益通報者が通知を望まない場合、匿名による通報であるため公益通報者への通知が困難である場合等が考えられる。

263

外の者が内部公益通報受付窓口に連絡するように教育・周知する等、適正な業務の遂行等に支障がない範囲において何らかの通知[39]がなされるようにすることが求められる。

④　その他に推奨される考え方や具体例

● 　通知するまでの具体的な期間を示す（受付から20日以内に調査開始の有無を伝える[40]等）、是正措置等の通知のほかに、例えば、内部公益通報の受付[41]や調査の開始についても通知する[42]等、適正な業務の遂行等に支障が生じない範囲内において、公益通報者に対してより充実した情報提供[43]を行うことが望ましい。

(3)　記録の保管、見直し・改善、運用実績の労働者等及び役員への開示に関する措置

①　指針本文

> イ　内部公益通報への対応に関する記録を作成し、適切な期間保管する。

---

39)　例えば、内部公益通報を受けた者が公益通報者の上司等である場合において、公益通報者から単なる報告ではなく公益通報であるとしてその受領の通知を求められている場合には、公益通報者のプライバシー等に配慮しつつ内部公益通報受付窓口にその通報内容を伝え、公益通報者本人にこれを行った旨を通知することも考えられる。

40)　書面により内部公益通報をした日から20日を経過しても、事業者から通報対象事実について調査を行う旨の通知がない場合等には、報道機関等への公益通報を行った者は、解雇その他不利益な取扱いからの保護の対象となる（法第3条第3号ホ）。

41)　内部公益通報受付窓口を経由する内部公益通報について、書面や電子メール等、公益通報者が通報の到達を確認できない方法によって通報がなされた場合には、速やかに公益通報者に対し、通報を受領した旨を通知することが望ましい。

42)　公益通報者が通知を望まない場合、匿名による通報であるため公益通報者への通知が困難である場合その他やむを得ない理由がある場合はこの限りではない。

43)　内部公益通報受付窓口にて通報を受け付けた場合、調査が必要であるか否かについて、公正、公平かつ誠実に検討し、今後の対応についても、公益通報者に通知するよう努めることが望ましい。また、調査中は、調査の進捗状況について、被通報者や調査協力者等の信用、名誉及びプライバシー等に配慮しつつ、適宜、公益通報者に通知するとともに、調査結果について可及的速やかに取りまとめ、公益通報者に対して、その調査結果を通知するよう努めることが望ましい。

264

ロ　内部公益通報対応体制の定期的な評価・点検を実施し、必要に応じて内部公益通報対応体制の改善を行う。

ハ　内部公益通報受付窓口に寄せられた内部公益通報に関する運用実績の概要を、適正な業務の遂行及び利害関係人の秘密、信用、名誉、プライバシー等の保護に支障がない範囲において労働者等及び役員に開示する。

② 指針の趣旨

内部公益通報対応体制の在り方は、事業者の規模、組織形態、業態、法令違反行為が発生するリスクの程度、ステークホルダーの多寡、労働者等及び役員並びに退職者の内部公益通報対応体制の活用状況、その時々における社会背景等によって異なり得るものであり、状況に応じて、継続的に改善することが求められる。そのためには、記録を適切に作成・保管し、当該記録に基づき、評価・点検を定期的に実施し、その結果を踏まえ、組織の長や幹部の責任の下で、対応の在り方の適切さについて再検討する等の措置が必要である。

また、内部公益通報が適切になされるためには、内部公益通報を行うことによって法令違反行為が是正されることに対する労働者等及び役員の期待感を高めることが必要であり、そのためには、個人情報の保護等に十分配慮しつつ、事業者の内部公益通報対応体制が適切に機能していることを示す実績を労働者等及び役員に開示することが必要である。

③ 指針を遵守するための考え方や具体例[44]

● 記録の保管期間については、個々の事業者が、評価点検や個別案件処理の必要性等を検討した上で適切な期間を定めることが求められる。記録には公益通報者を特定させる事項等の機微な情報

---

44) 内部公益通報対応体制の整備・運用に当たっては、労働者等及び役員の意見・要望を反映したり、他の事業者の優良事例を参照したりする等、労働者等及び役員並びに退職者が安心して通報・相談ができる実効性の高い仕組みを構築することが望ましい。

が記載されていることを踏まえ、例えば、文書記録の閲覧やデータへのアクセスに制限を付す等、慎重に保管する必要がある。

- 定期的な評価・点検[45]の方法として、例えば、以下のようなもの等が考えられる。
  - ➢ 労働者等及び役員に対する内部公益通報対応体制の周知度等についてのアンケート調査(匿名アンケートも考えられる。)
  - ➢ 担当の従事者間における公益通報対応業務の改善点についての意見交換
  - ➢ 内部監査及び中立・公正な外部の専門家等による公益通報対応業務の改善点等(整備・運用の状況・実績、周知・研修の効果、労働者等及び役員の制度への信頼度、本指針に準拠していない事項がある場合にはその理由、今後の課題等)の確認
- 運用実績とは、例えば、以下のようなもの等が考えられる。
  - ➢ 過去一定期間における通報件数
  - ➢ 是正の有無
  - ➢ 対応の概要
  - ➢ 内部公益通報を行いやすくするための活動状況

    なお、開示の内容・方法を検討する際には、公益通報者を特定させる事態が生じないよう十分に留意する必要がある。
- 運用実績の労働者等及び役員への開示に当たっては、公益通報とそれ以外の通報とを厳密に区別する必要はない。

④ その他に推奨される考え方や具体例
- 各事業者における内部公益通報対応体制の実効性の程度は、自浄作用の発揮を通じた企業価値の維持・向上にも関わるものであり、消費者、取引先、労働者等・役員、株主・投資家、債権者、地域社会等のステークホルダーにとっても重要な情報であるため、運用実績の概要や内部公益通報対応体制の評価・点検の結果を、ＣＳＲ報告書やウェブサイト等を活用して開示する等、実効

---

45) 評価・点検の対象には、外部窓口も含む。

性の高いガバナンス体制を構築していることを積極的に対外的に
アピールしていくことが望ましい。

(4) 内部規程の策定及び運用に関する措置

① 指針本文

> この指針において求められる事項について、内部規程におい
> て定め、また、当該規程の定めに従って運用する。

② 指針の趣旨

事業者において、指針に沿った内部公益通報対応体制の整備等を
確実に行うに当たっては、指針の内容を当該事業者において守るべ
きルールとして明確にし、担当者が交代することによって対応が変
わることや、対応がルールに沿ったものか否かが不明確となる事態
等が生じないようにすることが重要であり、その観点からはルール
を規程として明確に定めることが必要となる。調査の権限が定めら
れていなければ、例えば、調査の対象者において調査に従うべきか
疑義が生じ、実効的な調査が実施できない場合もある。また、規程
に沿って運用がされなければ規程を定める意味がない。

③ その他に推奨される考え方や具体例

● 内部公益通報の受付から調査・是正措置の実施までを適切に行
うため、幹部を責任者とし、幹部の役割を内部規程等において明
文化することが望ましい。

● 労働者等及び役員は、例えば、担当部署による調査に誠実に協
力しなければならないこと、調査を妨害する行為はしてはならな
いこと等を、内部規程に明記することが望ましい。

あ と が き

　品質不正で世間を騒がせた三菱電機の調査報告書は、「製作所・工場あって、会社なし」として「自らが帰属する組織を守るのは人の本能といって良い。家族を守り、友人を守るのは、人がそこに強い帰属意識を持つからである」、「『言ったもん負け』という言葉に表れているように、問題を報告したとしても、その解決が現場に丸投げされるのであれば、現場は、解決が困難な問題であればあるほど報告を躊躇うことになる。解決策を準備できなければ、製品の製造停止や事業からの撤退、拠点の廃止といった事態にも至りかねないからである。三菱電機が、会社として現場を全面的にサポートして解決策を考え出してくれるという信頼感がなければ、現場が問題を報告することは難しい」と指摘しています。

　残念ながら、これが内部通報制度の限界です。
　内部通報制度を真摯に運営していても、組織の屋台骨が揺らぐような大きな不祥事について、従業員は、自分や自分が帰属する組織、身近な人たちを守ろうという意識が働き、それが内部通報制度による自浄作用が働きにくい構図を創り出しているのです。また、組織に対する強い問題意識を持った人や組織に強い不満を抱えた人は、組織を信頼していないが故に、内部通報制度ではなく「内部告発」という手段を取りがちです。さらに、監査役や社外取締役といった「独立したルート」にしても、従業員から見れば、自分の生活・人生や将来を託すに足るだけの親近感や信頼を勝ち得ているかといえば、まだまだ十分ではありません。

　しかしながら、こうした内部通報制度の限界は、他ならぬ内部通報制度自体のあり様、従業員と内部通報制度との幸せな関係性によって、その限界を乗り越えることができると信じています。
　限界を打破するために必要なものは、内部通報制度を日頃から丁寧かつ真

挚な運用を積み重ねることによってのみ培われる、従業員との間の強い「信頼関係」であり、内部通報制度が会社を必ず良い方向に変えてくれるという「期待」や「安心感」、そして「心理的安全性」です。そこに、内部通報制度の大きな可能性があります。

　内部通報制度の限界と可能性。
　可能性を切り拓く最前線にいる皆さまにとって、本書がよき羅針盤となることを願ってやみません。

2022年1月
株式会社エス・ピー・ネットワーク　総合研究部

参考文献

・河合幹雄「司法取引導入と司法の文化」『法学セミナー』日本評論社、2018年1月号

・櫻井稔『内部告発と公益通報―会社のためか、社会のためか』中公新書、2006年

・商事法務研究会「内部通報制度認証（WCMS）申請・審査の実態概況報告―登録事業者100社の概況と審査の概要―」2021年

・菅野和夫『労働法（第十一版）』弘文社、2016年

・膳場百合子「個人の責任に対する組織の責任」，唐沢穣ほか『責任と法意識の人間科学』勁草書房、2018年

・内藤恵「労働契約における労働者の付随的義務の現代的展開―労働者の秘密保持義務と内部告発者保護の調整を中心として」慶應義塾大学法学研究会『法學研究』Vol.76、No.1、2003年

・中島茂ほか著『内部通報制度運用の手引き』商事法務、2021年

・中原俊明「米国における内部告発の法理―サーベンス・オクスリー法（SOA）を中心に」『志學館法学』第6号、2005年

・日野勝吾「公益通報者保護法の概要と基本的論点の解説」中京大学大学院法曹養成研究所『CHUKYO LAWYER』第11号、2009年

・平尾覚『日本版司法取引と企業対応』清文社、2016年

・森原憲司『内部通報制度調査担当者必携』経済法令研究会、2020年

・山口利昭『内部告発・内部通報―その「光」と「影」』経済産業調査会、2010年

・山口利昭『企業の価値を向上させる実効的な内部通報制度』経済産業調査会、2017年

・山本隆司ほか著『解説　改正公益通報者保護法』弘文社、2021年

〈著者紹介〉

株式会社エス・ピー・ネットワーク 総合研究部

　実践的な企業危機管理の専門企業として、国内トップクラスの実績を有する株式会社エス・ピー・ネットワークのシンクタンク兼危機管理コンサルティングの実働部門。

　各種の危機管理に関する研究はもちろん、実践から導かれた企業危機管理ノウハウや多くの企業の危機管理事例・実例を蓄積、分析、体系化した実践的企業危機管理論を、600社を超える会員企業にとどまらず、多くの企業に対して、書籍やセミナー、SPNレポート等を通じて、公表し、普及に努めている。また、世情の多くの危機管理事例やリスク状況をふまえた先駆的な実践的危機管理指針やリスク対策ツールの企画・開発も行っている。
　特に、反社会的勢力排除の内部統制構築や悪質クレームへの実践対応、広報的視点にとどまらない危機（緊急）事態対応、ミドルクライシス®を活用した内部統制構築、企業の内部通報事例を通じた企業の危機管理体制強化、「定量的なロス対策」による企業体質の強化には、非常に多くの実績を有しており、弁護士や会計士をはじめ、専門機関やリスクマネジメント専門家からも支持が高い。

【内部通報窓口「超」実践ハンドブック 改訂版　執筆陣】
　福田有理子（総合研究部　研究員・責任執筆）
　芳賀恒人（取締役副社長　総合研究部　首席研究員）
　西尾晋（執行役員　総合研究部　主席研究員）
　久富直子（総合研究部　上席研究員・部長）
　安藤未生（総合研究部　主任研究員）

【執筆アシスタント】
　小田野々花（総合研究部　研究員）

内部通報窓口「超」実践ハンドブック 改訂版
（ミドルクライシス®マネジメント Vol.5）

2022年2月17日　発行

著　者　　株式会社エス・ピー・ネットワーク©

発行者　　小泉 定裕

発行所　　株式会社 清文社
東京都千代田区内神田1-6-6（MIFビル）
〒101-0047　電話 03(6273)7946　FAX 03(3518)0299
大阪市北区天神橋2丁目北2-6（大和南森町ビル）
〒530-0041　電話 06(6135)4050　FAX 06(6135)4059
URL https://www.skattsei.co.jp/

印刷：亜細亜印刷㈱

■著作権法により無断複写複製は禁止されています。落丁本・乱丁本はお取り替えします。
■本書の内容に関するお問い合わせは編集部までFAX(03-3518-8864) またはe-mail (edit-e@skattsei.co.jp) でお願いします。
＊本書の追録情報等は、当社ホームページ (https://www.skattsei.co.jp) をご覧ください。

ISBN978-4-433-74771-8